财务思维
如何成为一个财务高手

蔡千年 / 著

电子工业出版社
Publishing House of Electronics Industry
北京·BEIJING

内容简介

本书从工作实践角度出发，将作者13年的财务管理经验浓缩为一本致财务工作者的秘籍，从财务思维的高度提供了一套职业规划和岗位进阶的锦囊妙计和五个关键模块的能力培养实战方法。通过阅读本书，读者能掌握更深入的财务思维、更清晰的分析逻辑、更全面的知识体系，从而成为学习、工作都更高效的职场高手。

本书适合财务职业的从业人员、财务专业的师生以及财务会计爱好者参考阅读。

未经许可，不得以任何方式复制或抄袭本书之部分或全部内容。
版权所有，侵权必究。

图书在版编目（CIP）数据

财务思维：如何成为一个财务高手/蔡千年著. —北京：电子工业出版社，2017.11
ISBN 978-7-121-32767-4

Ⅰ.①财… Ⅱ.①蔡… Ⅲ.①财务管理 Ⅳ.①F275

中国版本图书馆CIP数据核字（2017）第235772号

策划编辑：张月萍
责任编辑：刘 舫
印　　刷：三河市华成印务有限公司
装　　订：三河市华成印务有限公司
出版发行：电子工业出版社
　　　　　北京市海淀区万寿路173信箱　　邮编：100036
开　　本：720×1000　　1/16　　印张：19.75　　字数：350千字
版　　次：2017年11月第1版
印　　次：2018年3月第2次印刷
印　　数：5001~7000册　　定价：68.00元

凡所购买电子工业出版社图书有缺损问题，请向购买书店调换。若书店售缺，请与本社发行部联系，联系及邮购电话：（010）88254888，88258888。
质量投诉请发邮件至zlts@phei.com.cn，盗版侵权举报请发邮件至dbqq@phei.com.cn。
本书咨询联系方式：（010）51260888-819，faq@phei.com.cn。

前言
财务职业的前途与"钱途"

当我在知乎平台做了7场Live讲座、累计听课达175,000多人次、累计一对一答疑超过1200人次的时候，我决定为财务职业的从业人员、财务专业的师生以及财务会计爱好者们写一本书。

我发现太多的财务从业者都迫切想要学习更多的理论知识、积累更多的实务经验、快速地通过各类财务考试，以求实现自己职业理想和职业目标的突破。但在现实的工作和学习中，不仅找不到真正的"领路人"帮助进行有效的职场规划，更缺乏高效的、能够紧密联系工作实践的学习方法来帮助构建财务实践工作所必须具备的财务思维。这样的结果就使得大多数财务从业者找不到工作进阶的突破口，而一直在一个闭合的岗位圆圈里循环往复。

虽然讲座和答疑更加直观，但还是很难从根本上解决上述难题。我想通过一本书，系统地帮助财务从业人员迅速驾驭财务思维、掌握财务知识的五大模块框架、理解财务分析的四条核心主线、构建自身的职业成长规划、熟悉财务职业各个阶段的工作要点与核心、破解财务考试的备考秘密。通过这些主题的学习，解决财务从业人员总是无法取得职业上升的难题，这便是我写这本书的初衷：一本凝结了我13年全球财务管理经验、上市公司海外投资与并购思维、企业财务整合与管理经验的财务思维干货集成。

财务职业于从业者而言，入门的职业门槛并不高。会计人员质量参差不齐、初级人才的竞争白热化，等等，都是财务职业的劣势。但财务职业有几个很好的特点。

首先，如果把选行业看作投资股票的话，财务职业是一只慢热的成长股。它可能在前5年平均涨幅不超过10%，让人感觉非常着急。但旁人看不到的是，这5年背后的努力和内功的修炼，已经让这只"股票"今非昔比，5年后，只要机会降临，它就会随时驶入增值的快车道。

其次，财务是一个男女皆宜的职业。女性在社会上的角色决定了她们大多喜欢稳定，因此技术壁垒高、不断的增值上涨空间和较低的职业风险这些特点，使得财务领域成为了女性非常钟爱的一个职业类型。这个职业也匹配女性的所有长处：她们足够细致、足够耐心、对看似平淡寻常的职业轨迹有足够的忍耐力。另一方面，以上职业特点决定了男性是这个行业内的稀缺资源，也因此造成了男女财务人员的价值偏差。相同条件、相同职位的男性财务人员（非应届毕业生）年薪平均高出女性至少10%~20%（业内经验，非权威数据）。所以，这个行业同样适合于男性。

最后，财务是一个能够较为容易跨界的职业。它在公司内部是一个特殊的职位，企业的所有经济业务信息都汇总于它的麾下。这就造成：

（1）企业所有的重大发展战略、经营计划、投融资决策的制订都需要财务部门的数据协助。

（2）财务数据的搜集过程（应收、应付、固定资产、费用、总账、出纳、税务、成本等模块）遍布企业的所有营运环节和供应链流程，这使得只有财务人员才能够全面掌控公司的营运状况，在他们的头脑中拥有一个最完整的企业图景（这里包括财务会计和成本会计两大会计领域）。

（3）鉴于拥有企业的全部经营数据，使得财务部门可以轻松跨界、身兼内控角色，全面监控各个部门、各个环节的营运效率和绩效。从内控的角度掌控企业，让财务人员不仅担任业务记录员，同时可以扮演监督人的角色（这里包括管理会计这个重要的会计领域）。

上述三个特点不仅使得财务人员很容易跨界扮演更多角色，同时在企业发展到一定规模之后，财务部门在公司的地位也将变得愈发重要。因为只有在企业发展到一定规模后，随着各种业务类型齐全和各部门人员的不断扩张，对于财务数据及时准确完整的需求、对于各种风险监控的需求才逐渐被挖掘出来，才能让公司各部门都能顺理成章地认为财务人员是企业至关重要的角色。也基于这个原因，中外很多著名公司的CEO都是财务出身。

鉴于以上三个特点可以得出这样的结论：财务职业是一个很优秀的投资

品，值得你付出一生的时间和精力好好投资它，它也必然让你收到丰厚回报。

本书就是一本财务职场的投资秘籍，将财务职业的全部投资真谛展示给大家。全书主要包括以下几部分内容。

- **财务职业有效晋升的核心策略篇**：怎样选对行业、选好职位、做好职业规划。
- **财务思维的构建与养成策略篇**：精讲财务知识中五大模块的逻辑思维和框架，同时进行财务分析的案例实战详解。
- **财务岗位的进阶和突破策略篇**：从出纳到CFO各个岗位的工作要点和重点。
- **你还需要的财务职场能力篇**：职场中财务人员所需掌握的软硬技能。
- **财务考试观：考试要追求最小代价篇**：最小代价通过CPA考试的复习策略。

首先，是职业的晋升策略，也就是本书第1篇要讲解的内容。在这篇中，将介绍财务职业的三个核心晋升策略。

第1章将介绍如何找到适合自己的财务细分市场定位，通过对行业特点、企业类型特点、企业规模和成熟度特点的分析，帮助财务从业者找到最匹配自己的市场细分定位。

第2章将介绍财务职业的三个五年职业规划。职业生涯的前15年，也就是40岁之前，是财务人员必须努力抓住好好规划的15年黄金工作时间，这期间将奠定从业者所能实现的终极职业目标。在这章中将介绍做好三个五年规划的核心思想和方法。

第3章将介绍财务职业晋升的三大核心思维，即构建财务思维与知识体系，明确各个职业发展阶段的工作核心要点，掌握财务职业的必备职场技能。通过这些技巧和思维的运用，来帮助我们走出闭合的职业圆圈。

本书第2篇将深入讲解财务思维的搭建以及这种思维是如何深刻地影响我们日常实践工作的。我们将通过财务会计、管理会计、财务管理、企业估值四个维度和财务分析这个工具的讲解，帮助大家用全新的、动态的视角看待企业、看待财务问题，从思维理念上颠覆传统的、静态的财务观和财务思维。最后，本篇将引入财务分析思维案例，通过两家企业财务数据的比较分析，帮助大家理解和掌握这种财务思维在战略决策工作中的强大应用价值。

本书的第3篇将对财务各个阶段、各个模块岗位的工作重点和提升要点进行深入介绍和分析。财务工作者很难经历全部的财务模块，对自己不熟悉的模块工作内容都是未知的迷惘。在第3篇中会重点介绍各个模块的内容、逻辑以及从事这些模块的进阶策略、重点。我们会按照三个五年阶段给大家讲解下述若干财务岗位。

- **第一个五年——财务执行力**：基础性财务工作阶段。包括的岗位：出纳、应收账款、应付账款、固定资产、费用会计。
- **第二个五年——财务领导力**：进阶性财务工作阶段。包括的岗位：总账、财务分析、预算管理、成本管理、税务管理。
- **第三个五年——财务决策力**：战略性财务工作阶段。包括的岗位：财务总监（经理）、投资（项目）总监、首席财务官。

本书的第4篇将进入财务职场技能讲述阶段。除了职业规划、财务思维、财务岗位的要点之外，还需要掌握一些必备的职场技能才能更好地生存和进阶。首先，将详细讲述四种重要的软技能提升策略，包括：快速学习能力、沟通表达能力、解决问题能力、管理协作能力。其次，将针对工作实习、考研、英语能力、简历准备、跳槽的考量等一些实际问题，给出切实可行的操作经验和指导。

本书的第5篇将介绍财务领域的"CPA考试观"。我们都知道注册会计师这个资格对于财务职业发展的重要意义，对待考试我们应该报以何种心态？应对考试我们又该采取哪些积极高效的策略？本书将在这里给出切实有效的备考策略和技巧。

在全书内容的展开上，我力求详细、到位；在知识的讲解上，我力求简明、易懂；在职业规划方面，力求实用、可用。以经验和案例来讲解财务实践，以逻辑和框架来概括财务理论，让财务从业者能够"读之有味、掩卷长思"，使大家的工作、学习都能从中得到直接有效的借鉴。

过程越是辛苦，收获便越可贵。那些唾手可得的，理所当然无法在我们的生命里激起任何涟漪；最后能留下的，要么是经历了汗水的浇灌，要么是经历了泪水的洗礼，这也就是生活的价值所在。

写这本书是我自己的一个愿望,也是对自己13年财务工作的阶段性小结,我把自己最黄金的13年奉献给了财务事业,又把这13年的经验萃取提炼,所以我希望这本书能够不负读者所望。

路漫漫其修远兮,吾将上下而求索。人生是一场没有终点的修行,我也和很多人一样,面临着工作和生活中的很多抉择。不仅大家在职业选择上会有这样那样的问题,我自己也是如此。常常站在机会的十字路口,徘徊和犹豫。很多时候我也在想,我的下一站会在哪里呢?我为之奋斗的下一个里程碑会在哪里等我呢?

思虑和犹豫,都不如迈步向前,追随内心的声音,且看脚下的路能引你向何方!

愿大家都能在事业上、生活上不断精进!

蔡千年(知乎ID:蔡千年)
2017年夏末于宁波

目 录

第1篇 财务职业有效晋升的核心策略

第1章 翻开财务职业的底牌 ... 3
1.1 好的行业不一定带来好的职业 ... 4
1.1.1 行业领头人是择业风向标 ... 4
1.1.2 财务职能模块的完备程度 ... 6
1.1.3 行业所处的生命周期 ... 8
1.2 适合别人的企业不一定也适合你 ... 10
1.2.1 会计师事务所 ... 10
1.2.2 外资企业 ... 14
1.2.3 民营企业 ... 17
1.2.4 国有企业 ... 19

第2章 财务职业的三个五年规划 ... 21
2.1 财务职业规划的三阶段论 ... 21
2.2 职业目标路线图 ... 25
2.3 制订具体的执行计划与个人总结 ... 28
2.4 问市场、找差距、寻方向 ... 29
2.5 目标、努力和策略 ... 29

第3章 财务职业的优秀基因与未来发展的趋势 31
　3.1　财务职业的特点 31
　3.2　竞争力之源：优秀的财务基因 32
　3.3　财务职业的未来趋势 33
　　3.3.1　会计核算的演变趋势 33
　　3.3.2　财务报告的演变趋势 34
　　3.3.3　财务分析与预算控制职能的演变趋势 36
　3.4　德勤"财务机器人"会不会取代传统的会计职能 36
　3.5　走出重复工作的闭合圆圈 40

第2篇　财务思维的构建与养成策略

第4章　财务思维的框架概论 44
　4.1　知识学习的方法论：以知识体系为纲 44
　4.2　财务思维养成的核心三要素：框架、定位与逻辑 46
　4.3　构建财务思维体系的正确方法 51

第5章　财务会计模块 54
　5.1　会计是一门语言艺术 54
　5.2　会计学三个层次的概念基础 55
　　5.2.1　目标：决策有用 55
　　5.2.2　质量特征和会计要素 56
　　5.2.3　会计确认和计量的基本假设和原则 56
　5.3　会计学的框架：会计准则与列报规则 60
　5.4　会计学的点和面：会计要素、特殊交易事项与财务报表 60
　　5.4.1　会计要素的"载体"思维 60
　　5.4.2　特殊交易事项思维：抓住三个核心问题 61
　　5.4.3　财务报告的逻辑思维 62

第6章 管理会计模块 66

6.1 管理会计是企业内部视角 66
6.2 管理会计的三个需求层级 66
6.3 管理会计的第一层级：成本核算 67
6.3.1 成本核算的基本思路与报表影响 68
6.3.2 成本核算系统的设计与要求 69
6.3.3 作业成本法 71
6.4 管理会计的第二层级：全面预算管理与差异分析 72
6.4.1 全面预算的制订 72
6.4.2 业绩差异的比较与分析 78
6.5 管理会计的第三层级：决策支持 88

第7章 财务管理模块 90

7.1 财务管理的三层逻辑结构 90
7.2 财务管理的内部视角：成长性、资本结构与资本成本 91
7.2.1 企业可持续增长率的分析与判断 91
7.2.2 企业管理资产负债表 92
7.2.3 企业资本结构与融资策略 93
7.2.4 营运资本需求组成与管理 95
7.2.5 企业资本成本的估计 96
7.3 财务管理的外部视角：融资与投资决策 97
7.3.1 外部融资的决策与财务战略 97
7.3.2 外部投资的决策与财务战略 97

第8章 企业估值模块 98

8.1 动态的企业估值视角 98
8.2 企业价值的关键驱动因素：投资回报率、资本成本与增长率 99
8.3 估值观点的案例验证 100
8.4 企业估值理念与财务思维的形成 104

第9章 财务分析模块 106

9.1 财务分析是一把思维手术刀 106
9.2 财务分析的两大类别 106
9.2.1 以ERP数据为基础的财务分析 106
9.2.2 以财务报表为基础的财务分析 107
9.3 财务分析的四个核心流程 108
9.4 企业在两大市场中的四种决策 110
9.5 企业的业绩表现与现金流状态 110
9.5.1 企业的两种业绩表现：成长性和盈利性 110
9.5.2 企业的两种现金流状态：流量状态和存量状态 111
9.6 财务分析的四条核心主线 112
9.7 财务分析的核心策略：点的分解与面的解剖 112
9.8 财务分析的最终落脚点：企业价值 113

第10章 财务思维与分析——深度案例解析 115

10.1 战略综述与分析 115
10.1.1 美的集团战略综述 115
10.1.2 格力电器战略综述 116
10.2 成长性分析：战略导向、资源支持与自我增长 117
10.2.1 历史成长状态分析：年均复合增长率和环比增长率 119
10.2.2 收入与投资的关系 123
10.2.3 投资充足率分析 126
10.2.4 企业可持续增长率分析 129
10.2.5 成长性分析的初步结论 133
10.3 企业的盈利性分析：两个导向，一座桥梁 134
10.3.1 以收入为导向的盈利性分析 135
10.3.2 以投资为导向的盈利性分析 144
10.3.3 盈利性分析的初步结论 153
10.4 企业现金存量分析：结构与效率并重 153
10.4.1 管理资产负债表——资本结构分析 154
10.4.2 对资产管理效率的评价 157

10.4.3　融资能力与财务杠杆分析 160
　　　10.4.4　企业现金存量分析结论 165
　10.5　企业现金流量分析 165
　　　10.5.1　间接法现金流量表的调整项目解析 166
　　　10.5.2　企业盈利质量分析 170
　10.6　结论与展望 172

第3篇　财务岗位的进阶和突破策略

第11章　财务执行力 177

　11.1　出纳与资金管理 177
　　　11.1.1　企业的对外窗口 177
　　　11.1.2　公司资金管理的核心 178
　11.2　采购、物流和销售环节的监控与核算：应付账款和
　　　 应收账款会计 180
　　　11.2.1　供应链的两大核算基础 180
　　　11.2.2　决定营运资本需求的关键 182
　11.3　企业资产的管理者、投资预算使用的监督者：固定资产
　　　 和无形资产会计 185
　11.4　企业费用的记录者、费用预算使用情况的监督者：
　　　 费用会计 188

第12章　财务领导力 191

　12.1　总账主管 191
　12.2　财务计划与分析 195
　　　12.2.1　财务计划与分析的角色与特点 195
　　　12.2.2　营运财务分析与控制的流程和应用 197
　　　12.2.3　职业发展建议 202
　12.3　预算管理——企业利益最大化下的各部门利益平衡 204
　　　12.3.1　预算管理在企业中的角色与流程 204

12.3.2　预算管理案例之一：直接人工成本预算和管理 204
　　12.3.3　预算管理案例之二：投资预算管理与控制 207
　　12.3.4　职业发展建议 210
12.4　税务管理：最具备专家潜质的职位 210
12.5　成本管理：产品成本核算与管理专家 212

第13章　财务决策力 214

13.1　子公司（工厂层面）财务总监 214
　　13.1.1　预算管理和差异分析 215
　　13.1.2　营运层面的产品决策支持 219
　　13.1.3　现金流管理与融资决策 221
　　13.1.4　建立优秀的财务团队 222
　　13.1.5　会计管理及财务报表批准 224
　　13.1.6　公司内部控制管理、税务管理及项目实施等工作 225
　　13.1.7　职业发展方向与建议 226
13.2　投资并购项目总监 226
　　13.2.1　投资与并购的特点 227
　　13.2.2　投资与并购的决策考虑因素 229
　　13.2.3　其他发展模式的借鉴 231
　　13.2.4　投资并购总监的工作重点：三好 234
13.3　首席财务官 235
　　13.3.1　会计战略体系建设 236
　　13.3.2　全面预算管理体系建设 238
　　13.3.3　税务体系建设 242
　　13.3.4　内控体系建设 243
　　13.3.5　动态的资金管理体系 244
　　13.3.6　财务共享中心的思考 246
　　13.3.7　投资与融资的战略体系 246
　　13.3.8　说"不"的勇气与魄力 247
　　13.3.9　其他职能：关于政策与环境、市值管理 250

第4篇　你还需要的财务职场能力

第14章　职场软实力提升策略 255

- 14.1　快速学习能力两要素：好的基础+好的方法 255
  - 14.1.1　快速学习的基础 255
  - 14.1.2　快速学习的方法：聚焦与发散的结合 256
- 14.2　沟通表达能力：先结论后论据 257
- 14.3　解决问题的能力：核心三步骤 259
  - 14.3.1　清楚地界定问题 260
  - 14.3.2　结构化拆解并分析问题 261
- 14.4　管理协作的能力：不是艺术而是科学 263

第15章　职场硬实力提升策略 265

- 15.1　工作实习 265
- 15.2　专业知识的学习 267
- 15.3　英语能力 267
- 15.4　读研与学位 270
- 15.5　简历的准备策略 271
- 15.6　择业、转行与跳槽 272

第5篇　财务考试观：考试要追求最小代价

第16章　制订备考计划前必须搞清楚的几件事 276

- 16.1　各种财务类考试的分析比较 276
- 16.2　CPA证书对职业生涯的影响 278
- 16.3　要不要考CPA 280
- 16.4　盘点自己的考试资源 282
- 16.5　确定基本备考策略 283

第17章　CPA复习与备考的基本策略 287

17.1　选择考试科目与组合 287
17.2　确定考试科目的难易特点 288
17.3　科目组合举例：3+1=4或4+1=5 289

第18章　最小代价通过CPA考试的核心备考方法 291

18.1　第一轮复习策略 292
18.2　第二轮复习策略 293
18.3　第三轮复习策略 294
18.4　第二门考试的备考策略 295
18.5　最后一周的冲刺策略 296
18.6　考前最后提示 296

附录A　财务类好书推荐 298

第1篇
财务职业有效晋升的核心策略

很多朋友都和我说自己现在的职业状态很迷茫，看不清未来的职业方向，不知道自己要去哪儿，非常焦虑。我倒是认为从某种程度上讲，迷茫是职业生涯中的一种常态，是一种对自己有较好认知的状态：因为"知道自己不知道"的状态，总是好过于"不知道自己不知道"的状态。但在这基础上，我们还需要更进一步，进入"知道自己究竟不知道什么"的状态。

这听起来比较拗口，我来打一个比喻。

迷路是一种很常见的状态，你去找别人问路，首先一定是说：请问去某某地方怎么走？但很多朋友的提问却是，知道自己迷路了，但是不知道自己要去哪儿。这样没有目的地问路，是没有结果的，指路的人不知道该怎么回答。

怎样才能不迷茫？

就是要对自己有一个清晰的认识和定位。

同样是去北京，从雄安出发和从纽约出发是完全不同的交通方式和路径。人的职业生涯也是如此。企业生产和制造产品要满足市场需求，而财务从业者作为个体的人也是一种"产品"，也要满足企业的需求。因此我们做好自我定位的目的是：

1. 知道市场的需求、企业的需求是什么。

2. 知道你自己目前的位置，从而才能了解你和企业需求之间的差距。
3. 知道缩小差距、满足需求的方法。

本书的第1篇，就是要告诉大家不同企业的不同需求是什么；应该通过哪些有效的方法满足这些企业需求；如何在满足企业需求的过程中，不断提升价值，形成自己的核心竞争力。

作为财务职业的进阶方法论，第1篇将主要分享下面几块内容：

第一，财务职业三个方面的特点、现状和应对策略，包括：行业特点、企业类型特点、企业成熟度特点。

第二，财务职业晋升的三大核心策略：为了实现职业目标有哪些经验和方法可以遵循。

第三，如何做好财务职业的三个五年规划，以及职业规划对职业生涯的重要意义。

第1章
翻开财务职业的底牌

财务模块本身的基础知识结构和理论都是通用的,但这不意味着财务人员可以无阻碍地在各个行业内无限制地流动。随着工作年限的增长,不同行业对于财务工作的固化性和壁垒性也越来越高,财务人员想在不同行业之间转换的难度也会越来越大。

这其中的原因在于:虽然从理论角度出发,财务会计的准则和基础不存在任何行业差异,但是在实践操作上,各行各业都有自身的核算特点和规律,使得财务从业人员在某个行业做久了,财务管理的思维和套路就会相对固化为适应某个行业特点的模式。经验越多、在行业内越是资深,这种"固化"作用就越明显,同时给我们自身带来的转换行业的阻力和障碍也就越大。

比如图1.1所示的就是一家典型的贸易行业的供应链与财务核算的流程结合图。

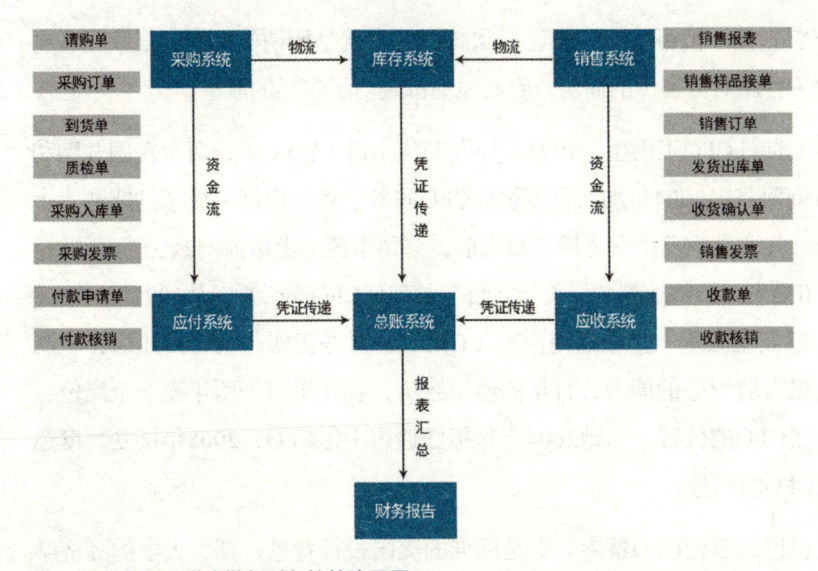

图1.1 贸易行业供应链与财务核算流程图

贸易行业本身缺乏复杂的生产成本核算流程，既没有研发和设计的职能，又缺少生产制造、项目管理和工程管理等职能，这就导致其财务核算流程相对比较简单。与制造业这种拥有很长供应链的公司结构相比，财务核算体系的差异是非常巨大的。所以，不同行业中的供应链流程和财务核算体系都各自有着自身的特点，财务管理的规律、方法和流程之间也都有着天壤之别。

总体上说，在某个特定行业做财务的时间越久，就越熟悉本行业财务核算的流程与特点，跨行的难度也就越大。如果我们在财务职业方面有长远目标，那么选好适合自己的行业就显得非常重要了。下面针对如何选好适合自己的行业，将分享三条很实用的判断策略。

1.1　好的行业不一定带来好的职业

1.1.1　行业领头人是择业风向标

第一个判断方法，就是看目前你所在行业里面或者你所期望进入的那个行业里面，资历最深、最牛，处于金字塔塔尖的那批财务人员的从业经历，看他们是不是从这个行业里面起步、逐渐做上来的。

很多财务人员都在问我互联网是不是一个好的行业，作为财务人员是不是应该从这种好的行业起步，我就以互联网行业为例，讲讲这个方法的应用。

大家首先搜一搜百度、阿里巴巴和腾讯（也就是所谓的BAT）三家互联网公司CFO（首席财务官）的简历，看看他们都经历了怎样的故事。

百度的前任CFO王湛生，1994年加入普华永道（PWC），负责跨国并购和投资的咨询服务。2004年加入百度担任CFO职务，领导百度完成了纳斯达克上市的工作。任职期间百度业务增长数十倍，公司市值从上市前的2亿美元开始持续上升，IPO当天市值达到40亿美元。百度的现任CFO李昕晢，从1997年到2008年11年的职业生涯里一直在通用汽车（GM）做财务工作。她曾自述道："制造型企业最考验财务的能力，11年的通用经历，我几乎每一两年换一个岗位，一路做到了CFO的位置。"她2004年起担任通用中国CFO，2008年接受百度邀请，担任CFO的职务。

阿里巴巴的首任CFO蔡崇信则是标准的美国投行背景，耶鲁大学的经济学学士和法学博士。加入阿里巴巴之前,他曾一直在美国等地做投资、法律类的工作。他1999年加入阿里巴巴初创团队,曾负责完成阿里巴巴集团的许多里程碑事件,包括于1999年领导成立阿里巴巴集团香港总部及于2005年主导收购中国雅虎及雅虎对阿里巴巴集团的投资的谈判,是马云最重要的合作伙伴和阿里巴巴取得迅速成功的关键人物之一。蔡崇信的继任者武卫,自2007年7月起出任阿里巴巴公司执行董事兼CFO。在加入阿里巴巴前的15年时间里,武卫一直在毕马威华振会计师事务所(KPMG)工作,并担任北京分公司的审计合伙人。她毕业于首都经济贸易大学会计系,拥有CPA和ACCA证书。

腾讯前CFO曾振国,曾在美国的国际商业银行担任管理要务、BASF及赫斯特等跨国企业担任财务及资金管理要职,2001年出任腾讯高级执行副总裁兼CFO,推动腾讯在香港上市,取得不凡成就。腾讯现任CFO罗硕瀚曾在普华永道会计师事务所PWC做审计业务,有12年的审计经验,于2008年接替曾振国担任腾讯CFO职务。

从这些互联网业内的财务领军人物身上我们可以总结出:他们当中有三位是四大会计师事务所出身,两位是传统企业财务出身,一位是投行出身。因此我们的调查结论就是:这些顶级互联网行业中最优秀的CFO都不是出身于互联网行业本身。

这说明一个问题:如果一个行业自身的财务体系不能培养出它所需要的顶尖财务人才,那么这个行业就不适合初、中级财务人才,因为行业内缺乏人才培养和成长的土壤。自己没有造血机制,就只能寻找空降的人才。所以,这种行业只适合高级财务人员在其他行业获得完整的财务经验后空降过来,接管整个财务团队。

对财务初、中级人才而言,从财务核算的难度、财务管理的需求以及行业内财务人员的构成来看,互联网行业虽然是目前最热、最朝阳的行业,但是对想要做到金字塔塔尖的初、中级员工来说不是一个好的行业选择。互联网行业的特点决定了它对融资和上市能力有很强的需求,因为这个行业烧钱比赚钱快,导致互联网行业需要的核心财务能力是融资能力和战略判断能力。一般初、中级财务人员根本没有这个资源和能力来驾驭这两大职能,同时又很难在公司内部获得这种能力提升的机会和资源,因此也就不可能在互联网公司的体系内成长为CFO。

与此对应的是，一位初级会计从零开始发展到财务高级管理者的上升途径中，只有职能健全、发展稳定的企业才可能满足职业发展的需求。一家发展不稳定、财务职能缺失的企业，不仅无法提供一个稳定的上升阶梯，而且还会存在很多关键财务职能的遗失。特别是创业企业，也许3~5年烧光钱后就破产了，更无法提供一个稳定的企业平台给财务人员。太多这些行业的财务人员，因为入行时间太久已经无法转到其他行业的财务领域，从而渐渐丧失其市场竞争力。

因此，第一个建议就是：大家可以在做出行业选择之前，先看看行业内的名人简历，或者身边领导的简历，作为最重要的行业决策参考指标。

另外，再补充一些小技巧，比如：打探一下你心仪公司CFO的年薪水平、面试的时候仔细观察对方的谈吐打扮，甚至八卦一下对方开什么车这些小的细节信息。

这些信息为什么重要呢？因为你未来公司财务领军人物的年薪、谈吐可能决定了你在自己的职场中未来所能达到的"峰值"状态，你要从他身上找寻未来若干年你的影子、你可能达到的最好状态。如果他的年薪、谈吐等都不是你所期待的水平，比如说他的这种"峰值"水平对你而言太低，或者言谈风格和你的期待非常不一致，那这个行业也可能不太适合你。

1.1.2 财务职能模块的完备程度

第二个判断方法，就是再深入一层，看这个行业的财务职能模块是否足够完善。

在商业社会里，企业当中的财务职能和模块，本质上是一种辅助性和支持性职能，它的作用是对商业和经济活动的数字记录。所以一定是企业的商业经济活动在先，数字记录的财务支持需求在后。如果企业从商业经济角度出发，没有衍生出对某些财务职能辅助的需求，那财务也就只能接受这种现实，无法自发地提出供给要求。

这种财务模块的不完善，可以分为两种情况。

第一种情况，公司本身就缺少某个供应链或价值链的环节。比如缺少生产制造环节，这也导致缺少了完整意义上的产品及项目的财务成本核算职能。或者缺少研发环节，因此将会缺少财务对产品研发成本和项目开发成本数据的核算与分析职能。这样在财务管理上天生就丧失了某种模块和职能，意味着从业者不可能在这样的公司中获取全面的财务经验。

比如在贸易、物流公司里面很普遍的现象是，基本财务模块轮完一遍只需两到三年就够了。做了几年财务报表后，你就发现已经到了天花板，没有新的职业追求和目标了。你的日常工作将仅仅是不断重复，最终变成一个熟练工而已。在这类企业里面，技术含量最高的工作无非就是结账、做报表、报税、应对年终审计，等等，无非都是在这些日常的财务工作中打转，不断地循环往复而无法冲出这个封闭的圆圈。这种财务职能的单一性就限制了财务能力的完善，最终影响了个人的职业发展和市场竞争力。

第二种情况，公司本身没有达到一定的规模，对于财务管理的要求仅仅停留在核算和报表这种最基础的需求上，并没有深入到分析和管控方面。比如，企业的产品非常单一，工序也非常简单，这样的企业可能就不需要深入分析各个产品在成本、毛利和客户之间的差异，没有对精细化管理的需求也就不会产生对管理会计的深度管控需求。对于这种由于企业平台局限造成财务职能残缺的行业，财务岗位本身也是很难衍生出全面的财务职能模块的。

一个完整意义上的财务模块都包含哪些财务职能呢？下面以一家公司（工厂）的财务部门基本组织结构图为例进行说明，如图1.2所示。

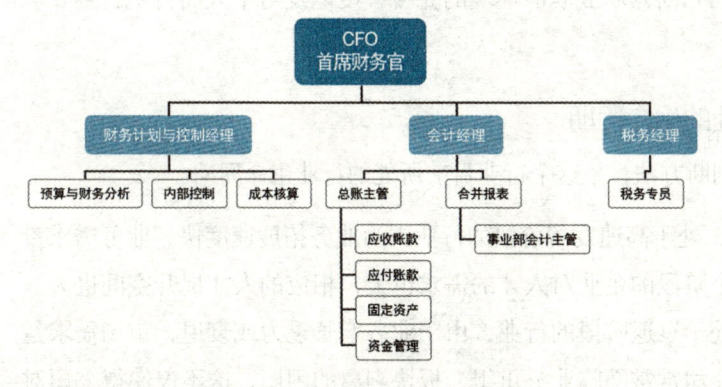

图1.2 公司财务组织结构与职能图

一家公司（工厂）的财务领袖和最高财务决策人就是CFO，负责公司全面的财务管理工作。他的下面可以划分为三大职能经理，分别是：财务计划与控制、会计与报表、税务管理。

在财务计划与控制经理下面，分别包括以下职能岗位：财务预算与财务分析、内部控制和成本核算，这些模块履行的是企业内部的管理会计职能。

在会计与报表经理下面，分别包括总账主管职能和合并报表管理职能。在总账主管下面，主要涵盖应收账款、应付账款、固定资产和资金管理四个主要基础职能。在合并报表下面则是各个事业部的会计报表主管。

税务经理下辖各个事业部的税务专员，负责各自领域的税务核算工作。

这就是一个基本的公司（工厂）的财务团队组织结构与职能分布。

在制订个人职业规划的时候，要针对自身的财务职业目标，有意识地选择与自身目标相匹配的行业。具体在考察行业的财务职能模块时，可以通过咨询和调查行业内几家典型公司的基本情况的方式来解决，也可以通过询问面试公司的HR和财务负责人的方式解决。主要应了解的问题至少包括：

- 公司的基本财务状况信息，比如，公司销售额是多少，业内市场份额怎样？
- 财务部门的人员组织结构和职能分工是什么，比如，财务部门的人数是多少？各个岗位都分别发挥什么样的工作职能？

通过这种调查和询问的方法基本上可以迅速了解这个行业、企业的财务职能模块构成，从而判断其职业职能模块的完善程度以及对个人而言是否存在职业的天花板。

1.1.3 行业所处的生命周期

第三个行业判断方法，是这个行业目前所处的行业生命周期。

如图1.3所示，处于高速发展阶段的行业因为业务拓展速度快、业务需求量大，导致处于这个阶段的企业对人才的需求也大，相应的人才提升空间也大。与之相对的就是处于衰退阶段的行业，由于业务增长乏力或衰退，市场需求量逐渐萎缩，会使公司常常面临业务重组、板块剥离的困境，这不仅使得公司对人才的需求降低为0，甚至会出现大规模的裁员、辞退事件。

比如著名的手机研发和生产商摩托罗拉，在2012年由于手机业务极度萎缩而被谷歌收购。紧接着，谷歌便进行了大张旗鼓的业务剥离和裁员动作，在当时引起了很大的轰动。摩托罗拉手机移动业务全球裁员20%，关闭了三分之一的全球办事处，超过4000个工作岗位消失，这对于个人职业生涯的打击可以说是非常重大的。

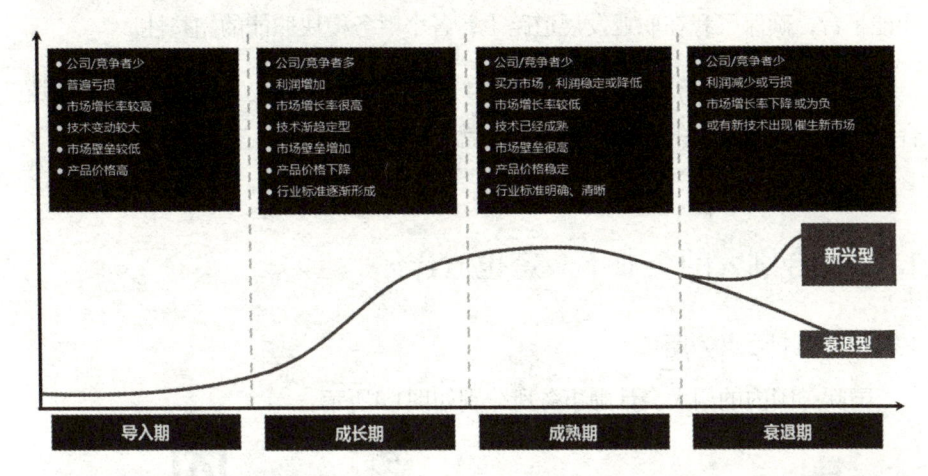

导入期	成长期	成熟期	衰退期
● 公司/竞争者少 ● 普遍亏损 ● 市场增长率较高 ● 技术变动较大 ● 市场壁垒较低 ● 产品价格高	● 公司/竞争者多 ● 利润增加 ● 市场增长率很高 ● 技术渐稳定型 ● 市场壁垒增加 ● 产品价格下降 ● 行业标准逐渐形成	● 公司/竞争者少 ● 买方市场，利润稳定或降低 ● 市场增长率较低 ● 技术已经成熟 ● 市场壁垒很高 ● 产品价格稳定 ● 行业标准明确、清晰	● 公司/竞争者少 ● 利润减少或亏损 ● 市场增长率下降或为负 ● 或有新技术出现催生新市场

（曲线分为"新兴型"和"衰退型"）

图1.3 行业生命周期与特征图

比如像煤炭、石油、钢铁、轮船行业，在目前阶段都属于过剩产能行业，大都处于行业衰退期。医药、汽车、电子、化工等都属于平稳发展的成熟期行业。互联网新能源这些则是新兴行业，处于较快的上升周期。一家企业可以在几年之内从0做到10亿元，财务部门也会从1个人膨胀到10个人以上。相对于处于衰退期的行业和企业，快速发展的行业和企业的内部空间非常大，从业人员能在企业的成长与扩张中跟着成长，能够更快更多地积累行业经验，大大加速从业人员成长和经验积累的速度。

通过综合运用上述三种判断方法分析行业的特点，可以帮助财务从业者更好地制订自己的职业定位和未来规划。如果大家把职业目标定在财务总监这个财务职业塔尖，适合的行业应该是广义的制造行业、金融投行机构或会计师事务所。因为广义制造业的整个价值链条非常完整，覆盖了采购、物流、研发、项目管理、质量控制、生产制造、分销与销售的各个环节，使得财务职能覆盖面很全，符合财务总监所需具备的能力要求，也会让我们的未来职业选择面很宽广。广义的投行、投资机构，它也能够从产业价值链的顶端来俯瞰投资涉及的行业，使得从业者在职业初期就拥有对整个行业的宏观视角。如果能够在类似金融机构内有过若干个项目的投融资经验，也有利于从业者未来空降到某个行业内，担任类似于投融资负责人的岗位。关于会计师事务所的详细特点，在下一节中会详细介绍。

我本人一直身处制造业内，从手机制造、机械制造，到现在的汽车行业一路走下来。这些行业都不算特别热门的行业，但是却都给我提供了完整的财务职能平台，确保了我在职业发展道路上，各个财务模块职能的完整性。

因此，并非热门行业就一定会带来好的财务职业发展，一定要选一个最适合自己职业发展目标的行业。简而言之就是：入行需谨慎，转行要趁早。

1.2 适合别人的企业不一定也适合你

1.2.1 会计师事务所

国际、国内的四大会计师事务所分别如图1.4所示。

图1.4 国际的四大会计师事务所与中国四大本土会计师事务所

为什么说事务所很适合财务、会计类人员的初期发展？它的显著优势有如下几个：

- 首先，事务所的职业上升空间稳定，竞争环境相对公平，员工晋升有相对明确的制度，公开透明。而这种相对稳定的晋升制度和空间在企业里面是很难实现的，因为没有足够的岗位空缺保证你每年一定都有提升。
- 薪水比平均水平高，算上加班和出差补助就更高了，每年涨幅固定、制度透明。相比之下，企业中薪资每年的涨幅是不能确定的，而且要受很多主客观因素的影响，透明度很低。
- 工作强度大，每年同时做几个项目，大量的加班和高强度的工作，可以在短时间内积累大量经验。这种工作经验的积累速度在朝九晚五平稳发展的企业里面是很难遇到的。
- 涉及的行业、企业跨度大，能够积累不同行业、不同层次企业的审计会计经验。审计人员不仅见过不同行业的企业，更见过同行业中不同类型、不同规模的企业，这样他们的财务视野和财务知识结构就会更全面、更丰满，更容易成为行业内的财务专家人才，这点优势是身处单一企业内、仅仅熟悉自身企业财务结构与流程的财务人员无法比拟的。
- 事务所内部培养体系相对健全、完整、规范。会计师事务所在校招的时候会有意招募很多其他非财务类专业的人员，最终这些人也能成为很出色的审计师，依靠的就是事务所强大、健全、规范的人才培养体系。
- 审计人员在有些时候往往肩负企业前台的角色，成为拿业务、创造利润的主力。我们知道企业里面最受重视的职位就是接近客户、拿新业务、创造利润的职位。所以咨询、审计、金融行业吸引财务类人员的原因也正是如此：在这些机构工作，财务人员可以做到前台，成为企业业绩和利润的发动机，比那些在企业中做后台的财务核算人员地位更高，也更受重视。

相比之下，事务所的几个主要缺点也很明显：

- 工作强度太大，如果不能熬过四五年左右、做到高级审计或以上，而较早跳槽的话，市场价值并不高。因为如果没有独立负责项目的经验，就很难形成对企业全局的财务管控经验和视角，缺乏这种整体财务管控经验的审计人员不仅人数众多，而且工作经验都聚集在1~4年的范围内，由于经验、背景几乎一致的趋同性，使得他们之间的择业竞争相对非常激烈。
- 审计经验可能会受到局限，比如固定于某几家客户或某一个行业内。如果这个行业或客户是个夕阳行业、夕阳客户，那么经验的积累就要慢很多。而如果申请换项目，可能会影响自己跟合伙人之间的关系，往往会很尴尬。
- 出差太多、加班太多，会严重影响个人生活质量，使得业内产生了很多大龄单身男女。
- 存在某种程度上的乙方的思维定式。事务所人员做乙方时间长了，思维模式会相对固化。

针对这个思维定式的问题，我们深入展开一下。

不同主体对于某种情况、某项事件的风险判断本身是有一个度量区间的，这个区间是可大可小有伸缩性的。乙方思维的特点往往是从最谨慎的角度出发去规避风险。要做一件事，有哪些限制性条件约束你不能做；会有这样那样的风险和困难，使我们无法达成目的。这是乙方做决策的思路出发点。

甲方则不同，甲方的思维模式是：如果要做一件事，我要通过哪些方法把这件事做成？缺少哪些成功条件？我要怎么创造条件保证成功？缺少资源怎么吸引资源？存在障碍怎么排除障碍？

很多人从乙方跳出来去甲方，特别是正处于"野蛮生长"阶段的企业，就显得很不适应这种角色思维模式的转换。比如在做海外并购的时候，往往需要发改委、商务部、外管局[1]的批文才可以最终真正做成。但这三部委往往针对海外标的公司有着自己一套严格的指标要求，很多时候海外的标的并非能够面面俱到满足这些要求，对于这种潜在风险，甲乙双方的判断标准就存在很大的区别。乙方思维会认为这是项目的重大潜在风险，会影响最终的交割甚至项目成败，而甲方则从主观方面认为这些不符的指标最终可以依靠充分的交涉与沟通来说服最终的审批部门，不是项目成败的一个实质性障碍。

这种思维特点，会导致事务所这种职能角色非常适合于发展稳定的企业和行业。因为处于这个阶段的企业，它的财务职能角色重点逐渐从战略决策者转为后台风险管理者和财务控制者。由于这类企业的业务非常稳定，短期内又不会出现战略性、结构性的变化，使得其业务的复杂程度也并不高。具有这样特点的企业非常适合有乙方思维的事务所人员来参与，扮演财务管理和内部控制的角色。这种公司的外资股东最关注后台合规和风控，因此这种角色会成为外资公司的最爱，也是事务所员工跳槽的主要归宿。

我们也看到一种现象，很多资深的事务所员工来到处于快速发展中的民营企业，有一种水土不服的感觉。在企业快速发展时期，需要面对战略方向的把握、融资渠道的选择。比如是做股权融资还是债权融资？是去做公司上市还是寻找买家被大公司并购？是到美国纳斯达克上市还是去香港上市？等等关键项目的决定，都需要财务决策的强力介入。

思维模式的限制，使得事务所的员工往往不能适应这种角色的转变。并不

---

[1] 发改委全称为"中国国家发展和改革委员会"；商务部全称为"中国国家商务部"；外管局全称为"中国国家外汇管理局"。

是说这种思维模式不好，这种特质从另一个角度看是非常好的稳健型企业CFO的特质。它可以稳扎稳打，步步为营。这些专业的技术类人员会更适合于财务核算和报表、或者内审，这种满足合规性保证、后台类的技术角色。

在这里要提醒大家的是，如果不是有意识培养自己的这种谨慎的乙方风格，就不要把自己的角色职能固化、框定在一个范围内，以便能让自己有更多的选择和适应的机会和发挥的空间。

事务所跳槽的路径选择，最理想的当然就是一直在事务所做到合伙人级别，面对客户、承揽业务、为项目负责，这是少数精英审计师才能达到的高度。绝大部分都在这攀爬的过程中纷纷跳槽，选择了其他职业路径，主要包括以下几种。

- **4年以下审计经验**：审计经验在4年之内跳槽的人员，往往是欠缺严谨的职业规划的。由于工作经验欠缺、没有独立带项目的经验，这个阶段跳槽出来的事务所员工在市场上缺乏竞争力，很难找到非常合适的工作。我在看简历的时候，发现太多审计人员一两年就跳槽出来，到一些中小型投资机构做财务分析、项目尽职调查类的工作。这种机构所投资的企业大都是早期初创的小企业或互联网企业。这些标的公司的账务处理相当简单，对尽职调查和财务分析工作要求不高，从自身职业发展角度出发，并没什么太大的提升价值。甚至有的企业因为没有业务很快就解散了，没有解散的企业也因为成长太慢，跳槽到那里的人员做了一两年就后悔了，进而辞职。这就会导致职业断点的形成，为时已晚。

- **4~6年审计经验**：高级审计或初级审计经理职位出来到企业做财务主管，负责财务报告和会计管理工作或者做内审主管，负责公司的内部审计与内部控制类工作。

  这个阶段的审计人员都拥有了带完整项目的经验，做过企业完整财务报告的审计，有了宏观的财务框架概念。所以这个阶段的审计人员跳槽选择就相对宽阔了，可以到企业中担任会计主管、报表主管类的岗位，负责相关会计核算、财务报告编制的工作，也可以担任内审主管、内控主管的工作，负责公司内部审计流程和内控流程的合规性保证的工作。

- **8~12年审计经验**：高级审计经理级别出来到企业中担任财务经理岗位，全面负责企业的财务管理、会计核算工作。这个时期的高级审计经理往往拥有丰富的项目审计经验，对不同类型企业中的各种账务处理、业务情况都有全面的认知。这个阶段的发展重点就是要为接下来晋升为合伙人打下良好的专业、管理和客户基础了，如果不愿意未来在事务所中承受合伙人角色的业务压力，那么到企业当中可以运用自己丰富的经验来帮助企业提升财务会计管理的水平，也是一个非常好的选择，同时也是市场中最普遍的一种事务所人员跳槽的去向。

- **12年以上的经验**：做到合伙人级别以后跳槽出来到企业做财务总监，这也是很常见、很实用的一种跳槽思路。很多待上市公司非常喜欢请合伙人来做财务总监，帮助企业的财务制度合规合法，加速上市的全部过程。同时，已上市公司也非常喜欢事务所的合伙人来加入，成为企业有力的财务智囊，协助企业进行精细化的财务管理运作。

1.2.2 外资企业

外资企业在20世纪90年代开始以更高的薪水席卷了中国的大量优秀人才，直到近几年，随着中国制造业的崛起和产品附加值的不断提升，外资企业在中国的日子也越来越不好过，各种薪资和福利水平相对于国内企业的优势也不再那么明显了，参见图1.5。

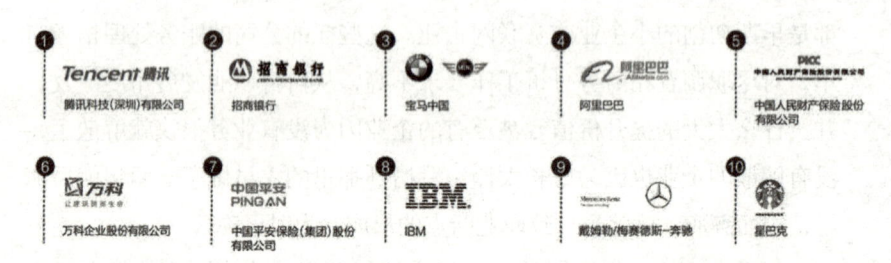

图1.5　2016年中国十佳雇主企业

由于外资企业大都来自于欧美国家，它们中的大多数都有着悠久的历史，这使得外资企业有着自身的特点。相比于前面讲述的会计师事务所和内资企业，它们比较突出的优点包括：

- 企业各职能分工相对精细、合理，企业流程体系健全、严谨。由于这些外资企业大多有着悠久的历史，在长时间的竞争和发展历程中，必然逐渐积累了优秀的流程体系和营运管理经验，这些优秀的基因确保了企业运作的良性和规范。
- 财务体系健全、财务制度完整、岗位分工与工作流程相对规范。外资企业几乎都是在全球各地进行资源的优化配置，寻找最有效率和最低成本的综合优势。这就使得它们在财务管理上有非常强烈的需求对全球业务布局进行精细化管理、数据化决策。面对这种复杂的全球营运环境，其财务体系就必须规范、清晰，才能适应深度精细化财务管理的要求。
- 薪资体系和晋升体系相对成熟、健全，在市场上对人才仍有较强的竞争力。凭借着在市场上良好的品牌效应、规模效应，凭借着内部较多的工作岗位机会和相对公平透明的晋升政策，使得外资公司仍旧对人才有很强的吸引力。

相对于上面的优势，外资企业的缺点也很突出：

- 公司越大，流程越长，分工越细，也就越依赖系统和流程，工作岗位被取代的可能性也就越高。2004年我在摩托罗拉的亚洲结算中心实习，我们这些实习生经过1周的培训就可以很快在甲骨文系统（Oracle）中上手做应付账款会计工作。我们日常的操作处理严重依赖于摩托罗拉高效的财务系统和严谨的流程规范，这使得全部工作对系统流程和系统的依赖强大到替换一个人只需一周的时间，那么财务人员的核心竞争力又在哪里呢？在这种环境、体制下，40岁左右遭遇中年危机是必然的。
- 公司越大，分工越细，在一个具体岗位上的职业能见度也就越低，这会严重限制财务从业人员的工作视野，从而降低了在职场中的竞争力。比如在结算中心里面，整个财务核算流程被细分为几大块：应付账款、应收账款、固定资产、总账、税务会计、出纳、薪酬计算与支付。其中各个模块视工作量的需要而进一步细分，比如摩托罗拉的结算中心里面，对于应付账款职能模块进一步按照全球区域进行划分，细分为北美区、东北亚区、东南亚区、欧洲与中亚区、南美区，等等。每个区域的财务团队只负责该区域的供应商发票处理业务，工作异常单调枯燥。在这种环境下工作若干年，会发现自己仅仅掌握了某个模块中一小部分的技能，在职场的竞争中往往有种坐井观天的无力感。
- 远离决策中枢，缺乏财务最核心的战略决策经验。外资公司在中国的布局，主要是生产工厂为主，利用中国相对廉价的资源优势进行规模化生产制造。因此即便是外资企业在中国区的总部管理，其职能也大多是向海外上级汇报，向下汇总信息、执行总部决策，等等。这样的职能架构，就决定了财务管理工作必然会丧失了其知识模块体系中最高价值的那部分：战略决策和决策支持的职能。财务人员将很难参与全球战略布局决策、产品结构调整决策、重大的兼并与收购决策、ERP系统的选择与上线战略确定工作、各个事业部和区域的资源整合与管控工作，等等。这些经验往往都是通向财务职业塔尖的必备经验，对这部分经验的缺乏，将严重阻碍财务人员的职业生涯向着真正意义上的财务总监方向迈进。

- 财务职业上升空间问题。外资企业相对平衡或稳定的发展，造成了公司很难出现空缺职位，特别是针对一些在国内业务下滑的外资企业更是如此。如果其他资历老的员工不离职，企业内部就完全没有上升通道，或者没有轮岗的机会。这种情况下，员工就只能靠跳槽来解决问题。如果又因为分工过细造成自身财务模块经验不完整，使得自己在市场上的竞争力有限。这样不仅压力大，而且风险更大，往往会造成个人简历中过于频繁的跳槽给自己带来一种不稳定的负面形象。

经过上面对外资企业的优缺点的详细分析，可以看出这类外资企业适合哪些人呢？

第一，适合刚刚本科毕业的应届生。本科毕业的应届生，一般都要从基础会计核算工作做起，进入体系相对健全、完善的外资企业，能够让他们接受正确、完整的财务体系熏陶，体验SAP、Oracle这种优秀的ERP系统，帮助他们树立良好的财务职业素养，给未来的财务职业发展奠定一个规范良好的职业基础。

第二，适合海归、研究生。研究生的优势在于知识结构，海归学生的优势在于语言能力和文化融合，外资体系的环境不仅让他们优秀的语言能力和良好的知识结构可以得到发挥和应用，而且规模较大的外资企业可以有与之匹配的财务计划与分析类岗位。以此作为财务的起点，相对于财务基础会计核算工作，往往附加值相对较高。

第三，适合无财务基础但语言好的人员。财务结算共享中心每年都会专门招聘很多语言专业的学生，经过短期训练可以按照固化的流程熟练操作会计系统，进行基础的会计核算或进行简单的财务分析工作。这些外资企业的岗位可以作为入行或者转行的一个起步，帮助跨行业的学生走进财务职业这个圈子。

虽然说外资企业在一定程度上适合上述类别的人群，但是由于外资企业自身所存在的缺点，特别是对规模过大、分工过细的外资企业而言，往往并不适合财务人员长期固定在这个体系内，特别是财务共享中心这种更流程化、模块化的环境。

针对外资企业的财务人员，我的建议是在5~10年的时间区间里面，如果觉得在公司内转岗希望渺茫，升级没有空间，同时又学不到新东西，可以找一些相匹配的民营企业。可以将目标民营企业的销售额锁定在10~20亿元的规模，财务团队有十几人。职能上分工合理，能力锻炼也比较全面，适合这个阶段有一定工作经验的外资体系内的财务人员向上进一步发展。这样自己的职业通道就打开了，路也越走越宽。

如果已经在外资体系内做到了40岁，而且遇到了职业发展的瓶颈和天花板，我认为到了这个年龄，还是不要给自己太大挑战，而是应该在外资体系内做微调。可以从大型外资企业走出来，到中小型外资企业去看一看，10亿元左右规模的外资企业财务经理或财务总监，还是有很多机会的。这种微调可以保证在40岁左右，不必费太大力气就能适应不同外资企业的企业文化，同时原本的工作技能还能在类似的体系内最大限度地保留利用。

1.2.3　民营企业

中国的民营企业在这二十几年的时间内取得了长足的进步和极大的发展，缔造了很多世界级的优秀企业，相比较前面的会计师事务所和外资企业，我们先讲民营企业的缺点：

- 相比较外资企业和国有企业，民营企业在政策和资金上面临双重压力。大家知道银行最喜欢融资给国有企业，因为后面是政府信用支持或是国资委的背书。其次喜欢给外资企业，因为后面是欧美的母公司托底。银行最不喜欢的就是民营企业，因为它们是草根。政策面上，既没有政策上的支持，又缺乏有钱的股东支持，因此在银行眼里民营企业是最受嫌弃的类型。正所谓国企都是"官二代"，外资都是"富二代"，民营企业都是草根。草根可能随时破产，也可能随时逆袭，所以我认为选择一些中小规模的民营企业是一项高风险、高收益的职业投资或者说职业赌注。
- 大多数民营企业都经历过或正在经历"野蛮生长"的阶段，它们极其重视市场和客户，真正把客户当作上帝。但它们往往忽视内部管理，不愿投入更多的精力和成本来优化内部管理和控制，常常会导致管理流程残缺，体系不健全，游戏规则不透明，企业文化又很简单粗放，做事缺乏计划性和系统性。

- 民营企业对财务管理的重视程度往往较低。民营企业往往受规模、资源限制条件的影响，对财务部门的定位限于"做账"这个层次，对财务管理、控制、决策支持的职能重视不够，财务人员的地位往往较低。

下面再讲讲民营企业的优点：

- 决策简单、直接。没有复杂的决策流程，容易抓住市场机会，就是所谓的"船小好调头"，决策权大都交给一线的管理层。
- 野蛮生长对员工而言，是各种能力全方位解锁。如果说外资企业强调团队整体能力，民营企业因为规模、系统、人才的限制，就要求一线人员都应该是特种兵，具备多面作战能力。既能和欧美职业经理人在谈判中斡旋，又能面对本土政府人员的种种发问，还能在财务技术上融贯中西：熟悉不同准则和不同的资本市场环境。

我以海外并购为例，来介绍做一单海外并购要接触的各方面专家、政府部门和中介团队。

首先，财务顾问会向我们企业客户推销标的，选中标的公司后我们聘用财务尽职调查团队、税务尽职调查团队、法务尽职调查团队和商业尽职调查团队，然后协调和管理各方进入现场，开启尽职调查工作。

其次，在后续决定融资结构安排时，我们需要银行团队介入安排融资事宜。是在美国发债，还是在中国做项目融资，或者是引入权益投资者？如果是国内银行间市场发债，银行间市场协会还要上会审核。如果在国外发债，这就需要银团的筹备，标普和穆迪等公司的评级跟进。

接着，在和卖家签约后就要开始政府审批流程。我们要制作各种项目材料申报发改委、商务部和外管局三个部委。

最后，如果要在资本市场做股票增发，就需要券商出具可行性报告和增发方案、审计师要出具收购公司中国准则审计报告、资产评估公司出具估值报告、律师事务所需要出具法务尽调报告。然后就是接待投资者，宣传我们的项目。

一边做买方，一边做卖方。一个项目做下来，各种经验全面增长。

所以我说民营企业需要野孩子特质的人员，他们能够自我激发，能够自我创造条件去克服困难、解决问题，能够在没有路的时候走出一条路，敢于冒险，能够承受失败。我建议刚刚毕业的应届生和初级财务人员，尽量不要选择规模太小的民营企业。因为你们可能无法在这种粗放的环境中得到优秀的财务素质培养，缺乏严谨财务核算流程与体系的熏陶，可能会影响你一生的职业生涯走向。

民营企业适合那些已经建立了严谨、完整的财务思维的成熟从业人员，在丰富的财务职业经验的基础上，选择民营企业意味着自身有较大的空间来实施和创造一片天地，体验着一种财务制度和流程建设从无到有、从粗到精的过程。不仅是对个人能力的极大考验和挑战，也能够成为职业生涯拓展和财富增长的很好契机。

1.2.4 国有企业

讨论到国有企业，我们就要大致分为两类来看，一类是中央国有的大型央企集团，另一类是国有的非垄断、非大型企业。

对于大型央企集团，他们往往掌握着中国的核心制造工艺和技术，是中国制造真正的主力军和正规军。比如说航空、航天、高铁、地铁、国家电网、国家核电、船舶建造等核心领域，都掌握在央企集团手中。根据2016年中国制造业500强的排名，我们可以看到，营业收入前十位的排名中有八名都是央企集团，包括中国石化、上汽集团、东风汽车、中国兵器装备集团、中国第一汽车集团、中国兵器工业集团、中国航空工业集团、北京汽车集团等，前十位中仅有华为和山东魏桥两家非国有企业跻身其中。

在这类大型国有企业中，相对于财务职能的优势体现为：

- 国有大型企业往往有政府背书的支持，相对于其他类型的企业，在融资成本和融资渠道方面拥有得天独厚的优势。
- 与大型跨国企业类似，国有大型企业各职能分工相对精细、合理，企业

- 流程体系健全、严谨。财务体系健全、财务制度完整、岗位分工与工作流程相对规范。这都使得它可以成为一个很好的财务职业发展平台。
- 与外资企业不同，央企集团的重大决策都能在本地做出，因此财务最高级别的职能模块也非常完整，有利于财务职业发展到金字塔尖的层级。

但国有企业相对而言也有自身的劣势：

- 环境单一、发展平稳，上升空间受限。由于体量庞大，发展速度有限，使得公司内部岗位空缺、升迁都较为困难，同时也有可能存在升迁体系不透明的现象。
- 可能会面对非市场经济的环境体制。这个环境往往大多缺乏创新和进取的必要和动力。财务部门都是各个模块的熟练工种，市场上也缺乏竞争力可言。

总结来说，我们在招聘时基本上没见过国企垄断企业的员工应聘，因为这个群体最终追求的是职位的稳定和高福利待遇，在适应了"体制内"的环境后，往往缺乏在体制外的竞争力和适应力。因为这类企业成为追求稳定环境和高福利待遇从业人员的首选，也成为收割优秀学校优秀毕业生的主要领域。

对于国有非垄断、非大型企业而言，情况相对于上面类型就要差一些了，它们可能从规模上小于大型央企集团，也可能从行业垄断性和控制力上远逊于上述企业，这使得它们在职业优势上与大型央企集团的差距很大，同时在劣势上表现得更为突出。我把这类企业看作大型央企集团和民营企业的折中。

这类企业既有大型央企集团的稳定性特点，又具备民营企业那种忽视内部管理效率，不重视财务工作的特质。在市场竞争中，由于缺乏有效的激励机制，使得它们在速度和进取心上往往弱于民营企业。由于缺乏有效的全球资源配置能力和技术水平，又使得它们往往弱于外资同行，所以这类企业更适合折中于外资体系和民营体系的人才，适合于追求稳定环境的财务人员在无法竞争进入大型央企集团后，退而求其次的选择。

综上所述，对于不同类型企业的分析与选择，财务从业人员要针对自身的目标设定、家庭背景环境、个人性格特点、不同职业发展阶段的诉求等因素综合判断、考量和选择。

第2章
财务职业的三个五年规划

2.1 财务职业规划的三阶段论

　　财务人员全部职业生涯最重要的事，就是自身职业目标体系的建设问题。职场中的每个人，想要加薪升职、想要丰富财务知识和经验、想要达到最终的职业目标，一定要建立属于自己的三个五年职业规划体系，如图2.1所示。通过这个体系的确立以及执行过程中的不断调整，来指引我们逐步朝着正确的方向努力迈进。这个职业规划体系，就好比在扬帆出海之前，画出正确的航线图一样重要，否则我们的职业巨轮就会迷失方向，受困于茫茫大海之中。

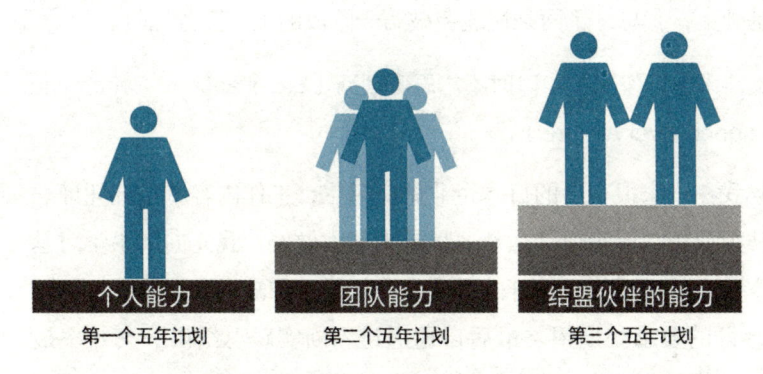

个人能力　　　　团队能力　　　　结盟伙伴的能力
第一个五年计划　　第二个五年计划　　第三个五年计划

图2.1　三个五年计划的指导思想

　　建立个人的三个五年职业规划体系，有几个实用的步骤。

　　第一步，先要确定三个五年规划的指导思想。这个指导思想是你全部职业目标的立论基础。类似于我们的马列主义一样，是社会主义体系建设的核心。你的整个职业生涯的目标体系建设，也必须有一个核心的指导思想。这个指导思想要凝练出自己在这三个不同阶段的不同工作核心与重点。只有在重点明确的情况下，我们才能有效地制订相应的目标。

这个指导思想是根据个人情况不同而不同的，我先分享我自己的，给大家做个例子。

第一个五年，我自己的能力要强，得到认可和提升。

第二个五年，我的团队能力要强，成为公司的标杆和我职业轨迹不断前进的基石。

第三个五年，我的同盟伙伴能力要强，成为我们共同成功的关键。

具体而言，我的这个指导思想其实蕴含了三个阶段的工作重点。

第一个五年：我刚走出校门，大家年龄都在25~30岁之间，工作上彼此的区别也都不是很大。面试的时候还可以作为资源的学校优势、专业优势在进入正式的工作后都荡然无存，大家无论背景如何，现在都站在了同一条起跑线上竞争。拥有同样的每天24小时，做着类似的财务基础工作。能否有效地超越同仁，在五年时间内通过自己的努力在工作上得到领导的认可和赏识，实现快速职业晋升，便是我在第一个五年里的核心指导思想。

在这个阶段里，除了自己的精力和时间之外，我们没有其他资源和关系，在指导思想的基础上，我总结了两条快速突破第一阶段的工作实务经验。

第一，超越前人的工作业绩和时时不忘思考创新（Excellence in Everything We Do & Intelligence Everywhere）。

大二的时候我在一家很有名的日本企业做实习生，工作内容就是订凭证。当时实习的想法很简单，无论做什么都要尽最大努力做好。我先向同事学习基本的订凭证的方法，然后看他之前订的凭证，分析优点和缺点。接着我了解同事们对于凭证装订的要求和期望。最后自己通过不断实践总结出一套效率最高、效果最好的装订凭证策略。

当然这只是第一步，凭证装订好后我还有大把时间怎么办？我没有用来喝公司免费的咖啡，而是用来翻看和学习会计凭证。每一本会计凭证都是极好的会计实践教科书，我翻看每一张凭证和它后面的附件，学习每种情况、每笔业务都是如何反映在会计账务上的。在学习过程中，偶尔还能发现一些错误，帮助同事们纠正。就这样我待了不到三个月，大家就都喜欢上我了，破天荒地教我这个实习生用SAP做账，平时的团队娱乐活动也不忘叫我一同参与。一年后我实习结束的时候，他们的中方总经理还单独请我吃饭，希望我毕业后能正式留在这里工作。

2004年开始在摩托罗拉实习，我被其流程的严谨和高效所感染，也被其所倡导的两条工作信念深深地影响到今天，它们是：

超越前人的工作业绩（Excellence in everything we do）：这是一个对自己工作输出结果和质量的信念，也是对自己工作态度和工作结果的要求。我也是从工作一开始就这样要求自己，接手前辈的工作，一定要想方设法在工作结果上超越前任、超越同事，对自己保持一贯的高标准和高要求。如果你的工作结果无法超越你的前任，那么拿什么证明给领导你有升职或轮岗的资本？每个想跳槽的人，每个想获得更高职位的人，都问问自己，是否已经在工作中付出了自己最大的努力。

时时不忘思考创新（Intelligence Everywhere）：这是对自身工作态度的法则，它要求我们时刻保持一颗突破和改变现状、缺陷的警醒之心。任何企业流程和规则的设定都是保证重复性工作在最大限度上的精确和质量可靠，遵照流程把工作做到标准的要求，只是60分的水平。企业的竞争环境在不断变化，企业的业务情况也在不断变化，这些变化势必会影响内部流程和标准的改变，所以在工作中要保持一颗打破流程与规则的心，不破不立、因破而立。我坚持认为：**规则的设定，就是等待打破它的人出现，并赋予它新的定义和生命，以适应新的时代和环境的需要。**

第二，坚持做工作记录。

坚持做工作记录，能够让我们时刻保持着在现场、在前线的感觉。这种感觉对管理者而言太重要了，这是一种实践经验的理论化沉淀积累，是通过实践经验总结而成的服务于自身的理论体系，也是可以在未来更好地指导实践的一种有效方法。

写作是一种表达的高级方式，它可以整理你的思想，让你变得更成熟而有深度。在我的日常工作中，下面的工作记录是必须详细记录的：

- 和领导的谈话，无论是讨论问题还是其他事项，都要尽量还原全部重点，详尽记录。因为这样你可以了解领导的思维模式、解决问题的思路、阐述问题的思路和条理。特别是开会的时候，他在向他的上级汇报问题或与同级解释问题的时候，更要详细记录相关过程。记录下来之后，换位思考，自己坐他的位子，换作同样的问题，是不是处理的方式一样？叙述的逻辑一样？如果不一样，找找自己的原因，为什么会不一样？差距在哪里？你的方式更好，还是他的更好？为什么？经常这样回顾、复盘自己和上司的沟通，会让自己的经验飞速成长。

- 参与某个项目的过程、进度，中间遇到的问题，通过什么方法、哪些人员，经过怎样的沟通后解决。全部项目做完之后，还要进行回顾分析，总结出经验教训报告。
- 和同事解决日常工作问题的沟通，针对某个典型问题的讨论，自己的想法和对方的想法，出现分歧后双方是如何沟通解决的，各自的出发点和思路都是怎样的？
- 流程性工作的常规解决思路，要经常进行总结和归纳。很多重复性工作都可以通过流程进行标准化，如果发现可能存在标准化工作，就要把它形成记录，经过自身的论证后，在适当的时候向领导提出想法。
- 每天的主要工作事项，也就是基本的待做事项清单（To Do List）。这也是工作上最基本的时间管理的一种核心技巧，把每天各个时段所做的工作简单地做一个小结，看看自己每天在哪些事情上花费的时间最多？这些所花时间的比重是否与事件的重要性成正比？是不是存在花费太多时间在不重要的事情上的现象？

第二个五年：这时你可能已经凭借工作业绩胜任了主管的岗位，开始带领团队。有了下属和团队的时候，就再也不能单打独斗了。这时你不仅要自己强，还必须带好队伍，你的团队也要很强，这样才可以靠强大团队的支持，走得更高更稳。

这个时候你的年纪大概在30~35岁之间，在企业内应该是主管和经理级别，也是战斗力最强的时候。经验值、学习能力、进取心、精力都处于最佳状态。这个阶段工作上一定要带领团队开疆拓土，多做项目、多做业绩、多出成绩，才能奠定你在企业内、行业内的地位。同时，到了这个年龄，仅仅依靠自己的努力和优秀已经远远不够了，身处主管和经理级别，必须发挥整个团队的力量实现更大的目标和更大的进步。

第三个五年：这时你可能已经进入企业中高层管理者的行列，成为部门经理或总监，也就是在你40岁左右的时候。这个时候你的伙伴或者说同盟者也必须强，这样你在企业里面推战略、选项目、做决策的时候，才有强大的伙伴站出来支持你，或者说至少不会出来反对你。这就能在确保公司利益最大化的前提下，保证你们团体自身的利益最大化。

到了40出头这个年龄，职场策略要慢慢开始转变，是由攻转守的一个转换阶段，这个时候你的学习能力和精力都拼不过30出头的人，所以你的策略不再是冲，而是要结盟追求稳中求胜。大家想一想，无论是政治还是经济，古往今来都是一个道理。

2.2　职业目标路线图

在确定好职业规划的指导思想以后，下面就需要根据指导思想来制订三个五年规划的职业目标路线图。人无远虑，必有近忧。你可能会觉得刚刚入行就设定远大目标不现实，但有目标才有实现的可能，没有目标会让你很容易丧失方向感，陷入迷茫的状态。但这个目标一定要根据你自身的实际情况量身定制，一个不断调整的目标也要好于没有目标。

制订职业目标路线图的第一步是给自己定位：就是一定要先认清自己在目前的状况。这时大家要花点时间思考清楚在目前情况下你自己的位置、你的优势和劣势、你的职业机会和威胁都是什么。明确自己的位置和状态是做任何事情、制订任何计划的一个非常重要的前提。比如说你想去北京，从雄安出发和从纽约出发是完全不一样的交通方式，所以起点的状态和位置很重要。

假设现在你是一名工作两三年的往来会计，负责应收应付款的核算工作。

想想自己的优势是什么？可以是能熟练使用你的ERP系统、熟悉采购付款核算流程、熟悉客户发票核销和应收款的核算工作，也可以是你能够用英语和其他国家的财务人员进行关联方的往来对账，等等。

自己的劣势是什么？可以是没有做过其他财务模块、没有做过总账和财务报告、没有企业整体核算的经验，等等。

你的职业机会是什么呢？可能是通过转岗熟悉其他会计模块，或者通过升级进入总账模块，开始接触财务报表编制，这都是你未来的潜在机会。

而你的威胁又是什么？可能来自于应收、应付模块的技术门槛并不高，一个新人经过3~6个月的培训也能够熟悉流程，进而以更低的成本取代你。既然你的可替代性比较高，就会造成你的工资上涨变得很慢；威胁也可能来自于未来竞争总账会计的同伴比你更加资深，或者有更多模块的经验，等等。

上面这些对自己当前状态的思考，就是所谓的SWOT分析。建议大家花上半个小时想一想自己的这些状态，画一幅矩阵图出来，先做好自己的定位，是做好所有事情的第一步。

制订职业目标路线图的第二步是明确自己的目标： 锁定自己在未来某个时间点的位置。制订目标一定要遵循SMART原则，即S代表具体（Specific）、M代表可衡量（Measurable）、A代表能实现（Attainable）、R代表相关联（Relevant）、T代表时间要求（Time）。

比如很多人私信问我：我以后要做CFO，请您给我指点一下！遇到这种问题，我是真没法回答，为什么呢？

首先是目标的具体性（S）原则： 就是目标一定要非常具体、清楚。比如给CFO加一个定语，大家看看会不会更好：我要做一家市值在200亿元左右、消费品行业、国内上市公司的CFO。如果不加这一串定语，谁知道你的目标会不会是一家年销售额100万元的村镇加工厂CFO呢？所以一个具体的目标让你的未来更加聚焦、更加清晰。

第二就是目标的可衡量（M）原则： 也就是说，有一个客观标准来检验你是否达到了目标。比如你定了一个目标：10年以后要成为一家市值在200亿元左右、消费品行业、国内上市公司的CFO。目标看上去还不错，但是我们很难去衡量这10年之内的进度状况。所以为了让目标可衡量，我们必须把目标逐段分解。每一年实现一部分、完成一个里程碑。比如说第一年，先实现一个小目标：考过2门CPA，这就很好，因为它可衡量。

第三就是目标的能实现（A）原则： 也就是说，你的目标一定要根据目前的现实情况而定出，根据自己的SWOT分析制订切实可行的目标。你不能要求自己下个星期就要成为CFO。

第四就是目标的相关联（R）原则：目标不能和你无关，比如你的目标是你最讨厌的上级领导能够辞职走掉，换一个更懂你的领导，这个目标就没有意义。

第五就是目标的时间（T）要求：要具体到某个时间段内实现什么目标。

比如把上面"我要做CFO"的目标改一下，使它遵循SMART原则后就是：我已经有了3年的财务工作经验，目前的岗位是一家消费品行业的往来会计，计划10年后成为一家市值在200亿元左右、消费品行业、国内上市公司的CFO。为了实现这个目标，我每年都要制订一个小目标来逐步实现它。

这样表述和制订的目标，就是一个好目标。好目标能够让你更明确、更清晰地锁定自己的未来。

比如你现在的起点是一名应付账款会计，目标设定在15年后，也就是大约在40岁左右做到一家上市公司的CFO。目标设定好以后，就要开始逆推，做出这样一条职业目标路线图，如图2.2所示。注意此图仅为举例目的，并非代表推荐的职业发展路径。

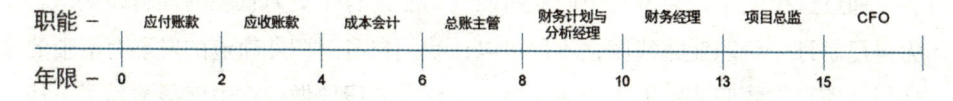

职能	应付账款	应收账款	成本会计	总账主管	财务计划与分析经理	财务经理	项目总监	CFO
年限 0	2	4	6	8	10	13	15	

图2.2　职业目标发展路径图

15年后若要做到CFO，那么第13年左右的时候就要做到项目总监，接触并购或融资项目；第10年左右的时候就要做到上市公司财务经理，或者在某家外资企业做到财务总监，全面负责一家公司的财务工作；第7~8年左右做财务分析与控制经理，把预算和财务分析做好；第5~6年把总账和报表的功课补全；第3~4年的时候学做成本会计，第2年的时候去做应收账款会计。

这样，一个职业路线图做出来，在每一个时间节点该干什么，你就都清楚了，继续以此图为例。

- **在职业生涯的前6年中**：你需要在供应链会计和成本核算上打好基础。在这个打基础阶段和下一步做总账主管之前，你要利用这6年的时间考出CPA，这样后面总账主管阶段做财务报表才会比较从容。
- **在2年的总账主管期间**：你需要通过工作实践打好财务报表实践基础。同时，为了后面能更好地应对财务分析和内控的工作，这段时间最好考一个CMA出来，让自己管理会计的理论基础更扎实。

- **在2年的财务计划和分析工作期间**：你可以接触预算管理和财务分析这些管理分析职能，接受更多的管理会计方面的挑战。同时为了应对下一步经理层/总监层的挑战，这两年里可以去读MBA补充管理方面的知识。
- **在3年的财务总监或经理期间**：你具备了独立负责一家公司的全面财务工作的经验。后面为了给项目管理做准备，看看这三年是否需要考个CFA来补充金融知识，应对下一步的项目投融资的需要。
- **在2年做投融资项目总监期间**：你可以体验整个投融资项目的流程运作并积累管理实务经验，接触各个方面的中介团队，投行、券商、审计、评估、银团，等等，而在这些人脉和经验丰富的同时就为胜任CFO做好了最后的准备。
- **这样在第15年**：你就可以很从容地应对CFO的工作，实现你的终极职业目标。

通过这个例子，大家对于职业路径规划应该有了更为直观的理解和认识。为自己制订一份职业路线图，不仅可以让我们自身对职业轨迹的发展有清晰的认识，而且你的职业紧迫感会非常强烈，每个阶段要做什么也就很清楚了，从而很少陷入迷茫的状态。每个阶段完成后，需要根据阶段目标完成的实际情况，对后面的目标路径进行微调，这样就能够保持整体职业目标体系的延续性和可执行性。

2.3 制订具体的执行计划与个人总结

有了指导思想、规划好了职业路线，才有职业紧迫感，下一步就要着手制订具体的执行计划，把紧迫感落在纸面上。

比如可以根据上述的三个五年战略，制订第一个目标执行计划：CPA复习计划。为了制订这个计划，你可能需要搜索考试经验，咨询前辈，然后根据自己的时间、特点、知识强弱，制订一个4~5年攻克CPA的计划，第一年考过哪几门，第二年再考过哪几门，看什么资料，每天复习几个小时，诸如此类的更加细节的问题。假设5年以后，你如愿考出CPA，同时如愿胜任总账主管岗位。这时就可以开始着手制订第二个目标执行计划：CMA复习计划。以此类推，把执行计划根据职业路线图来不断地滚动向前。

到了这里，我们还有最后一步，也是非常重要的环节：写年度的个人总结。前文中曾提到做工作记录的重要性，并提出了一些策略。这里我要强调个人总结的重要性。工作记录，是你在实践工作中点滴的反思和复盘。上面讲的战略规划、职业路线，都是你个人竞争力不断提升的增值路线图。对于你走过的每个重要节点，最好以总结的形式回顾，同时对未来进行展望，这类似于企业的年度预算。

全面回顾你在这一年学习、读书、工作的收获和体会，总结出优点和缺点，改进和不足。同时对下一年的自己提一些要求和期望。年终总结可以让你每年对自己做一次准确的定位，不仅使你对职业路线图的位置感更明确，更能具体化你在未来年度的努力重点。我对入职第一年的新员工是要求写月度小结的，第二年转为写季度小结，第三年才开始写年度小结。大家可以根据自身情况进行判断。

2.4　问市场、找差距、寻方向

如果在制订职业规划方面遇到问题或是对自己的职业发展感到迷茫，找信任可靠的前辈聊天，吸收前人经验是最好的方式。如果找不到的话，这时最好的方法就是问市场。市场是一个透明的定价机制，它是唯一不会欺骗人的地方。到各种招聘网站，把财务、会计相关的职务搜一搜，看看各行各业最好的那些公司对财务岗位的标准要求、薪水待遇、工作职能，这样对于各个工作阶段、各个方向的财务会计人员你都能找到一个对应的JD，即职位要求和职位描述。然后就能根据这些完整的JD做出一个能力、经验的要求矩阵。针对这个矩阵，对照目标来比较自身的资源条件，看看哪些工作内容和你的爱好相同，看看哪些标准要求和你个人的素质相符，看看哪些薪水待遇与你的预期一致，基本上你的职业路径就被市场的岗位轨迹和公允价值确定下来了。

2.5　目标、努力和策略

本章的结尾，我还想提醒大家一点：在整个职业发展过程中，职业目标是最重要的，因为目标决定了你的战略方向，决定了你可能到达何处。其次，努力是第二重要的，因为它是执行力，是推动你不断前进的动力源泉，若不努力则永远只能站在原地看风景。最后，才是策略和方法，因为它是实现目标的路径，决定了你到达目标要走哪条路。它们次于努力的原因是：实现目标的方法路径有很多，殊途同归，但前提是：你必须努力。没有努力，方法有什么用？

第3章
财务职业的优秀基因与未来发展的趋势

3.1 财务职业的特点

做财务的朋友,常常会向我抱怨财务工作的苦,主要包括下面这几条:

- 财务职业门槛低,入行几乎没有门槛,基层人员数量多,竞争白热化,决定了薪资水平的起点非常低、涨得慢。
- 从基层财务工作做起,重复性劳动太多。同时财务职能往往属于企业的后台,在公司内不受重视,自我感觉价值不高、存在感低。
- 考试太辛苦,CPA一考就要四五年,感觉遥遥无期。面对备考过程中的难题和遗忘,有很严重的无力感和挫败感。

财务职业的上述几个主要缺点让它看上去并不那么美,也让很多入行时间不长的人很想转行。但实际上我认为财务职业有很多值得注意的优势隐藏在这些"痛苦"的表象之后,需要我们深入挖掘:

- 虽然财务基层人员数量众多,但是拥有完善财务职能的精英仍是稀缺资源,价值差异巨大,这种价值差异回报值得我们花时间去付出。
- 提高英语水平和通过财务考试可以有效提升自己的竞争力,通过语言和理论基础的强化,能够帮你跳出激烈竞争的圈子。特别是各种财务证书,是其他很多职业所不可比拟的优势。
- 基层工作是更高级财务工作的基础,没有基础工作的积淀,没有实务经验的积累,CFO的位子是坐不踏实的。
- 随着财务职能的完善,能力逐渐增强,你的角色也会逐渐从后台前移,慢慢参与管理，最终参与决策，达到前台的位置。

3.2 竞争力之源：优秀的财务基因

从公司角度出发，在招聘财务候选人的时候，财务负责人都喜欢具备优秀财务基因的人才，拥有这些基因的人才往往在简历和面试的筛选中拥有很强的竞争力。下面总结了这些优秀的基因主要包括的内容。

1. **财务思维水平**。在财务专业人才面试时，我们往往会使用一些开放式的财务问题来观察面试者的财务思维缜密程度。比如我们会问三张财务报表之间的逻辑关系都有哪些？如果你是财务经理，如何有效地设计公司的营运财务分析体系，确保公司的各项营运指标都在监控之中？你认为影响一家公司价值的核心因素包括哪些？通过这些问题的回答，我们可以判断面试者对于理论知识与实践工作在结合时的思考深度。因为这些问题往往在理论课本上都找不到标准答案，需要面试者根据自己的工作经验结合理论基础思考后总结得出。通过回答者的逻辑、思路，我们可以迅速判断出面试者至少三个方面的水平：理论基础学习是否扎实；工作实践能力是否坚实；日常工作中是否能有效、及时地总结和思考。

2. **优秀的学校背景**。因为好的学校证明你有优秀的学习能力、接受过良好的教育基础、拥有一大批同样优秀的同学关系资源，这些都能够保证你在未来的工作中较别人有更好的基础。

3. **财务证书的加持**。取得财务考试证书，诸如CPA、ACCA等可以证明你有强大持续的专业领域学习能力。工作不是学习的终点，而是又一场学习的开始，证明你有持续学习的能力是一项工作当中很重要的加分项。

4. **知名企业的工作经验**。所有公司都喜欢名企光环，因为名企意味着你能吸收到很多优秀的工作习惯，这些优秀的工作习惯是下一家公司所看重和急需的，可以给他们带来改变和优化。如果你曾经有过在知名企业工作或实习的经验，这会成为你很有竞争力的加分项。

5. **曾经的工作成绩、曾经主导完成的主要项目**。工作经验和项目经验的匹配度，是各家公司在筛选候选人时非常看重的一项标准。如果候选人曾经在某些工作岗位取得奖励，或是有过参与主导某个项目实施的经验，也是公司所特别看重的方面。

6. 降低跳槽频率会成为你的加分项。因为对于跳槽频繁的人员，可能存在一些潜在的问题和隐患：

（1）跳槽太多，说明你的职业目标不明确、思路不清楚。很多时候没有仔细考虑周全就做出了决定。这也可能说明你来面试是在仓促之下做出的不成熟决定，有极大可能在短期内因为种种原因而离职。

（2）财务工作因为本身特有的流程性因素，使得从业者在每家企业都有一个适应的过渡周期，通过这个过渡的周期来适应目标企业的财务流程、操作制度。但频繁的跳槽使得职业经历频繁中断，从而缺乏工作经验积累的连续性。没有连续性，就缺乏在工作中不断深入、不断积累的基础。变来变去的工作，会使你的财务经验碎片化，如果自己没有很强的归纳整合能力，这些一年以内碎片化的经验对职业经历的帮助会非常小。

7. 流利的英语表达能力。流利的英语表达能力能大大拓宽你的职业选择广度，使你可以放眼全部岗位和机会。

3.3 财务职业的未来趋势

3.3.1 会计核算的演变趋势

2002年我开始自己的实习生涯的时候，具有一定规模和基础的企业已经基本上不用手工做账了。用纸笔誊写总账、明细账的时代一去不复返了，通过ERP系统取代手工处理，节约了大量的财务人员需求，这是ERP系统的模块化、无纸化的一大进步。取代了企业对大量基础性手工核算会计的需求，这是我所经历的第一次会计核算的演变。

我所经历的第二次会计核算的演变，是Oracle和SAP等智能ERP系统在跨国公司的广泛应用。这些大型、集成化的ERP系统通过系统上线实施阶段，将流程化、重复性的工作进行后台设置，使得业务发生时基本不需要手工的介入，通过后台流程和基础数据而进行自动财务入账。比如凭证量最大的原材料存货出入库会计凭证，一般都要凭借出入库单据、物料编码、库位号码等在系统里面录入相应的入库和出库凭证，但现在这些凭证在出入库环节都是库管员对材料扫描二维码后由SAP系统自动、实时地录入会计分录，进行系统入账工作。

不仅如此，成本核算这个在制造业技术含量相对较高的职能，以前都会根据当期成本先分成直接、间接成本，直接成本直接对应产成品入库，间接成本需要按照一定方法分摊，然后再对应产成品入库。这期间如果工序步骤很多，成本核算的流程将非常复杂。现在这个流程也被大大简化了，标准成本法实施后，只需每年根据各个产品制订一两次标准成本费率，然后每个月的成本核算和结转，系统都会根据这个标准费率自动结转生成。最终月度期末，会核算出一个实际成本与标准成本的差异。只需手工将这个差异在已销售和未销售的产成品之间做一个分摊，这一笔简单的调整就好了。成本核算的职能在现代化制造业中，已经被大大简化，演变为成本分析。如果ERP系统中实施了差异调整模块，它还可以自动将成本差异追溯回每个生产订单，自动进行调整，就连这个手工处理的步骤也省掉了。

另一方面，这些ERP系统也能够做到业务和财务数据的实时业务集成，免去了原始ERP系统数据经常需要结转、导入后才能保证业务、财务数据两边一致的局面。这样，又大大提升了财务核算的效率和准确性、实时性。

作为跨国企业管理中最重要的财务数据管理，这些大型、智能、实时的ERP系统已经成为我们日常财务管理、会计核算必不可少的利器。

3.3.2　财务报告的演变趋势

对于跨国公司而言，财务报告的管理与整合也是一个难题。如果局限在一个国家、一个地区，这样的企业做财务报表和整合倒也不是难事。只要按照一套准则进行统一的记账核算，月末结账出具财务报告，这样的流程也不算复杂。但如果对于跨国公司而言，对不同国家适用不同财务会计准则的各地子公司进行合并财务报告核算就是一项极大的挑战了。

在拥有强大的ERP系统之后，这个难题也迎刃而解了。

如果全球各个子公司都使用相同的ERP系统，比如我们公司做全球化的集团财务管理，需要全球30多家子公司结账并实施三套准则的财务报表：即本地会计准则、国际会计准则和中国会计准则。本地准则用来满足公司所在国家核算的准则和法律要求，国际准则是满足集团内部的核算与财务控制要求，而中国准则是满足中国上市公司的合规性与披露要求。

我们公司在德国、葡萄牙、罗马尼亚、墨西哥、美国、中国等国家都有工厂和机构。在并购刚刚完成后的几个月时间内，各国的财务人员需要定期上报多套不同准则的财务报表文件，这样每个月我们财务总部就能收到多达近百张不同准则、不同国家的财务报表。大家可以想象我们整理这些报表所花的时间，以及对各国财务人员进行准则转换培训所花费的时间。

后来，我们在被并购公司的SAP系统中实施了不同准则下的财务报告系统，使得同一家公司在同一套SAP系统中即可实现三套准则的记账和财务报表输出的工作，大大节省了时间，提升了月末结账、合并的效率。

再后来，我们继续并购新的企业用的是不同的ERP系统（如图3.1所示），对于不同的ERP系统，是不是进行财务准则的统一与合并就没有办法了呢？非也！

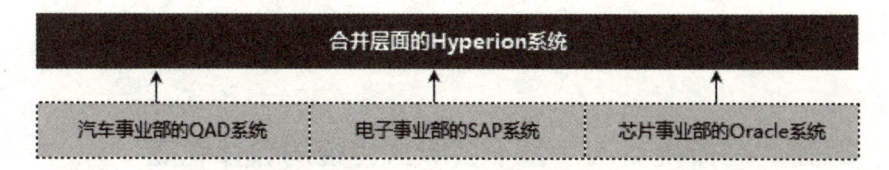

```
┌─────────────────────────────────────────────────┐
│           合并层面的Hyperion系统                  │
└─────────────────────────────────────────────────┘
        ↑                 ↑                ↑
┌───────────────┐ ┌───────────────┐ ┌───────────────┐
│汽车事业部的QAD系统│ │电子事业部的SAP系统│ │芯片事业部的Oracle系统│
└───────────────┘ └───────────────┘ └───────────────┘
```

图3.1　ERP系统关系示意图

注：Hyperion是一款甲骨文公司的财务报表合并和预算管理的软件系统，它可以帮助拥有不同ERP系统的集团建立一套自动编制合并报表系统的机制，从而在短时间内通过系统自动生成的方法，合并出集团的财务报表。

我们在各国不同的ERP系统之上，又统一架构了一层财务合并报表系统。这个系统在上线实施阶段设定好所有准则之间财务数据互相关联的规则，每个月各个子公司的财务人员只需将结账后的科目余额表和其当地准则的报表上传到该合并报表系统中，系统就会自动根据我们设定好的转换规则，出具国际会计准则和中国会计准则的财务报表。同时，我们作为总部管理人员，也能在万里之外实时监督各个国家的公司的结账和数据情况，也可以在该合并报表系统中自动完成全部的合并工作，这不仅减少了人员配置，更是提升了效率和准确性。我们只在3个事业部层面设置3个负责合并报表的专职人员，在总部上市公司层面设置1名主管，全球一共4个人就负责了240亿元销售规模的全球化合并报表的编制工作。

3.3.3 财务分析与预算控制职能的演变趋势

财务核算和财务报表在当前智能的ERP系统中大大简化了人工干预和操作的环节，那是不是财务分析和预算控制就能幸免呢？

一家优秀的企业对于财务分析与控制的深入细致程度难以想象。有的团队专门负责做一个事业部的费用情况财务分析，有的团队专门进行固定资产投资情况的财务分析，有的则是仅仅针对某一个产品进行月度的成本情况分析。

在ERP系统如此强大的今天，预算和实际的比较分析结果可以通过系统，自动生成对比分析报表和差异情况总结。财务分析人员可以利用系统输出的结果来发现问题、判断问题、查出原因。这个找出问题并最终解决的整个链条，才是财务分析和控制人员最核心的竞争价值所在。系统替代的，只是协助分析人员完成最基础的系统整理工作，而判断和分析工作，还需由经验丰富的分析人员自己来完成。

3.4 德勤"财务机器人"会不会取代传统的会计职能

全球四大会计师事务所之一的德勤在2016年3月10日宣布与Kira Systems联手，将人工智能引入会计、税务、审计等工作当中。一年两个月后，德勤宣布其"财务机器人"问世，它是一项能够部署在服务器或计算机上的应用程序，据宣传该机器人能够解决下述问题：

- 财务流程中有高度重复的手工操作，耗费大量的人力和时间。
- 跨岗位的实务操作需要协同处理，沟通成本高且效率低下。
- 手工处理存在较高差错率，且获取的数据准确性低。
- 人工处理财务相关的事务，无法快速响应业务变化和拓展。
- 受困于时间人力，某些合规和审计工作通过抽样的方式进行，无法达到100%全覆盖。

它的价值和亮点在于：

- 机器人执行任务的精确度远高于人工，可以7×24小时不间断工作。
- 流程自动化帮助部门解放生产力，将重心转移到高附加值工作上。

- 优化财务流程及其标准，并且在降低成本的前提下提高了工作质量。
- 流程自动化增强数据的质量与一致性，优化分析水平。
- 机器人完成任务的每个步骤都可以被监控和记录，从而用作审计证据以满足法律合规的需求。
- 一个业务流程可在数周内完成自动化升级，内部自主实施变为可能。
- 机器人流程自动化技术的投资回收期短，可以在现有系统的基础上进行低成本的集成。

这种强大的"财务机器人"是否意味着会计行业将面临一次技术革命，我们所有财务人的命运将因此而改变呢？

不能简单地一言以概之。

会计行业自从诞生起就不断进行着渐进性的创新，从传统手工记账过渡到计算机记账，从简单的计算机记账到集成的ERP系统记账。如今的所谓"财务机器人"，不过是在ERP系统的基础上更进一步，将ERP系统的业务处理能力与外接硬件产品的图像或文字的识别技术、传感器技术等新科技结合起来，形成的一种组合而成的智能ERP系统。因此，根本上来说，这种"财务机器人"只是一种渐进性创新，是一种ERP系统结合了智能硬件之后被挖掘出新的功能和价值，并非是一种颠覆性创新，并不能给整个财务会计行业带来巨大的颠覆性效果。

在此"财务机器人"出现之前，ERP系统就已经非常强大。在很多企业中，流程性的财务核算也已经外包作为财务共享中心来完成，未来的趋势就是企业营运管理中的财务基础数据的整理工作、重复性能够流程固化的工作角色反而越来越可以流程化并依靠系统来完成，对数据的分析工作往往在后台进行设置，可以直接输出各种分析报告，报告中异常值的出现直接对应各个责任部门、责任人。需要人来判断和操作的就是对数据背后所反映问题的处理和跟进、对财务准则差异自动调整的判断和纠正、对营运分析结果的追溯和解决。

"财务机器人"就好像是一个微型的"财务结算中心"，它通过把既定的处理流程与核算依据通过软件的形式固化在系统里，实现了财务中心的浓缩和替代。

我们可以预见的是，也许在不久的未来，财务结算将可能是这样一幅图景：

应付账款的核算与付款工作，可能第一个被"财务机器人"所取代。我们只需要在机器人终端的位置，将供应商开具的发票扫描进入系统，然后机器人就会通过图片和文字识别系统，识别发票上的关键信息，诸如订单号、发票号、产品名称、数量、单价、金额等，同时把这些信息录入到系统中的规定位置，生成会计凭证，结转分录。在终端的另一头，只需要配置少量的检查人员，检验系统无法识别的或者无法与系统中采购订单匹配的问题发票。通过系统校验和输入的发票，会自动根据采购订单的匹配，确认付款账期。当付款账期到期后，系统也会根据指令，自动完成付款的动作。这样，从供应商发票录入到最终完成付款的全部过程，机器人可以完全替代。

应收账款也是类似的情况。当物流部门确认了客户订单的发货完成指令后，机器人会自动根据销售订单和发货单进行匹配，按照相关价格、数量和产品信息开具销售发票，同时自动在系统中进行会计凭证的录入工作。并根据客户订单上的账期，自动在账期到期时完成收款，在逾期时完成催账提醒的工作。会计人员根据系统指令，进行应收账款的催款、客户现金流管理等非流程性工作。

固定资产或无形资产的处理，可能就更简单了。月末，机器人会自动计提折旧与摊销的处理。日常的时候会根据发票信息，自动识别并录入固定资产和无形资产的相关明细科目。

员工报销处理，在当前的ERP系统中已经实现了半自动化处理，未来的机器人可能会凭借发票识别系统自动识别发票、录入凭证，减少了这部分财务人员的使用，财务人员将只负责审核有问题的报销。

由于机器人的投入使用，使得人的生产力从这种重复性的劳动中解放出来，从而更多地从事需要判断和分析的"非流程性、不可预见"的工作，更多参与企业决策，提高企业决策的数据准确程度和科学性。

这是否意味着，企业一定能够从高效会计核算中受益呢？反例也不是没有。

昔日的手机巨擘摩托罗拉曾在中国、印度拥有非常高效的全球财务结算中心，每天都能够不间断地处理全球财务数据，并完成财务数据的详细分析工作。即便如此高效，摩托罗拉还是在苹果的强力冲击下轰然倒下。高效的财务会计核算为公司节省了大量的时间,按照常规思维,这些节省的时间使得摩托罗拉节省了大量的人力和财力,从而在财务分析与预算团队上投入大量的精力,进行运营和战略决策支持。但即便如此,还是没能阻止公司滑向破产的深渊。缺乏财务思维的洞见,没有清晰财务逻辑的指引,让公司大量的财务精英迷失在浩如烟海的数据和日常机械的重复劳动之中,找不到出路。

纵然重复性的核算劳动在未来会逐渐减少,但与此同时,财务报告、管理会计以及财务分析等模块职能会变得比现在更加重要,面对巨量财务数据的时候,这种流程性的核算与分析工作对财务管理的难度和挑战不是更小而是更大了。

你将如何判断机器工作的正确与否?设想如果没有足够的专业财务核算能力,是不是人类会计人员总有一天会面临类似于AlphaGO挑战的窘境:我们由于缺乏财务核算技能,将无法判断"财务机器人"记账正确与否,从而给某些黑客或者投机分子以空间。它们一旦进入机器人系统内部,将流程更改,那么机器人所高效输出的错误工作成果对我们而言就是巨大的灾难,可能给我们带来一系列无法预料的问题。

第一,这些操作流程需要后台的设定,并且需要根据企业经营业务变化、准则的变化或是经济环境的变化而随时监控并相应进行变化;否则,就会出现会计记录不合规、不真实的情况。这种后台的设定、随时的跟踪与监督,需要扎实的财务知识,这是机器人所无法替代的,也是很难完成自我学习的部分。

第二,存在系统的漏洞风险,也就是说,机器人存在被利用的风险,可能被人为地对会计操作进行设定,使其输出错误的会计核算结果。如果没有完善的会计核查机制和严谨的内控流程,这个机器人就很可能成为某些利益群体进行利润调节的工具。

第三,违背了会计核算中互相稽核的理念。在会计核算中,很多岗位都要进行不兼容处理。比如出纳用银行存款对供应商付款,会记录这样一笔会计分录——借:应付账款—供应商;贷:银行存款。同时,应付账款会计会根据供应商提供的服务,记录这样一笔分录:借:服务费用;贷:应付账款—供应商。这样,在应付账款-供应商这个科目上,两个岗位互相稽核,保证金额一致,不会出现错误和舞弊现象。

但如果这类工作都交给机器人独自完成,就会出现它既完成付款又完成费用录入，存在一定的流程风险。

第四，也许还存在法律空白地带。比如说，一旦被税务或政府当局发现存在会计记账错误，怀疑有舞弊风险，那究竟是机器人的责任还是管理层的责任呢？管理层是否会以会计知识不专业为借口推脱，将罪责推给机器人从而逃脱法律的制裁？

上面这些问题，都需要在财务职业不断进化与发展中逐渐解决，才能充分扬长避短，发挥机器对人有利的促进作用，最大程度降低风险。

财务核算的根本，就是把能重复的经验，用流程固化下来。不能重复的，存在判断和分析空间的，还是要人依靠准则来分析、处理和决策。业务模式在变化，财务核算流程也要变化，要靠人来打破和变革来适应。准则在变化，判断和空间也在变化，更是要靠人来分析和判断。

所以，虽然信息技术一日千里，但这也不是我们厌恶基础性财务工作的借口。我仍旧认为基础的会计核算工作，是一个不可逾越的阶段。就好像没有大量重复训练的肌肉记忆做基础，你怎么能有勇气参加奥运会呢？

3.5 走出重复工作的闭合圆圈

在这章的最后，我们来谈一个很多财务工作者都会抱怨的问题，那就是财务工作的重复性太高，日复一日做同样的事情，觉得生命完全被浪费了。

但我反问大家，哪些工作不是重复工作呢？

日常财务、审计、融资、项目投资，包括投行做报告，等等，不都是重复性工作吗？唯一的区别就在于重复的周期性、复杂性不同。日常的财务工作，比如说发票入账，就属于重复周期性短、复杂性低的劳动。因为它会在每个月的日常工作中大量出现，且只要遵循一定的流程就不会有很大的难度。再有天赋的运动员都要经过大量的重复训练，形成肌肉记忆。无论是张继科还是宁泽涛，能说他的日常训练没有意义？

审计工作，也是一种重复性劳动。对于每年的审计项目也一样是周而复始的底稿、抽样、测试、函证，依旧是重复性劳动。只不过周期性长，复杂程度高。

投行也是一样，从项目推荐开始，尽职调查，可行性报告分析，谈判，合同文本确定，交易结构设计，直到最终交割，也都是各司其职的重复性劳动，只不过周期性更长，复杂程度更高。

大家想一想，为什么要有重复性劳动？

因为只有重复性劳动的存在，才能让工作标准化，才能让工作输出的结果可控。如果一项工作，它无法遵循历史经验，而且无法采用相同重复的工作程序来完成，这件工作完成的成本将有多高？质量可控程度要有多低？相当于是完全的定制化服务，结果完全不可控。那这种工作，对于刚刚入行的初级员工而言，怎么可能完成呢？我没有见过这样的工作。即便是SAP系统上线这种所谓的定制化服务，背后实际上都是一个个确定的小模块、确定的子流程。只不过是按照各个公司不同的内部流程体系要求，进行不同的排列组合罢了。真正重写程序来进行定制化开发的，占比太低了。

所以大家不要鄙视重复性劳动。正是这些重复性的经验积累，才使我们站在巨人和前人的肩膀上。没有重复性的肌肉记忆，你不会自发地出现升级和创新的基因，这是一个不可逾越的过程。只有不断在重复性劳动中锤炼，才可能升级。不断提高工作的难度和挑战，慢慢增加工作中不确定因素的成分，最终达到财务总监的高度。财务总监每天应对的都是"定制化"的工作，每天面对的都是不确定性，只有到那时，经历了大量的重复性劳动的训练，你才能从容面对这些不确定性。

给大家再举一个我个人学习英语的经历，这是2002年我考IELTS时的经历。

中国学生学英语基本上都是一个问题，阅读听力水平很高，写作口语很差。阅读和听力，都是英语的输入。写作和口语都是输出。我们在有了海量的英语输入之后，输出的能力还是很差。那只可能是一个地方出了问题：就是输入和输出之间的转换机制出了毛病。是语言环境，还是思维模式，还是不够自信不敢开口？我觉得都不是。

我认为原因只有一个：就是懒惰，然后给自己的懒惰找各种借口。

解决的方法也很简单，外国人讲Practice makes perfect，那都是抄我们中国人的，几千年前我们就说过了：学而时习之，功到自然成！学而不习之，等于白学呀！

练习和不断的实践多了之后你就会神奇地发现英语会有一种自我升级的需求：相同意思的其他表达方法有哪些？怎么表达更地道？

有一次我在美国出差待了一个多月，结果生病了去看医生。那是我在美国第一次看医生，医生问我：What bring you here？里面所有单词都认识，但拼到一起还是第一次见，意思就是：你生什么病啦？这样讲出来一下子就比What's wrong with you有格调多了。

所以，先学、再实践、接着再找一切途径举一反三，这就是学习和工作的真谛。

比如将学到的句子换主语、换宾语、换状语、换补语进行各种情景模拟。写英文日记，写英文微博，等等，这些都是英语提高的技巧。其实做事的方法都是相通的，财务会计领域也是一样的。

比如我2014年初开始组建上市公司合并报表的团队，负责各国准则转换、抵消合并工作。我们一边学各国会计准则，一边做合并报表，一边逐步优化。我们从最初用Excel简单手工合并，到后来编制宏函数进行合并，最终实施上线用财务报表系统合并，这都是学会、用好、最终举一反三的最好例证。所以我认为自身知识体系的建设也是如此：学习新知识，通过不断重复性应用强化对知识的理解，最终达到举一反三的创造性应用。

本质上，我们的工作往往就是在一个又一个的圈子里面打转，有的人转来转去就能螺旋式上升，慢慢升到更高的级别。有的人则转啊转，只是一个闭合的圆圈，一直在原地。其间的区别，就是有些人能够通过学习和实践来举一反三，最终实现优化和提升的效果。而有些人则是一直机械地打转，永远走不出闭合的圆圈。

接下来将在第2篇中告诉大家，从方法论上如何破局，让自己走出闭合的圆圈。

第2篇
财务思维的构建与养成策略

本篇将深入讲解财务思维的构建策略,以及这种财务思维是如何深刻影响我们日常实践工作的。我将通过财务会计、管理会计、财务管理、企业估值4个维度和财务分析1个工具这4+1模块的讲解,帮助大家用全新、动态的视角看待企业、看待财务问题,从思维理念上颠覆传统、静态的财务观和财务思维。

最后,本篇将引入财务分析思维案例,通过两家企业财务数据的比较分析,帮助大家理解和掌握这种财务思维在战略决策工作当中的强大应用价值。

第4章
财务思维的框架概论

4.1 知识学习的方法论：以知识体系为纲

知识的学习方法可粗略地分为两类。

一种是循序渐进的学习思路。从理论入手，先纵向深入学习，再横向扩展、举一反三。比如财务会计专业，都要从会计学原理学起，然后学习中级会计、高级会计，这是纵向深入。接着再横向扩展，拓展税务会计、成本会计、管理会计等模块。最终融会贯通、举一反三，指导工作实践。

另一种学习方法就是即学即用的思路。从实践流程和步骤入手，学习实务类、流程类的知识。比如类似"手把手教你做会计"的这类知识，我们看完这些知识之后能马上遵照指导做一些基本的工作，立竿见影，见效很快。

这两种学习方法适合不同类型的知识。一些工具类知识，就比较适合于从实践入手、即学即用的学习方法。比如我们要用Excel做一些复杂的函数公式，或者画一些复杂的图表，最希望得到手把手一步步操作的教程。这种从实践入手的学习方法最适合这种工具类知识的学习。

财务会计领域则有所不同，它既不同于数学、物理这种纯理论科学，也不同于Excel、PPT这种纯应用工具。会计学是一种在商业实践中不断总结和演化而形成的一门理论和实践体系的结合。它不仅对于我们的工作实践有很强的指导意义：比如合并财务报表应该怎么编，递延所得税应该怎么计提；同时它还具备很强的理论基础：比如持续经营假设、权责发生制原则、会计的几大要素分类假设，等等。因为这些基础理论假设的存在是会计学赖以指导实践的前提和基础，所以我们对会计学科的正确学习方法应该遵循**先纵向再横向、先深入**

再发散的过程，这也是符合这门学科特点的一种知识学习方法。

大家学习注册会计师认证考试（CPA）的参考书会发现，注册会计师的知识体系就更趋于实践的指导性。它按照会计要素的结构顺序安排知识的讲解，使得读者在前面几章就会遇到非常复杂的金融资产、长期股权投资这种中高级财务会计中才会出现的知识章节。而且这些章节都是按照CPA的考试难度要求来进行知识点讲解的，对考生的挑战非常大。这样学习的弊端在于：如果没有系统地学过会计学，而仅仅通过考CPA转行进入财务领域的人，考完一段时间后如果不是日常工作经常在使用，像递延所得税、合并报表、租赁等类似这种很少接触的会计业务，就很容易忘记。一到两年不用，会计学里面讲的内容基本上也就忘光了。

如果从会计学原理、中级会计、高级会计这样一步步由浅入深学习，至少我们还会记得一个完整的会计学框架，这个框架可成为你自己的会计知识体系。未来忘了什么翻书看一下，就能把知识对号入座地放回去。没有这个框架，你的知识在脑子里就是无序、混乱且没有逻辑体系的。没有逻辑体系的知识，在应用实践的时候就很难达到举一反三的效果，也就无法在你的职业成长路径上，发挥好指导实践的作用。

十几年前我在某培训机构做兼职英语老师的时候，有过一段难忘的经历，让我明白了知识体系对一个人职业发展的重要性。当时我在这家培训机构主讲大学英语四六级考试的阅读，主要教同学们快速进行四六级阅读的技巧和策略。在做了大概半年以后，我发现自己讲课的思维枯竭了，每天都是在重复同样的剧本，甚至就连笑话都精确计算好了出场的时间，这样的局面让我很难受。我以为是授课灵感消失了，于是申请去旁听其他老师的授课，想借鉴其他老师的思路，帮助自己把灵感找回来。

于是我旁听了一节词汇课，主讲老师是一名海归，主修英美文学、英美历史的研究生。他用了整整45分钟的一节词汇课只讲了一个单词，通过对这个词的引申、拆解，进行词根、词缀、词源的讲解，然后再联想到古希腊的神话、英美文化中不同词汇在不同场景下使用的差异、历史上该单词的使用演变过程，甚至最终还通过某个明星的Facebook来展示这个词的另一有趣的用法。下课后我向他求教，怎样才能这样对英语知识旁征博引、信手拈来。他一连串毫无保留地给我推荐了十几本专业的英文书籍让我恶补。

当时我就意识到：**别人花了七年的时间搭建的知识体系，不是我一朝一夕就能逾越的**。我是否愿意花很大的精力和时间来阅读这些专业书籍，重新构建自己在英语方面的知识体系？这件事使我认识到了知识基础和体系的重要性，也促使我回归到了自己的财务专业本职上，决心在财务这条路上一直走下去。

4.2　财务思维养成的核心三要素：框架、定位与逻辑

财务思维本质上就是一种思维习惯的模式，也是一种财务决策的流程化应用。建立良好的财务思维，就可以将筛选、解读财务数据信息的过程标准化，从而降低自身对数据的认知成本，提高反馈速度和准确性，让信息得到更好的接受、吸收并最终分析输出。

怎样才能建立和养成自身完整的财务思维呢？我认为有三个核心要素，分别是：**框架结构、知识定位和逻辑主线**。

所谓框架结构，是串联知识的外延结构、支撑骨架，是这些相关知识结合在一起的基础结构和概览图，是将各个知识模块的位置和逻辑主线结合统一起来，使知识模块能有规律地存在。

没有框架，脑中的知识就好似一盘散沙。不仅用的时候抓不住，而且学过之后留不住、记不住。框架结构就是你所学知识的理论基础、假设条件、基本概念和主要流程结构。只有从框架上掌握了知识的概貌，你才会对它有全面的了解。这样你再深入去学习这门知识的时候，永远都不会丧失方向感。

我们学习任何知识，第一步必须看清楚它所包含的各个知识模块的框架结构，其次去明确这些知识模块及其组成部分的各自位置。

所谓知识定位，就是具体的某一知识模块在它的学科体系内处于什么位置、哪个层次。在鸟瞰框架之后，下一步就要熟悉各个知识模块在框架内的位置，明确它们各自扮演的角色、发挥的功能都是怎样的。

所谓逻辑主线，就是掌握这些知识模块之间以及它们各自内部的**逻辑关系**。也就是说，这些知识结构是如何联系到一起的？是通过哪种方式组合在一个框架体系内的？这些知识结构内部知识间的逻辑关系又是怎样组合搭建的？

只有熟悉上述三个核心要素，将知识的框架体系、定位、逻辑主线分别掌

握以后，才能说对整个知识结构有了比较清楚的把握。在此基础之上，深入细节进行研究，才永远不会迷失学习的方向。

下面通过对财务思维的讲解，来熟悉这三步策略的应用。**财务知识的思维框架结构包括"四大知识模块"和"一种应用工具"**。四个知识模块包括：财务会计、管理会计、财务管理、公司估值。一种应用工具则是：财务分析。这些知识模块通过不同的位置分配和逻辑关系联系组合在这个大的财务思维框架内，如图4.1所示。

第一个知识模块是财务会计模块。财务会计模块是对企业经济业务的一种静态的记录和反映，是企业全部财务工作的一条数据基准线。财务会计通过对三张财务报表的输出，记录和反映了企业在日常经营当中的资产负债和权益结构、盈利情况和现金流状态。债权人、投资人及监管机构等财务信息的使用者，可以通过财务会计模块输出的信息进行判断和决策。

所以在财务思维的知识框架中，我们对财务会计模块的定位是一条企业管理的基准线。通过财务会计这条基准线，能够对企业的营运状态进行准确的记录和反映。

第二个知识模块是管理会计模块。它是衡量企业绩效的第二维度，是在财务会计这条基准线上衍生出的企业管理和控制的自我需求。通过全面预算体系的实施，管理会计将预算与实际业绩完整地联系起来。通过成本费用差异分析，找出营运管理当中的潜在风险和问题，然后通过营运和投资决策来解决问题，实现效率的提升和营运问题的改进。

管理会计和财务会计两大模块一起成为企业财务工作得以开展和继续的基本面。

第三个知识模块是财务管理模块。它是衡量企业绩效的第三维度，是在财务会计和管理会计这两个基本面上衍生出来的对企业资本有效管理的需求。财务管理模块的研究视角从企业内部的资本结构出发，通过资本结构的组成研究企业的资本成本。通过不同比例债权资本和股权资本的组合，推断出最适合企业的资本结构，最大可能地降低企业的加权平均资本成本。在这个基础上，财务管理更着眼于营运视角资本效率的研究和管理，通过对营运资本的资源管理，降低营运业务对企业资金资源的占用和需求，提高企业营运的效率和资本

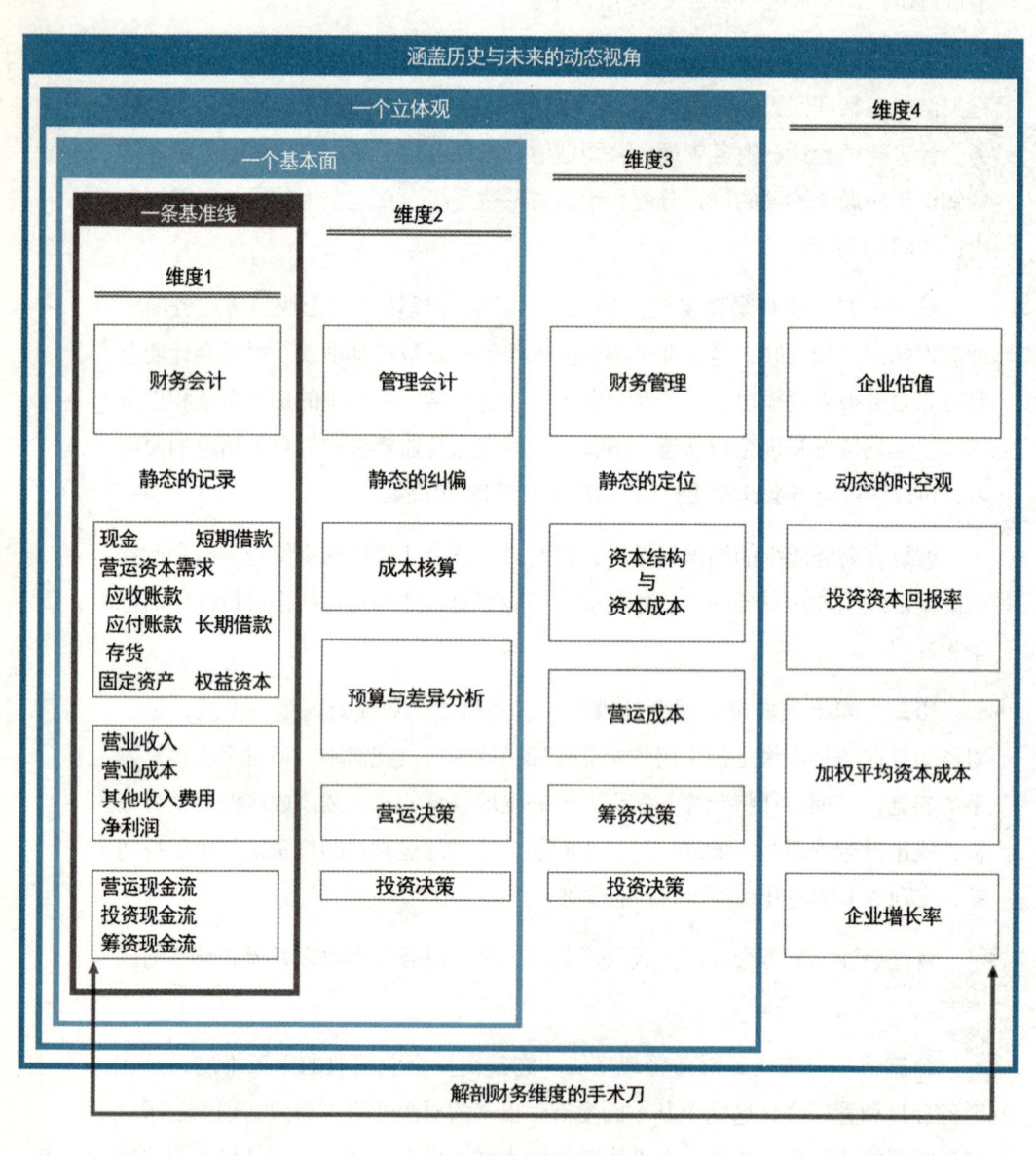

图4.1 财务思维框架图

回报率水平。在资金不足的时候，需要根据企业的加权平均资本成本和营运效率，选择最匹配的金融产品、金融工具进行筹资配套，支持相应的投资项目。在资金充裕的时候，需要根据企业的战略和盈利目标预算，筛选投资标的和项目，进行正确的投资扩张。

财务会计、管理会计两大模块通过财务管理模块的延伸，共同形成了企业财务管控工作的一个立体观。三者组合在一起，全面地对企业进行商业活动的反映、营运差异的分析和决策、内外部资源的管理和运用，最终将企业资源和信息由内而外地联系起来，成为一个完整的立体结构。

第四个知识模块是企业估值模块。它是衡量企业绩效和价值的第四维度，它是在财务会计、管理会计和财务管理这个立体观的基础上加入了第四条时间坐标轴，形成了对企业的一个涵盖历史和未来的动态视角。在这个动态视角中，可以通过企业过去若干年中的各种财务会计数据表现（财务会计模块），借助全面预算体系和当前的营运水平，预测出企业在未来若干年内的滚动财务预测数据（管理会计模块），以及为了达到和实现这种业绩水平所需要的资本资源情况（财务管理模块）。在此基础上，通过投资资本回报率（ROIC[1]）、加权平均资本成本（WACC[2]）和企业增长率等关键指标，把企业的估值随时间的变化动态地确定下来，实现最终对企业的估值。

因此，企业估值的作用就是对企业进行动态的业绩评价。用企业估值的视角去看企业，随着时间轴视角的移动，能够从历史到未来看到企业的兴衰和波动。这种视角对于动态评价企业有着非常重要的意义，是大多数投资公司、基金公司最常用的筛选投资标的的基本策略。

这四大模块之间并不是互相独立的，而是有着非常紧密的逻辑和数据关联的。

比如管理会计中的成本核算，会影响财务会计的存货和营业成本，会决定预算与差异分析的结果，也会间接决定营运决策的走向。而营运决策，又会决

---

[1] 投资资本回报率ROIC，是Return on Invested Capital的缩写，是一种衡量投资回报率的常用方式，它将权益资本和债务资本合并，整体作为投资资本来考量回报率的情况。

[2] 加权平均资本成本WACC，是Weighted Average Cost of Capital的缩写，是一种衡量公司平均资金成本和一个项目是否值得投资的常用指标，它在考虑税敌效应的前提下，将权益资本和债务资本的融资成本按照各自所占比重进行加权平均，得出了企业融资成本的平均水平。

定现金流量表中营运现金流的情况和资产负债表中营运资本需求的情况。财务管理中的资本结构情况，会影响资产负债表中的有息负债和权益资本各自所占的比重，从而影响企业估值中的重要参数加权平均资本成本，最终影响企业的筹资决策。筹资决策反过来会影响资产负债表中的有息负债和权益资本，影响现金流量表中的筹资现金流，影响最终的投资决策进而影响投资现金流。企业估值中的企业增长率又和财务会计中的营业收入、净利润紧密相关。可见，四大财务模块本质上就是一个充满联系的有机整体。

第五个模块是财务分析模块，这是一种应用工具。我们把财务分析称为财务体系中的应用工具，因为它不是一个独立的知识模块，它需要借助上述四个模块的知识点，利用这些知识之间的关系和逻辑，对企业财务情况进行剖析。

财务分析是一种问题的导向性工具，它需要以某个问题作为出发点，通过一定的逻辑主线在财务数据中对问题进行层层分解寻找答案。比如说，企业毛利率下降的原因是什么？从财务分析视角出发，会把该问题分解为：可能是销售价格低或者是销售成本高。然后，分别从这两个方面运用财务分析的技巧方法，验证究竟是哪个原因。关于问题导向式的财务分析应用，将在第10章通过案例比较深入地展开讲解。

有了这张财务知识结构图的宏观逻辑作为基础，之后在学习任何一个知识点的时候，心中都能明白至少三个层次的问题：

1）这个知识点在自己的知识模块中的位置是怎样的？

2）这个知识点和其他知识模块的关系是怎样的？

3）这个知识点在具体实践中是怎样应用的？

弄清了这些问题，今后再深入学习各个知识模块，就能有一种知识都是充满联系和相互影响的信心，有一种鸟瞰全局的大局观。

上面讲清楚了财务知识体系的框架、各个财务模块的位置和它们之间的逻辑关系，这是整个财务思维的宏观鸟瞰。从第5章开始，将详细讲述各个财务模块内部的框架、知识逻辑结构和定位，这也是财务思维的深入解剖。

4.3 构建财务思维体系的正确方法

学习与实践是建立财务思维和知识体系的基础。这个知识体系，就好像企业当中的ERP系统一样，实现模块化、职能化分布。等到问题来了，按需调用相应的模块和程序，就能解决问题、应对变化，构建自身的知识体系也基于同样道理。

首先，明确构建知识体系的目的是支持自身的职业发展。 因为目的很重要，它回答了你自己"为什么要学习"这个问题，因为知识体系可以有很多，比如可以建立一个发展个人摄影爱好的知识体系，也可以建立一个支持个人职业发展的知识体系。所以你才需要一个目的成为筛选知识的基本原则。支持自身职业发展这个目的必须始终明确，贯穿在知识体系建设的全部环节。

其次，通过专业考试和阅读专业书籍的方法，构建一个专业框架。

一家成熟工厂的标准财务部门组织结构如图4.2所示。

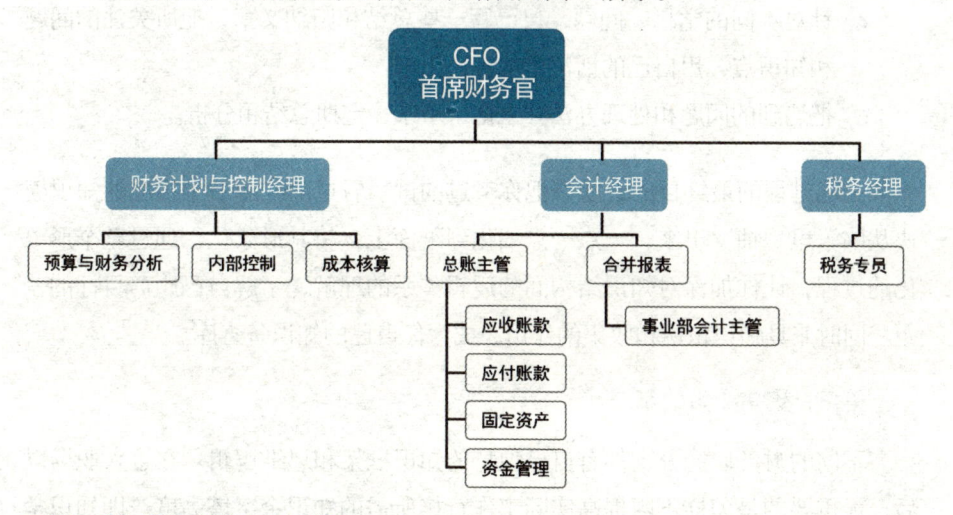

图4.2 财务部门标准的组织结构图

从结构图来看，CFO下属四大职能模块：财务会计、管理会计、成本会计和税务管理。财务会计职能可以通过注册会计师（CPA）等考试完善。管理会计和成本会计可以通过注册管理会计师（CMA）等考试来完善。税务管理职能可以通过注册税务师（CTA）考试来完善。

在考试的基础上，可以通过大量专业书籍的阅读，建立自身的阅读笔记体系，充实和丰满通过考试形成的知识框架。考试的内容有侧重，不是知识结的全部，需要通过其他专业书籍的阅读来完善和弥补。最终，两者需要合二为一，成为你的知识框架体系。

以我自己为例，2010年至今为了做跨国并购及并购后整合管理，我读了超过30本中英文的并购估值、尽职调查、重组整合类的书籍储备知识，用云笔记软件做了40多万字的笔记。知识的阅读积累，再配合多年以来实际并购工作的经验积累，逐渐形成了自己的并购知识体系。

在这个知识框架的积累过程中，要注意以下几个关键的步骤：

1. 读过的书，考过的试，尽可能将知识点做成笔记或思维导图。要做到每看一本书、每考一次试都能理清结构、归纳重点。
2. 针对不同的主题和知识模块，建立笔记，提炼重点。按自己的理解对知识结构进行重新整理，并注意标记注释和引用的出处。
3. 定期整理和汇总，不断调整自己的知识逻辑分支和整体结构。
4. 针对不同的学科、问题，自己写一些总结和归纳文章，把所关注的问题和知识点，用自己的话清楚地表达出来。
5. 把遇到的问题和处理办法独立记录下来，定期总结和分析。

上述过程的最终目的，就是把你考过的试、看过的专业书中相应的知识模块从脑子里"抽"出来，一点一点细化到纸面上，将其形象化。通过整个形象化的过程，让你加深对知识结构间的逻辑关系的理解，了解自己距离目标的差距。同时兼具知识积累和收集的作用，成为你自己的知识备查库。

第三，聚焦学习的策略。

不同的财务职能分支都有自己独特的知识框架和思维逻辑。在进入职场以后，最重要的是怎样不断提高实际工作直接所需的知识金字塔高度。即知识学习要聚焦，选中一个方向走下去，持之以恒。对于聚焦以外的知识也要了解，使其不成为自己的盲区。作为财务总监，并非所有财务模块的知识都要精通，但需要明确知道自己擅长的是什么、缺少的是什么，能够充分发挥自己的优势，和同伴紧密协作。

以我自己为例，我的目标就是集团公司的CFO。为了实现这个目标，我积累了CPA和CMA两个考试的知识储备。税务方面我也有相当程度的了解，因为我有在子公司担任财务总监的经验，所以掌握了事业部层面的全部涉税问题，能够找到专业的人来组成团队、形成互补。下一步，我计划在金融方面补充更多的知识，比如考CFA，以应对未来我在海外市场利用多种金融工具融资的需求，以及多渠道、多种方式投资的需求。

总之，知识体系的搭建就是要学习并掌握那些让自己变得更加专业的知识，让自己的专业知识金字塔变得更高。本篇后面的几个章节将详细讲述各个财务模块的逻辑框架和思维搭建的技巧策略。

第5章
财务会计模块

财务会计模块肩负着记录和反映企业经济业务情况的重要职责，是全部财务工作的基础核心，是企业全部财务工作的一条基准线。财务会计模块通过三张财务报表的输出，记录和反映企业在日常经营当中的资产负债和权益结构、盈利情况和现金流状态。

按照财务会计模块中知识的难度顺序，该模块可以分为会计学原理、会计中级和会计高级三个层次。会计学原理的主要目的是知识入门，让一无所知的学生了解会计学的基本原则假设、会计要素概念、财务报表的基本常识，等等。进入中级会计阶段，就会接触到具体的会计准则应用、各个要素科目在不同情况下的会计核算处理原则、判断标准及各种会计分录、财务报表调整列报等知识。到了高级会计阶段，就会接触到一些难度较高和不常用到的会计操作和业务，比如企业长期股权投资、一些复杂的金融衍生工具、集团合并报表的一些复杂抵消处理、递延所得税处理、外币报表折算问题，等等。

财务会计模块学习的正确思维逻辑，应遵循由浅入深的方法，从基本原理入手，拓展到会计准则，然后深入到会计要素，最后研究特殊事项的会计业务处理。

5.1 会计是一门语言艺术

首先，会计是一门标准化的语言艺术。

会计学起源于商业活动的记录需求。有了对商业活动准确的记录，才能使管理者在整个经营过程中对反映业务的财务数据进行分析、找出差异、提出问题，进而最终形成正确的决策。同时，企业也必须使用相同的语言和规则来描述这些经营活动，以便于能够与投资者、债权人、政府监管部门交流以及与同行业之间进行比较。这对于上市公司而言就显得更为重要了，作为公众公司更要满足众多中小股东了解企业的经济业务和财务数据的需求。

所以，会计学本质上就是一种商业活动记录的语言，我们学习它所涉及的全部相关知识，也就是这门商业语言里面的语法和规则，是为了把这门语言表达好、理解好。

会计语言是通过一个个基础的会计分录，来转化企业的经济业务的。无论是一笔简单的向供应商付款，还是复杂的产品成本核算，各种经济业务都能够依赖账户、凭证、复式记账法、总分类账、明细分类账、试算平衡表等一套完整的会计核算体系真实、完整、及时地转换为会计语言记录下来。

我们常说美国的外部财务监管环境严谨规范，这不仅是因为它有一套严谨的、分层的证券市场披露制度，同时美国还有一套标准化的债券体系。不仅上市公司需要按规范的准则要求披露财务信息，非上市公司的债券融资也需要由各大评级机构进行评级。所以其财务基础也必须规范、严谨，符合准则要求和评级机构的披露要求。

中国的证券市场体系化建设刚刚确立基础，债券和评级体系也只是初出茅庐，所以我们的财务规范性水平和美国还有一定差距，这个规范性差距就源于我们的会计基础和框架。

5.2 会计学三个层次的概念基础

为了给财务会计和财务报告建立一种通用的语言规则，会计界搭建了非常重要的三层概念基础：会计目标、质量特征和会计要素、会计确认和计量假设，如图5.1所示。

5.2.1 目标：决策有用

第一层次就是以决策有用作为会计的最终目标，即在决策有用的

图5.1 会计学概念的三层结构

前提下要真实和公允地反映企业的财务业绩和状况。另外两个基本方面的会计假设和立论基础，也都是以决策有用为依据制定的。

5.2.2 质量特征和会计要素

第二层次规定了使会计信息决策有用的质量特征和决策有用的会计要素。六大会计要素包括：资产、负债、权益、收入、费用、利润。质量特征与会计要素的组合假设是会计学理论赖以存在的两大基石。

我们在日常工作中已经有所体会，会计工作是有一定的现实约束条件的，很多时候对于很多经济业务的记录和核算，会计只能提供有限保证和尽量的精确。比如我们无法不计成本、无限精确地计算某个产品成本的核算数据，因为在现实工作中必须考虑成本和收益的对等原则。在这个约束条件的大前提下，会计核算必须把握重要性原则，进行有的放矢的精确计量。

这样的指导思想就延伸出两条重要的质量特征：相关性和可靠性。这要求会计核算要从重要性角度出发，不能提供不相关的无价值信息，也不能提供不可靠的不准确信息而误导决策。除此之外，会计核算还必须保持可比性和一致性。这就是说，全部公司最好都用同样的会计记账方法，这样大家横向可比。同时，每家公司的各个会计期间最好保持会计政策的延续性和一致性，这样各家公司自己就能够纵向可比。

上述这四大特征：相关性、可靠性、可比性和一致性，组成了会计计量质量约束的基本标准。

5.2.3 会计确认和计量的基本假设和原则

有了第一层最高的目标和第二层质量标准及会计要素假设，会计概念框架的第三层次着眼于会计核算具体的确认和计量层面，规定了会计确认和计量的基本假设、基本原则和基本约束。这些设定指导了我们日常工作中每一个具体的会计要素核算与计量的判断标准。比如在会计假设方面的会计分期假设、持续经营假设。在确认原则上的历史成本原则、收入确认原则等，都成为会计要素计量与核算的基本指导思想和判断依据。

比如会计学中的一个重要假设：会计分期假设。通过分期才能将各期内发生的经济业务产生的会计分录进行汇总和财务报表输出，提供给内外使用者查阅和作为决策参考。既然分期，就会涉及一个不可避免的问题——采用哪种原则来划分会计分录的期间归属。实践中，我们把权责发生制作为资产负债表和损益表编制的假设基础，把收付实现制作为现金流量表编制的假设基础。

5.2.3.1 权责发生制和收付实现制的重要性

权责发生制和收付实现制服务于不同目的，对会计核算和财务分析都非常重要。在对资产结构和企业营运绩效的反映上，权责发生制要优于收付实现制。通过权责发生制会计，能够减少由于收入、成本发生的时间不一致造成的配比问题，从而能更好地反映企业真实的营运绩效水平。所以在编制资产负债表和损益表的时候，都要遵循权责发生制原则。

收付实现制的主要特点是简单。现金流量计算简便、易于理解，而且现金流的数字交易都是有形、确定且有收支记录的，所以在编制现金流量表时，收付实现制成为很好的选择。但是在反映公司经营业绩方面，现金流量的用途则是十分有限的。比如大多数商业交易采用赊销方式，此外公司投资大量资金在长期资产和存货上，其收益会发生在未来很多时期，使得投入成本与获得收益之间的时间跨度很大。遇到这种情况，收付实现制会计就无法提供公司财务状况和业绩的恰当结果。

权责发生制能在合理的确定性水平之上，让使用者尽快知晓公司商业活动对经营业绩的影响。为此，收入需要在赚得时确认，费用需要在发生时确认，而不管是否同时有现金流发生。这种收入和费用的确认与现金流的分立是通过权责发生制的调整而实现的。权责发生制的调整是在做出了合理的假设和估计之后才加以记录的，不会对会计信息的可靠性造成很大损害。这种调整也是权责发生制会计的一个关键部分，它由会计准则、制度基础和审计确认提供三重可靠性保障，确保了财务报表的高质量输出。

严格来讲，权责发生制项目是使净利润区别于净现金流量的会计调整的一个集合。这些调整既包括影响收益但并不涉及现金流量的项目，例如赊销；也包括那些将现金流量的影响与收益分开的项目，例如采购长期资产。

因此，可以得出这样的等式结论：

$$净利润 = 经营现金流量 + 应计项目$$

这一定义中的"应计项目"包括两种类型：短期应计项目，与营运资本项目有关；长期应计项目，与长期资本有关，比如折旧、递延资产负债等。

这些权责发生制的调整项目在我们进行现金流量分析的时候是非常关键的要素，所以深刻理解会计三层框架的概念，对于理解会计学、做好财务分析和未来的财务管理都有很重要的意义。在本书的第10章将详细讲解间接法现金流量表，为大家展示相关的权责发生制调整项目。

5.2.3.2　企业生命周期中的现金流量和净利润

图5.2直观地体现了两种核算原则的区别。它展示了在公司的不同发展阶段，权责发生制下损益表中的净利润与收付实现制下的现金流量表中的经营现金流量、投资现金流量及自由现金流量的变动趋势，反映了公司不同发展阶段下盈利水平和现金流变化之间的密切关系。

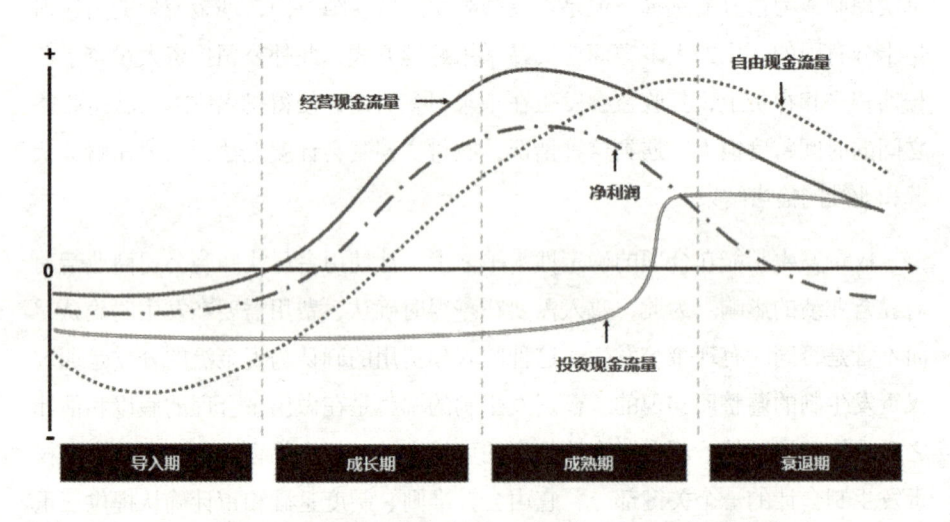

注：在此示意图中，自由现金流量 = 经营现金流量 – 投资现金流量

图5.2　企业生命周期图中的现金流量和净利润

从图5.2能够看出，在企业的初创期，企业的重心在于打开市场、拓展客户，此时的企业往往有很少的销售收入，因此营运现金流常常很低，甚至为负数。同时这个阶段企业还要持续投资扩张产能，因此投资现金支出往往是一个很大的负数。这两个负数的现金流量叠加在一起的自由现金流量就容易处于更低的水平，企业的现金流缺口往往很大，这是按照收付实现制原则计算的现金流情况。现金流出现很大缺口并不意味着企业的亏损很大，相反在这个时期由于企业长期投资的资产、设备或厂房在权责发生制的作用下可以进行长期摊销

或折旧，因此这些投资支出的影响在净利润这个指标上就被熨平了，导致企业的净利润往往并没有那么差。

随着产品逐渐被市场认可后，企业由初创期迅速过渡到成长期。公司的经营现金流由于销售收入的增加、应收账款的回笼而迅速增加。虽然较初创期有大幅增加，但相比较投资现金的支出，仍然还不够大，无法覆盖投资现金的流出，自由现金流水平仍然为负，企业仍处于资金短缺的状态。但这时公司的净利润却迅速攀升，在权责发生制的熨平作用下，公司早已开始处于盈利阶段。

在公司逐渐由成长期进入成熟期后，由于营运现金流水平的不断上升和投资现金支出需求的逐渐降低，自由现金流水平由负转正，公司终于没有资金缺口了。此时公司的利润水平处于历史的顶峰！这时的公司拥有着成熟的技术、完善的产品、充分开发的市场和稳定的客户群等诸多有利要素，自然而然地推动净利润水平达到峰值。

当企业到达成熟的顶峰后，市场需求趋于饱和、竞争对手不断进入、产能逐渐过剩、技术逐渐过时等诸多因素的出现，导致企业从成熟期开始慢慢进入衰退期。在衰退期，公司的销售收入开始下降，但在权责发生制下的摊销、折旧却无法迅速相应降低，导致了相对较高的固定成本比例，这会导致公司的净利润由正转负，进入亏损阶段。但恰恰是这个阶段，公司的现金流却逐渐走高甚至达到了峰值。因为这个时期市场已经饱和，技术已经成熟，企业不仅不需要太多额外的投资支出，反而可以通过变卖资产迅速实现现金的回流，所以在经营现金流和投资现金流双双为正的情况下，企业已经完完全全变成了一只现金牛。

这张企业生命周期中的现金流量和净利润关系图，揭示了权责发生制和收付实现制之间的差别。本质上，权责发生制会计通过资本化长期资产的投资，并在未来收益期内分摊和折旧其成本，克服了收付实现制在时间上的局限。通过资本化和分摊折旧过程，一方面降低了收益的易变性，另一方面将长期投资成本与其收益相配比，极大地提高了收益的相关性。

因此可以说，**权责发生制实现了"用时间换空间"**。

5.3　会计学的框架：会计准则与列报规则

会计学的理论基础搭建完成后，下一步就是在理论基础上搭框架。这个框架就是应用层面、会计核算所依据的会计准则和财务报表编制所遵照的列报规则。这也是各个国家、各家公司具体进行会计核算、制订财务报表时的参考标准和实施依据；也是指导每一笔会计分录、每一份财务报表编制的基础工作规范。比如国际会计准则委员会制定了国际通用的会计准则（IAS）和财务报表列报标准（IFRS），中国财政部也相应制定了中国会计准则。

5.4　会计学的点和面：会计要素、特殊交易事项与财务报表

5.4.1　会计要素的"载体"思维

在具体的会计准则指导下，进行会计核算和财务报表编制是财务会计这门学科所研究的全部实践问题。这些问题最基本的落脚点就是会计要素。

会计是一门商业语言，是一种描述和记录企业经济活动的方式。既然要记录经济业务，那就要有一个记录的载体。这个载体的作用，就是暂时承载和记录企业的经济业务，你可以在脑子里把这个载体想象成一个碗或者一个盆。比如，企业购买100万元原材料这笔采购业务，对企业而言，是增加了一笔资产，同时增加了一笔负债，那我们就同时增加资产、负债这两个载体，把这两个碗加满水。如果要细分，就记入资产类别的"存货"和负债类别的"应付账款"这两个具体的会计科目载体。

做会计处理和会计业务时，要用运动的视角去看待这个要素载体，看待企业的经济事项。就像碗里的水可以倒来倒去一样，会计业务与处理不是永远处于一种静止的状态，是随时可能触发的流动状态。未来企业真正付款的时候，就会同时减少"银行存款"和"应付账款"这两个会计要素科目的余额，也就可以说，"应付账款"和"银行存款"这两个碗里的水同时减少了，即减少负债的同时也减少了资产。

未来，原材料经过生产加工成为商品销售的时候，企业就减少了"存货"科目、增加了"销售成本"科目的余额，于是这100万元又从"存货"的碗里流出，转入"销售成本"的碗里。

因此，这些会计要素、会计科目，都是我们经济业务记录的暂时载体。随着企业经济业务的不断变化，这些载体所承载的信息、数据无时无刻不在流动、不在变化。这些变化频繁的载体，我们就叫它流动资产和流动负债。不经常变动的载体，我们就叫它长期资产、长期负债和所有者权益。

会计要素既然是经济业务暂时的存放地，那么必然需要明确几个事项：

第一，初始确认的原则，就是业务和载体要有对号入座的原则，别放错地方。

第二，后续计量的原则。水放在碗里，多了少了（如盘盈盘亏）怎么办？价格变了（如跌价准备、减值损失、坏账准备）怎么办？要规定好应对这些情况的各种处理方法。

第三，最终处置的原则。水最后从载体转移出去（如固定资产清理、存货销售）的时候，要怎么记录和处理，这种方法也要定义好。

这三个方面就是会计要素环节所涉及的全部财务会计知识内容。

5.4.2 特殊交易事项思维：抓住三个核心问题

特殊交易事项这部分内容是中高级财务会计才会涉及的领域，这些经济业务都是企业日常经营中较少发生的事项，不属于常规的会计业务处理范畴。学习这些特殊业务处理，要抓住几个核心问题。

第一，这些业务分别影响哪些会计要素、会计科目。

因为载体是业务的落脚点和最终反映形式，所以落实到会计实务，还是要抓住这些特殊交易事项最终的落脚点在哪里。比如借款费用，它可能影响损益表中的财务费用科目，也可能影响在建工程科目。

第二，确认在不同的情况下这些业务分别影响哪些科目，以及这些情况的触发条件、标准都是什么。

第一步确认了这些特殊业务会影响哪些载体、哪些科目，第二步就要明确这些业务在何种情况下分别影响哪些科目。举例来说，借款费用，在哪种情况下影响"财务费用"（不能资本化），又在哪种情况下计入"在建工程"（符合资本化条件）。满足这些条件的标准是什么？资本化开始和终止的时点标准是什么？所以可以看到，本质上这还是初始确认的原则问题。包括确认以后，资本化能够持续到什么时点终止，这也就是后续计量的问题。

第三，熟悉这些业务处理的计算方法。

明确了业务影响所涉及的具体科目后，还要会计算具体的影响金额。比如股份支付、所得税费用的计算过程等。

5.4.3 财务报告的逻辑思维

5.4.3.1 四张报表的逻辑关系：资产负债表是核心

财务报告就是全部会计要素、特殊业务核算的最终输出结果。主要的四张报表（资产负债表、损益表、现金流量表、所有者权益变动表）之间存在着密不可分的逻辑关系。

- 损益表是资产负债表的一个子项目，反映了所有影响留存收益的业务活动，相当于资产负债表中留存收益科目的放大扩充。
- 所有者权益变动表，也是资产负债表的一个子项目，是为了说明除损益表之外影响所有者权益变动的事项，是资产负债表中所有者权益项目的放大和扩充。
- 现金流量表，相当于资产负债表中现金项目的放大扩充，它按照三种活动的分类（营运、投资、筹资）记录了资产负债表现金项目期初期末之间差异变动的全部明细。

如图5.3所示，这四张报表形成了一个完全相关的系统。期初资产负债表静态记录了现金和留存收益的余额。在经营期间内，现金流量表记录了现金在资产负债表中是如何从期初的341元转变为期末的490元的过程。损益表记录了净利润的形成过程和原因，而股东权益变动表则记录了净利润在分配股利后，影响了留存收益的金额，展示了留存收益从期初的636元转变为期末的1,311元的过程。

在这个报表系统中，所有和企业业务活动有关的每一件事都会被记录下来。这样会计信息的使用者，就能通过损益表了解企业的价值是如何创造的。通过现金流量表了解企业的流动性（现金的存续情况）如何在当期内被企业的业绩所影响。最终，由资产负债表记录其他两个财务报表中的业务所反映的结果，和当前时点企业的资产负债权益的基本情况。

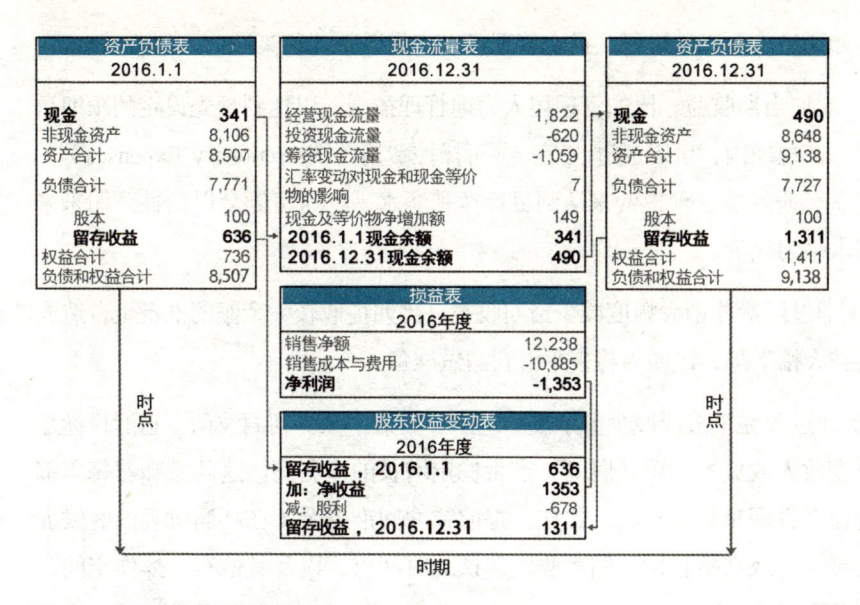

资产负债表			现金流量表		资产负债表	
2016.1.1			2016.12.31		2016.12.31	
现金	341	经营现金流量	1,822	现金	490
非现金资产	8,106	投资现金流量	-620	非现金资产	8,648
资产合计	8,507	筹资现金流量	-1,059	资产合计	9,138
负债合计	7,771	汇率变动对现金和现金等价物的影响	7	负债合计	7,727
股本	100	现金及等价物净增加额	149	股本	100
留存收益	636	2016.1.1现金余额	341	留存收益	1,311
权益合计	736	2016.12.31现金余额	490	权益合计	1,411
负债和权益合计	8,507			负债和权益合计	9,138

损益表	
2016年度	
销售净额	12,238
销售成本与费用	-10,885
净利润	-1,353

股东权益变动表	
2016年度	
留存收益，2016.1.1	636
加：净收益	1353
减：股利	-678
留存收益，2016.12.31	1311

图5.3 四张报表之间的逻辑关系

在明确了四张报表的关系和功能的基础上，再看影响财务报表中数据准确性的会计基础。

5.4.3.2 权责发生制下的盈余管理

在本章开始时曾明确表明权责发生制可以更好地用于会计核算，那么下一步是不是就可以完全信任权责发生制下的这些数据了呢？并非如此。下面从损益表中的净利润这个数字入手，解释其中的原因。

企业的净利润数字，也就是企业的盈余质量情况，主要受以下三个因素影响，这也成为公司盈余管理的三种常见途径：

- 会计政策
- 会计估计和会计判断
- 损益表中非经常项目的分类

对这三个因素的处理，实践中称为会计操纵（Accounts Manipulation），或者好听一些，叫作盈余管理（Earnings Management）。权责发生制会计使用各种判断和估计，使得管理层可以利用内部信息和经验来增强会计数据的有用性。然而，这个特点也可以被管理层所利用，操纵会计数据，对会计信息质量造成很大损害。

比如通过上面三种途径，盈余管理可以实现以下几种策略：

1）增加当期收益。比如管理层人为地管理盈余，以达到预先设定的预期盈利水平。在短期内，可以通过改变一些可操控费用（Discretionary Expenses），如广告费、研发费、预提费来达到目标净利润水平，这可能会以牺牲公司未来的盈利水平为代价。

2）通过巨额冲销大幅度减少当期收益。比如提取较大金额的准备金，造成当期收益大幅下降，以便为将来平滑利润做准备。

3）通过收益平滑或减少盈余波动。主要是为了减少利润波动。它的目标是通过改变收入或成本的确认时间，产生稳定增长的净利润。这就意味着每年都要进行盈余管理来平滑利润。比如，提取或冲回准备金（在利润可观的时候提取准备金），或选择长期合同中收入确认的时间点，以及其他有"操作空间"的会计要素，等等。

5.4.3.3 提高财务报表有用性的措施

为了增强权责发生制财务报表的有用性，提高财务分析的效果和决策的有效性，需要确认以下几点：

第一，报表是否严格遵守会计准则并经审计。因为根据通用会计准则编制的财务报表很大程度上是规范且有用的。四大会计师事务所或知名事务所审计的报表可靠性总是优于没有耳闻的某些事务所，监管环境好的国家的上市公司报表可靠性总是优于监管环境差的私营企业报表。

第二，必须通过必要的会计分析流程，把隐藏在权责发生制报表内的会计操纵剔除掉，最终形成调整后的财务报表，作为进一步财务分析的基础。

第三，对于公开的财务报表，其附注中的信息可以用来核实财务报表中报告的数字，甚至可以根据附注中的信息来重述报表，进行对比分析和验证。

5.4.3.4 间接法现金流量表的重要作用：盈余质量判断

除此之外，还可以使用间接法计算经营活动现金流来分析盈余质量。间接法计算经营活动现金流，描述了如何从权责发生制下的净利润转换到现金收付制下的净经营现金流，它也是目前唯一一张将权责发生制和收付实现制建立联系和勾稽关系的数据报表。

在正常经营下，净利润和经营现金流通常会呈现很强的正相关，并且它们在不同时期的累计值逻辑上会趋于一致。如果净利润和经营现金流相差越来越远，通常可以判断出盈余质量较低。净利润和经营活动现金流的差异是盈余质量较低的根本原因，可以通过从净利润到经营活动现金流的三大调整来解释，即非现金项目、出售固定资产的利得或损失，存货、应收账款、应付账款变动。

1. 非现金项目对当期净利润产生正面或负面影响，但是对现金流没有任何影响。如果一家公司采用了上面提到的基于权责发生制的盈利操纵方法，可能会导致净利润和现金流的不一致。

2. 出售资产的利得或损失通常是通过现金交易的。但是出售资产不是公司的主营业务，不会经常发生。

3. 存货、应收账款、应付账款的变动通常称为"营运资金需求管理"，可能会导致净利润和现金流之间不寻常的差异。这可能是企业不能有效地管理营运资金需求或者失去了与供应商和客户的议价能力，即盈余质量不好的信号。更差的可能是，企业操纵盈利，虚增销售和应收账款或故意减少销货成本，同样也是盈余质量不好的信号。

总体来说，如果一家公司很大程度上依赖非现金、非主营、非经常项目来增加当年利润，财务报表使用者可以合理地对公司未来业绩状况产生质疑。

通过间接法计算经营活动现金流来发现盈余操纵也有一定的局限性。有些盈余管理操纵就不能通过这种方法察觉：比如将一些期间费用资本化不仅使费用从当期损益表中"消失"了，而且因为确认为资产，该费用支出也从经营活动现金流出转移到投资活动现金流出，比如研发费用资本化[1]，就是这种情况。

这些财务报表编制中的关键问题，大都出自并引申于会计学原理的基本概念和假设，这些基础逻辑框架将伴随着我们整个会计职业生涯，成为工作中最有价值的部分。

---

[1] 研发费用资本化，就是将企业内部研究开发项目活动区分为研究阶段和开发阶段两部分，对于研究阶段发生的支出，应当在发生时计入当期损益；对于开发阶段的支出，能够证明符合无形资产条件的支出资本化，分期摊销。对于这部分资本化的研发费用，就称为研发费用资本化。由于研发费用的资本化使得研发费用从损益表中的费用科目计入了资产负债表中的无形资产科目，就导致了这部分现金流出在现金流量表中的分类由原来的营运现金流出转入投资现金流出，人为地调整了营运现金流净变化的金额。

第6章
管理会计模块

6.1 管理会计是企业内部视角

管理会计模块是衡量企业绩效的第二维度，是在财务会计这条基准线上衍生出来的企业管理和内控的自我需求。它的作用是对企业的营运绩效进行静态的纠偏：即通过成本核算、预算与差异分析、营运决策和投资决策三个不同层级的管理会计职能，满足企业对营运业务管控的需求。

在企业当中，管理会计与财务会计的角色定位是迥然不同的。财务会计侧重于财务数据的记录和呈报，而管理会计则更着眼于对财务数据的使用、分析和决策，致力于利用财务数据，改进企业经营业务的效率，发现潜在风险并对企业的各项决策提供有力的数据支持。相对财务会计，管理会计的理论体系也完全不一样，由于没有"商业语言规范性"的约束，管理会计的理论基础就显得没有那么强的整体性和逻辑性。

6.2 管理会计的三个需求层级

管理会计起源于企业内部管理的需求，这些需求可分为三个层级。

管理需求的第一层级：准确核算产品成本。产品，是企业为客户创造价值的载体，是企业成功的全部核心所在。产品成本核算准确与否，对于一家公司而言可能是成败的关键。准确的成本核算不仅可以指导企业对外确定市场价格，还可以帮助企业对内确定生产效率和营运流程的改进措施，是企业很多内部决策和外部决策的数据基础和最终依靠。

管理需求的第二层级：将全面预算管理作为企业营运管理和业绩评价的一切基础和准绳。人无远虑必有近忧，企业也是一样。如果没有预算做基础，我们即便能够把产品的成本准确核算出来，也没有一个比较基准，无法判断企业实际运营情况究竟是向好还是走坏。在这个层面，我们不仅会把各种实际产品成本的各个组成部分与预算中的标准成本进行各种比较和差异分析，还会把各个部门的费用和业绩的实际情况与预算进行比较，来评价部门的费用、投资控制情况和业绩达成情况。

管理需求的第三层级：利用成本核算与全面预算的基准进行营运和投资决策。在准确核算产品成本数据和预算差异比较分析的基础上，利用前两个层级的数据结论，对企业内部营运层面和外部投资层面进行各种决策支持。比如与竞争对手相比企业的产品成本、效率优势在哪里？企业产品定价的策略是什么？企业应该聚焦在哪些客户才能给我们带来更大收益？企业应该投资哪条生产线以获得更大收益？类似这样的决策问题。

6.3 管理会计的第一层级：成本核算

产品或服务是企业赖以生存的基石，是企业的利润之源。将产品和服务的成本核算精确，是管理会计中的基础环节，也是企业定价和决策的基本依据。成本核算结果的准确与否直接影响了企业的定价策略，从而影响了企业的毛利水平。在这方面，管理会计的压力要远远高于财务会计。从职能来看，财务会计只负责记账的准确性，比如原材料从存货发到生产线，财务会计只要做出这个分录就可以交差了：

借：在制品
　　贷：存货—原材料

但是管理会计就不可以，从管理会计职能出发，必须把这些原材料按照管理要求进行分类。按照产品线、事业部等标准进行精确划分，否则后续按照各种标准进行产品成本毛利分析的时候，将会面对一团糟的局面。

为了应对这种压力，在成本核算方面，管理会计系统中存在两种最基本的方法：分批成本法和分步成本法。分批成本法核算适用于成本对象不同质的情况，因为产品是独特的，分批核算为每一批产品单独计算成本。分步成本法核算适用于成本对象是大规模同质或近似的产品或服务，对同质产品分步骤进行成本的加总核算。

6.3.1 成本核算的基本思路与报表影响

不管采用哪种成本核算方法，其基本的成本核算思路都是一样的。

1. **先确定直接成本**：所谓直接成本，可以理解为能直接追溯到产品或服务的、与生产产品或提供服务直接相关的成本。比如生产一台性价比很高的小米手机，它的直接成本就包括与这台手机直接相关的各种原材料、元器件的采购成本，以及直接加工制造这台手机的生产线的工人工资。这些成本是直接可以追溯到这台手机上的成本，所以称为直接成本。

2. **再确定间接成本库**：除了直接成本，很多成本无法直接追溯到产品上。比如生产小米手机时，会有辛苦的程序员们不断地研发软件系统，会有研发设计团队开发新的外观……这些前期的研发投入，都无法和这其中的一台手机进行完全、直接的匹配，因此就把这些"无家可归"的成本称为间接成本。用来归集这些"无家可归"成本的载体，就称为间接成本库。

3. **选择间接成本分摊基础，统一将间接成本库中的成本进行分摊**。当把这些"无家可归"的间接成本都安排在间接成本库中以后，就要帮它们安排各自的归宿，这个安排的标准，称为"间接成本的分摊基础"。这个分摊标准决定了哪些费用应该遵循何种标准计入何种成本及哪些产品。比如根据某产品生产车间的占地面积来分摊房租，根据机器运转时间和功率分摊电费成本等，都是这种标准的体现。

4. **最后，加总产品的直接成本和间接成本，形成产品的总成本**。

相关成本核算与结转流程在资产负债表和损益表中的流转如图6.1所示。

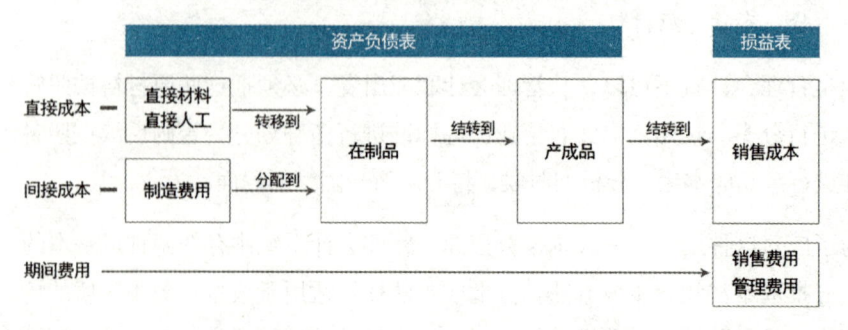

图6.1 成本核算与结转流程图

在成本核算与流转的全部过程当中，我们会发现管理会计与财务会计在供应链环节存在着众多交集。

1. 成本归集的过程

在生产制造环节，直接人工成本、原材料成本和间接费用通过制造环节汇总、归集到在制品当中。通过在制品的转换，最终形成库存商品，全都归入资产负债表中的"存货"科目。

2. 产品销售环节

在产品销售环节，存货科目中的库存商品将被结转出库，相关成本将会转入损益表中的"销售成本"科目，完成从资产负债表向损益表的流动，也同时完成了资产向成本的转化过程。

这也就表明，财务会计和管理会计中的成本核算层级，在两个非常重要的报表科目上有着重叠。一个是影响资产负债表中流动资产的重要因素"存货"科目，另一个是影响损益表中最重量级的因素"销售成本"科目。

6.3.2 成本核算系统的设计与要求

大多数公司进行成本核算，都是通过ERP系统的后台程序设置完成的。其中最难以精确度量的部分，也是成本核算中最令人头疼的部分，就是成本核算的第三步：间接成本的分摊基础，也就是帮助那些"无家可归"的间接成本找到最适合自己的家。

企业选择间接成本的分摊基础，然后对间接成本进行分摊，目标就是以一种系统、精确的方式把间接成本准确分配到相关的批次和产品上。为了实现这一目标，使用传统方法的公司常常使用机器小时数和人工小时数作为分配基础来分配间接成本，因为这两个数据的取得成本最低。有些间接成本，比如折旧和机器修理，与机器小时数相关。有些间接成本，比如监督和生产支持管理，则与人工小时数更相关。这种相关性直接决定了间接成本分配的准确性，也就是要实现"对号入座"的目标。

这个"对号入座"的过程是很有技术含量的，因为你必须擦亮眼睛，帮助这些间接成本找到它们真正的归宿。一旦找错了家，就会导致成本核算不精确。比如，假如按照机器运转的小时数来分摊房租成本，帮助房租成本找到自己最终的载体，那就要闹笑话了。假设一台很小的机器设备几乎不占用任何面积，但运转小时数非常高，这就造成这台机器被分摊到了它本不该得到的、数量巨大的房租成本。会使得这台机器生产的产品身上，背负着沉重的房租成本，从而扭曲了它的成本结构数据，导致毛利核算出现巨大差异。

因此在间接成本分摊中，企业需要对成本核算系统进行精心的设计，使其计算出的成本准确性更加符合公司运营的实际情况，这样才能实现对产品成本进行管理与决策的要求。

根据成本核算的要求不同、精细程度不同，可以把成本核算系统分为三个层次，不同水平、不同层次的成本核算系统有不同的目标。

1. 最低目标：最低水平的成本核算系统，往往只是为了满足对外披露财务报告的目的。因为财务报表在对外披露上对存货和销售成本科目的要求并不精细和深入，只要求总数上能够有限保证就符合审计和披露要求，所以对外披露财务报告这个层次的功能是成本核算的最低要求。

2. 中级目标：就是能够相对准确地估计各项作业和产品的成本，在第一层次满足披露的基础上继续精细化、准确化地进行成本核算是第二层次的成本核算要求。

3. 最高目标：就是能够向员工和生产作业人员提供与他们相关的工序是否有效率的数据反馈，将核算的数字准确、及时传递给一线员工，指导他们及时改进。这是对成本核算系统最高层次的要求。这在一些日本企业里叫作"看板制度"和"持续改进制度"。比如，假设在手机的装配工序中，公司规定每名员工每个小时需要装配100台手机，当一名员工在一个小时内装配了110台手机的时候，系统就能自动给出反馈信息，告知这名员工他超额完成任务使得每台手机的人工成本降低了10元，同时他本人能得到其中5%的奖金激励，这就是能够向员工及时传递数据反馈的成本管理的最高目标。

实现第二层次和第三层次成本核算目标的难度，在很大程度上取决于间接成本分摊的准确程度。如果间接成本金额较直接成本而言很低，以及它的精确性对公司的成功来说不是特别重要，这种传统的成本分摊制度已经可以符合企业管理的要求。但是，如果一个产品工艺十分复杂、资源消耗更多（比如需要更多的检测、更长时间的机器生产准备、更苛刻的材料运输环境要求等），那这样的产品必然没有被分配到应有的成本份额。这些复杂产品的许多成本被不公平地分摊到一些相对简单的产品上，造成了复杂产品的成本被低估，简单产品的成本被高估，导致产品成本核算失真。

此时，就不得不考虑新的成本核算方法，也就是作业成本法。

6.3.3 作业成本法

作业成本法首先将成本分配至每一项作业，然后按照产品所使用的作业数量，将其分配到与之相关的产品上。一项作业，就是一个组织承担的制造产品的任务分支，是一个事件、任务或具体目的的工作环节，例如设计产品，装配机器，运转机器准备时间，等等。

通过把独立的作业确认为基本的成本对象来改进成本系统，相当于将尽可能多的成本直接追踪到产品上。其余不能直接追踪的，则根据相似的作业归集到一个成本库中，然后运用成本分配的方法分配至产品。

作业成本法与间接成本库两种方法最大的区别在于：作业成本法追踪每一项可能产生成本的作业，并分析该作业对产品成本的影响。如果某个作业是产品成本的影响源，那么作业成本法就直接指定该作业为一个独立的"作业成本库"，通过对这个作业成本库进行归集和分配，完成对号入座的功能。因此，作业成本法比间接成本法的指向性更强，属于精确打击的攻击方式，而间接成本库相比之下则属于地毯式轰炸了。

图6.2代表的是作业成本法在手机塑料外壳的生产环节中的应用。

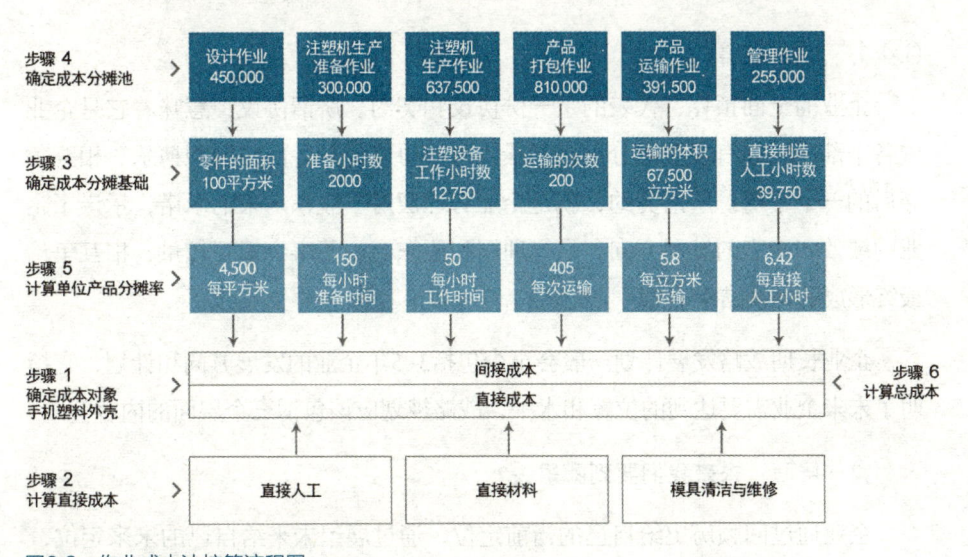

步骤		设计作业	注塑机生产准备作业	注塑机生产作业	产品打包作业	产品运输作业	管理作业	
步骤4 确定成本分摊池	→	450,000	300,000	637,500	810,000	391,750	255,000	
步骤3 确定成本分摊基础	→	零件的面积 100平方米	准备小时数 2000	注塑设备工作小时数 12,750	运输的次数 200	运输的体积 67,500 立方米	直接制造人工小时数 39,750	
步骤5 计算单位产品分摊率	→	4,500 每平方米	150 每小时准备时间	50 每小时工作时间	405 每次运输	5.8 每立方米运输	6.42 每直接人工小时	
步骤1 确定成本对象 手机塑料外壳	→		间接成本				←	步骤6 计算总成本
			直接成本					
步骤2 计算直接成本	→	直接人工		直接材料		模具清洁与维护		

图6.2 作业成本法核算流程图

在这个应用作业成本法的案例中，公司首先增加了直接成本的要素，除了直接材料、直接人工以外，又增加了一个模具清洁和维修成本。因为通过作业分析，公司发现这道工序作业的成本也是与最终产品直接相关且可以追溯的，因此在材料和人工成本的基础上，又添加了这道工序成本。接着，对于制造费用部分又识别出了六个工序作业，分别是：研发设计作业、注塑机启动作业、注塑机运转作业、产品打包作业、运输作业以及管理作业。然后，通过归集每一项作业的成本，形成一个个独立的成本库。最后，根据作业发生的次数来计算和分配出每次作业的单位成本，通过归集这些单位产品作业成本和单位产品直接成本，最终形成产品的总成本。

经过作业成本法的进化，公司可以更多地利用直接成本追溯产品、更精确地确定间接成本的分摊，进而更精确地核算产品的总成本，完成第一层次管理会计职能需求的目的。

6.4　管理会计的第二层级：全面预算管理与差异分析

管理会计的第二层级，就是将全面预算管理作为企业营运管理和业绩评价的一切基础和准绳。通过公司一年一度的预算来管理公司整体和各个部门的绩效达成情况，根据绩效达成情况，最终考量公司战略的执行水平，判断公司是否处于健康的发展状态。

6.4.1　全面预算的制订

企业的全面预算，代表的是一份协议和契约。所谓协议，意味着它是企业中各个部门抢夺有限资源分配权的最终书面协议，是各部门激烈搏杀、相互争夺后的一个平衡。所谓契约，就是企业管理层对于股东未来的承诺，承诺了企业的绩效和未来的发展方向，是管理层和股东会、董事会相互较量、相互争论最终形成的均衡结果。

企业长期战略发展计划一般会至少包括3~5年企业的发展方向和计划，它指明了未来企业需要达到的位置和水平，战略规划应该包括三个层面的内容。

第一层面：未来我们要到哪里去？

企业通过回顾历史给自己的当前定位，通过展望未来给自己的未来定位，为企业制订未来的位置和目标。它代表了公司整体层面的未来发展愿景和企业战略规划的终极方向。比如五年后做到全球手机市场前三的水平，就是一个战略目标。

第二层面：我们怎样才能达到目标？

这包括公司战略和部门战略两个部分。公司战略体现了公司整体为了实现未来目标所要走的道路。比如为了在未来五年做到全球前三的位置，公司可以采取扩张产能、提高研发实力、努力拓展营销渠道的内生性增长方式。除此之外，公司还可以采取外延性扩张方式，比如并购其他手机制造商，实现迅速扩张的目的。除了公司战略之外，还包括各个职能部门未来发展的战略方向。比如，销售及客户拓展战略、产品开发拓展战略、质量管理战略、采购和供应商管理战略，等等。

第三层面：为了达到目标我们需要哪些资源？

有了明确的目标，规划好公司战略和各个部门的战略方向，下一步就是来计划完成战略所需的各种资源，包括技术资源、人才资源、市场资源还有资金资源等。

第四层面：营运计划的制订。

通过上述三个层面制订公司3~5年的长期战略规划后，第四个层面就要在战略的基础上着手制订年度营运计划。年度营运计划是对战略规划在执行层面的细节规定，是将中长期的路线规划具体落地到每一年度的实施方案中。

营运计划的制订，总是始于客户端，因为这里反映了企业产品和服务的最终归宿，代表了企业价值的最终端实现。从价值链终端的客户需求开始逆推，一层一层向价值链前端靠拢，这就是做营运计划的基本步骤。

巧合的是，这和我们个人职业路线图的制订策略几乎一样：以始为终，从目标的终点开始逆推，并在各个时间节点定义好里程碑事件。

不忘初心，方得始终，做企业和做人是一样的道理。

6.4.1.1 全面预算制订的流程

图6.3显示了一家公司典型的营运计划制订的大致过程：销售部门从客户端确认到产品销售计划后，下一步就是生产部门根据销售计划和前期存货的库存

余额来逆推，制订生产资源计划，通过生产计划提出四大类资源需求：直接材料需求、直接人工需求、制造费用需求、设备投资需求。

直接材料需求将成为物流部门制订物流计划的基础，也会成为采购部门制订物料采购计划和供应商筛选计划的基础。直接人工需求将成为人事部门招聘计划的基础。制造费用需求则是各个部门制订部门费用预算的基础。

同时，根据销售计划，研发部门要制订产品研发与设计的部门预算，市场营销部门要制订宣传和营销的部门预算。除此之外，各个部门都会制订各自部门的人员计划、部门费用计划、投资计划。最终将这些计划汇总，形成企业总的年度预算报告的若干报表。

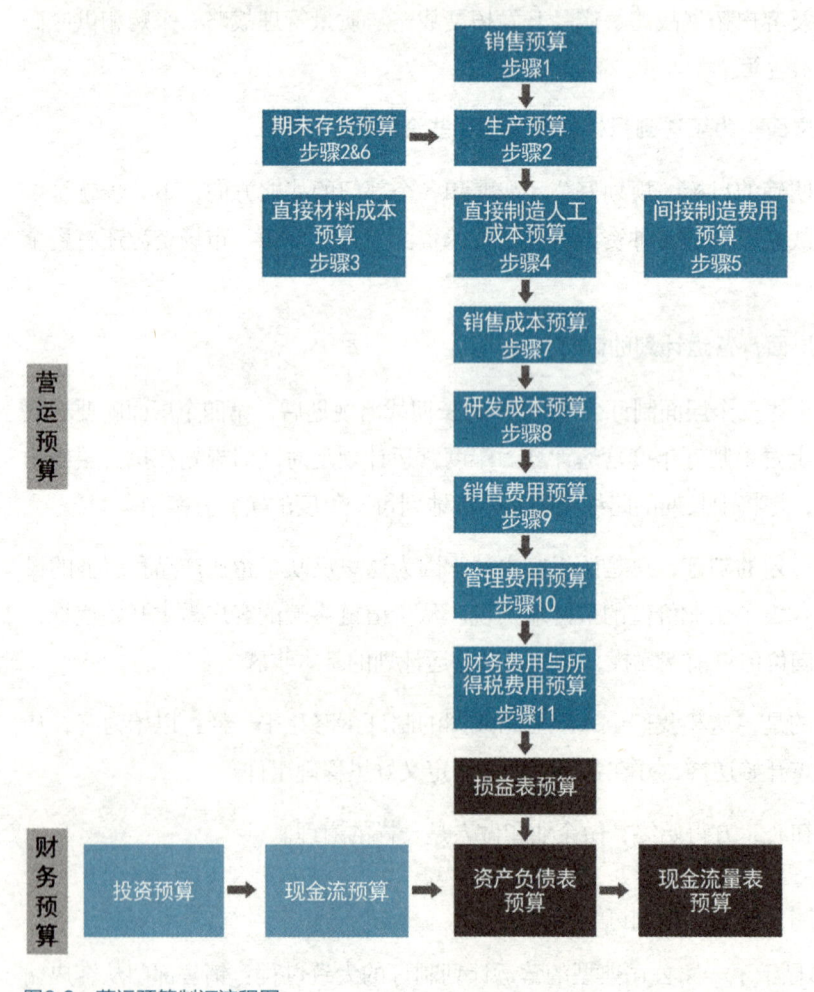

图6.3 营运预算制订流程图

6.4.1.2 全面预算制订的要点

各个部分预算的内容和形式要点也都不尽相同，主要包括以下这些。

1. 销售预算

销售预算是年度预算编制的起点，根据客户、事业部、产品等进行细分，预算报告需要包括价格、数量等指标，最终统计出各个月度的详细销售预算报告。

2. 直接材料成本预算

直接材料成本预算是年度预算的第二步，根据销售部门提交的详细销售预算，成本会计、工程工艺部门或研发部门、生产部门一起针对材料成本进行分析和预测。

已经处于量产阶段的产品，需要根据实际材料成本情况分析材料成本差异，调整标准材料成本费率。还没有投产的新产品，需根据原始的报价基础再次核对，按照试制时的材料用量和成本数据调整，最终设定出新的标准费率水平。

直接材料成本预算的基础是材料价格数据。这部分价格数据又来自于采购部门的材料采购成本预算，以供应商的合同或订单为基础。价格变更周期应和供应商最终洽谈的结果为准，一般主要原材料的价格每年度变更一次。有些特殊行业，根据市场情况随时变动，如航空业的航空煤油价格等。

3. 人工成本预算

人工成本预算包括三部分：直接人工成本预算、间接人工成本预算和其他综合管理类人工成本预算。

直接人工成本预算制订的过程也就是标准人工成本费率的设定过程，它也包括两部分，即处于量产阶段的产品和还没有投产的新产品。对于已经处于量产阶段的产品，需要根据实际成本情况核对工艺流程的时间设定和工作中心的划分是否准确，按照人工成本差异情况进行合理的调整。而对于还没有投产的新产品，需根据原始的报价基础再次核对，按照试制时的工艺流程变动进行调整，最终设定出新的人工标准费率水平。

间接人工成本预算则相对复杂。间接人工成本是指非直接参与生产的、成本不能直接追溯到某个产品或产品线的人工成本，包括营运生产方面的管理类职位、生产技术管理类的职位等。这些人工成本需要各个营运部门按照未来的产能情况和工作量情况进行预计，在现有基础上需增加或减少的人员，从而确定出最终的间接人工成本。

上述两类人工成本将最终都计入营业成本中。

最后，除了产品制造相关的人工成本以外，销售部门和其他管理部门的员工成本将被计入销售费用和管理费用这两类科目。根据需求状况，各部门制订各自的人员预算情况，最终汇总统计出完整的人工成本预算。

4. 间接材料和间接费用成本预算

间接费用预算包括两部分，一部分是能够直接分摊到产品的部分，比如相关设备的固定资产折旧、无形资产摊销等；还有一部分是无法直接追溯分摊到产品的部分，包括房租、水电、低值易耗品的消耗等。间接费用的分摊率，应该按照企业成本核算的要求来设定。有的可能按照不同生产线细分不同的分摊率，有的则按照事业部设定，有的则统一设定一致的比率，等等。

完成上述预算步骤的环节，企业的营业成本数字就能确定了，企业下一年度的毛利水平也就做出来了，即：

毛利润预算=销售预算－材料成本预算－直接人工成本预算－间接人工成本预算－间接材料和间接费用成本预算

管理层可以进而针对这个初步的毛利情况进行调整、更改各成本预算情况，使得最终的毛利预算符合战略的预期。

在此预算指标的基础之上，企业各个部门也会根据预算指标设定各自部门的业绩管理与评价目标。也就是说，各个部门将预算标准和自己的业绩管理相互挂钩，形成有效的激励和控制机制，来确保预算计划的完成和有效执行。

比如，生产部门在根据生产情况制订材料成本预算的时候，会设定一个废品比率作为原材料成本的构成部分。这个废品率就可以作为生产部门业绩管理的一个指标。同时，采购部门也会根据材料消耗情况，制订材料采购标准价格，这个采购价格的成本控制就会成为采购部门的一个业绩管理指标。

部门费用中各种名目的费用预算也会成为各个部门费用管控的重要指标，比如广告费、差旅费等，都可以作为管理会计分析和监控部门营运绩效的基准。这便是管理会计在全面预算和业绩管理方面的体现。

5. 投资预算的制订

间接费用成本预算一部分的编制基础来自于投资预算，因为间接费用中的固定资产折旧和无形资产摊销的费用金额，会受到投资预算的影响。各个部门根据下一年的生产情况，预测出未来所需要的产能状况，与当前的差距就是需要投资的设备或研发支出。根据需要投资的部分，结合采购部门的询价、报价，按照部门、按照事业部、按照产品线（如果有特殊专用设备或投资，比如模具和研发投入等）制订投资预算的总支出计划。

6. 部门费用预算的制订

部门费用预算可以分两类，生产营运相关的部分和管理销售相关的部分。

间接费用成本预算另一部分的编制基础就来自部门费用预算中的生产部门费用预算。这些部门费用预算合计就是间接费用成本预算的基础，是需要在未来分摊到各个产品成本中的。

有一些相关部门费用是需要特别注意并专门制订的，比如运费的预算。

运费的预算应该包括两个部分，采购运费和销售运费，即材料购入运费和产成品发货运费。这两个关键的运费指标都需要物流部门进行匡算，匡算的基础又和物流部门的绩效指标紧密挂钩。

举个例子，不同的企业对于原材料的采购和库存都有既定的战略，比如丰田是奉行JIT[1]的零库存策略，这是源自其在供应链顶端的强大控制力。一般企业为了生产的安全和便捷，都会准备一定程度的原材料存货加上一定比例的安全库存保障。同时，海运和空运的运费水平由于其时间效率的不同而价格差距非常大，海运需要1~2月，而空运只需1~2周。所以如果物流部门的库存周转天数很低，那么他们一定会在运费预算上给自己留足空间。

7. 折旧费用的预算

根据现存设备的折旧情况和未来投资预算将会产生的折旧摊销费用，制订按照事业部、部门、产品线的折旧摊销费用预算表。这张表格中的折旧摊销费

1　JIT，Just In Time，准时制生产方式的缩写，又称无存货生产方式。

用将被拆分为制造费用和销售管理费用两大部分。制造费用将会被归入上述的间接费用成本，从而最终流入营业成本当中。

8. 现金流预算

根据销售部门的绩效指标"应收账款周转率"、物流部门的绩效指标"存货周转率"和采购部门的绩效指标"应付账款周转率"这三个主要的营运资本影响因素，形成对营运现金流的预算估计。同时根据投资预算中的支出项目，形成为投资性现金流的预算估计。根据以上两类现金流的缺口（或盈余），制订融资现金流的融资计划或还款计划。

9. 财务费用的预算

财务费用涉及未来的资本结构。根据投资预算和当前的现金流情况，估计明年所需的融资缺口和融资方式，根据融资金额、方式确定相关的融资成本，形成财务费用的主要预算数据。

这样一个完整的流程做下来，企业预算的几张财务报表也就随之生成了，一个完整的全面预算制订的流程随之结束。

6.4.2 业绩差异的比较与分析

制订预算的目的，就是要与实际运营结果做比较，对差异进行分解和分析，找出原因、寻找对策。一般而言，我们会在宏观上对损益表、资产负债表的逐个项目进行差异分析，也会在各个事业部、区域、部门层面对投资情况和费用执行情况进行比较分析。通过比较找出差异，通过差异查找问题和原因。

在所有的差异比较与分析中，最难的部分就是产品销售成本的分析。因为产品成本的核算涉及供应链的各个环节，从采购开始到制造加工结束，整整一条供应链的各个职能都会影响产品的最终成本，并造成与预算的差异。所以在分析产品销售成本差异时，就必须通过逐层分解的方式，把差异一层层地剥开、分门别类地进行分析。否则，就会找不到重点，也找不到问题所在。

分析的第一步，就是对预算数字进行分类。我们把按照上述预算流程确定的总预算，称为静态预算。所谓"静态"，因为它是以预算期开始时计划的产出水平、销售水平为基础编制的。与之相对应的便是弹性预算，所谓"弹性"，就是在预算期内根据实际销售水平和产出水平计算的预算收入和预算成本。

分析的第二步，将各种差异进行定义、分解，成为一个缜密的"四级差异分析＋两类差异结合"的逻辑结构。我们可以用图6.4所示的分解图进行表示。

```
                        静态预算差异
                       ／         ＼
                 弹性预算差异        销售数量差异
        ／          |          ＼
   销售价格差异   变动成本差异   固定成本差异
              ／      |       ＼
       直接材料差异  直接制造人工差异  变动制造费用差异
         |            |              |
       直接材料价格差异  直接制造人工价格差异  变动制造费用耗费差异
         |            |              |
       直接材料效率差异  直接制造人工效率差异  变动制造费用效率差异
```

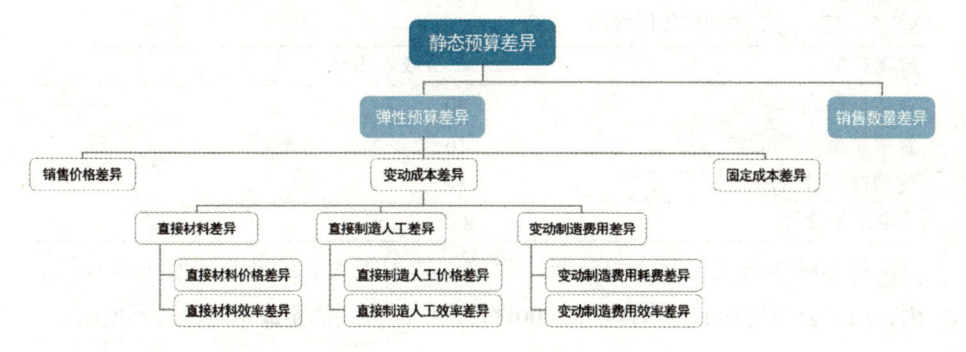

图6.4 成本差异分析逻辑结构总图

通过四级分解，我们将一个静态预算差异的数字分解为四个层级九大差异指标，通过九个方面进行分析破解。所谓"两类差异结合"，意为这九大差异指标可以分为两大类，分别是：**价格差异和数量差异**。

"销售价格差异""直接材料价格差异""直接制造人工价格差异""变动制造费用耗费差异"属于价格差异的类别，代表了由于预算与实际的价格或是制造费用分配率不同而造成的差异。

"销售数量差异""直接材料效率差异""直接制作人工效率差异""变动制造费用效率差异"和"固定成本差异"属于数量差异的类别，代表了由于预算产品销售量、预算资源使用量与实际销售量、实际使用量不同造成的差异。这九种差异的分解，可以有效地帮助我们深入思考成本差异的最终来源和问题实质，通过数据帮助我们更好、更有效地进行营运决策。

本章通过引入一个虚拟的公司案例来讲解上面这些预算差异的概念及分析流程。在我们的案例里中，虚拟的Goach公司是一家生产、销售衬衫的国际知名公司，在衬衫的生产环节上需要很多裁缝工艺和手工操作。Goach将产品独家销售给各个渠道的批发商，然后再由批发商卖给各个服装店、连锁店或网络直销店。

假设公司当月所有的产成品均在当月售完，当期购买的所有原材料也在当期消耗完，并且期初或期末都没有直接材料存货，没有在产品或产成品存货，即这是一家没有存货的公司。因此无须考虑生产成本、制造费用在存货和销售成本之间进行结转。

假设Goach公司生产衬衫有三类变动成本，每类成本的预算单位成本如表6.1所示。

表6.1 每类成本的预算单位成本

成本类别	单位成本（元）
直接材料成本	60
直接制造人工成本	16
变动性制造费用成本	12
变动成本合计	**88**

衬衫的生产数量是直接材料、直接制造人工和变动性制造费用成本的动因，假设公司衬衫的月产量在12,000件以内的时候，固定成本是保持不变的。

2017年4月，Goach的预算和实际数据如表6.2所示。

表6.2 预算和实际数据

项目	数据
0~12,000件固定生产成本	276,000（元）
预算销售价格	120元/件
预算生产和销售量	12,000件
实际生产和销售量	10,000件

根据2017年4月Goach公司的静态预算和实际运营情况，编制表6.3所示的差异分析表。

表6.3 差异分析

	实际结果（1）	静态预算（2）	静态预算差异（3）=（1）-（2）
销售量	10,000	12,000	2,000 U
收入	1,250,000	1,440,000	190,000 U
变动成本			
直接材料	621,600	720,000	98,400 F
直接制造人工	198,000	192,000	6,000 U
变动性制造费用	130,500	144,000	13,500 F
变动成本合计	950,100	1,056,000	105,900 F
边际贡献	299,900	384,000	84,100 U
固定成本	285,000	276,000	9,000 U
营业利润	14,900	108,000	93,100 U

注：1. 边际贡献等于总收入与总变动成本合计之间的差额，它反映了为什么营业利润随销售数量而变化。2. 从营运利润角度出发，U（Unfavorable）代表不利差异，即对营运利润有减少作用的差异；F（Favorable）代表有利差异，即对营运利润有增加作用的差异。

在表6.3中，营业利润的总不利差异为93,100元，这是静态预算差异的计算结果，也是这个案例进行分解和分析的目标数字。

下面来看弹性预算的数字。弹性预算要在月末根据实际产量编制。在这个案例中，就是2017年4月，也是在得知10,000件衬衣的实际产出水平之后。

在此基础上进行弹性预算和弹性预算差异对比分析。

6.4.2.1 第一级差异分析

第一级差异分析如表6.4所示。

表6.4　第一级差异分析

	实际结果 （1）	弹性预算 （2）	弹性预算差异 （3）=（1）-（2）	静态预算 （4）	销售数量差异 （5）=（3）-（4）
销售量	10,000	10,000	-	12,000	2,000 U
收入	1,250,000	1,200,000	50,000 F	1,440,000	240,000 U
变动成本					
直接材料	621,600	600,000	21,600 U	720,000	120,000 F
直接制造人工	198,000	160,000	38,000 U	192,000	32,000 F
变动制造费用	130,500	120,000	10,500 U	144,000	24,000 F
变动成本合计	950,100	880,000	70,100 U	1,056,000	176,000 F
边际贡献	299,900	320,000	20,100 U	384,000	64,000 U
固定成本	285,000	276,000	9,000 U	276,000	0
营业利润	14,900	44,000	29,100 U	108,000	64,000 U

之所以做这样的区分，目的是把静态预算与实际结果对比差异的93,100这个数字分解为两种一级差异：**弹性预算差异和销售数量差异**。

销售数量差异，顾名思义就是因为预算中的产品销售数量与实际销售数量不同而产生的差异，它反映的是企业外部客户端的需求变化，需要根据外部市场环境的情况和客户需求变动情况进行原因分析。在数值上，销售数量差异等于静态预算和弹性预算金额的差异，它仅仅是由于10,000件实际销量和12,000件静态预算预期销量不同而产生的差异。

$$销售数量差异 = 静态预算 - 弹性预算 = 64,000\ U$$

弹性预算差异是将10,000件衬衫的实际收入与预算收入、实际成本与预算成本进行比较。通过排除掉2,000件衬衫销售数量不同造成的差异，剩余的差异将仅仅代表企业内部供应链效率水平不同产生的差异。这样，就可以把内部原因和外部原因区分开来，更加明确差异的来源和提高寻找问题的效率。在公式计算上：

$$弹性预算差异 = 实际结果 - 弹性预算金额 = 29,100\ U$$

第一级差异分析的结果如图6.5所示。

```
        静态预算差异
         93100 U
        /        \
弹性预算差异    销售数量差异
  29100 U        64000 U
```

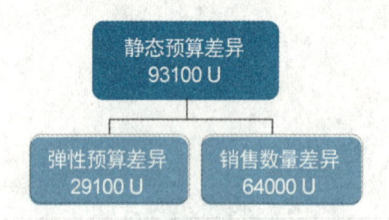

图6.5　静态预算差异分析图

6.4.2.2　第二级差异分析

第一级差异分析的结果提出了销售数量差异后，显示出存在29,100元不利的弹性预算差异。我们需深入分解，才能探究该差异产生的原因。在第二级差异分析中，把它拆解为：**销售价格差异、变动成本差异和固定成本差异三部分**，分别代表实际销售价格、实际单位变动成本和实际固定成本与预算金额不同造成的影响。

收入的弹性预算差异称为**销售价格差异**，这是因为造成这一差异的唯一原因是实际销售价格和预算销售价格存在差异。

$$销售价格差异 = （实际销售价格 - 预计销售价格）\times 实际销售量$$
$$= (125-120) \times 10000 = 50,000\ F$$

由于Goach公司125元的实际销售价格高于120元的预算价格，增加了营业利润，导致其产生了一个有利的销售价格差异。

总变动成本的弹性预算差异称为**变动成本差异**，对于这**10,000件**的实际产出水平来说，是不利的差异，它代表了预算与实际的变动成本差异。根据表6.4中变动成本合计行的信息，其计算过程是：

$$880,000 - 950,100 = 70,100\ U$$

这种不利可能是由于以下一个或两个原因造成的：

- 某种投入（如直接制造人工小时）的实际消耗量比预算消耗量更多。
- 某种投入（如直接制造人工小时的工资率）的单位价格比预算单位价格更高。

固定成本差异也是不利差异，代表了固定成本实际与预算的水平差异，是实际发生的固定制造费用与弹性预算的固定制造费用之间的差额。根据表6.4中的信息，其计算过程是：

$$285,000-276,000=9,000U$$

这种不利的弹性预算差异反映了固定间接成本的意外增加，比如租金或管理层的工资。

以上三种差异之和，便等于弹性预算差异总和，即：

$$销售价格差异+总变动成本差异+固定成本差异=$$
$$50,000F + 70,100U + 9,000U = 29,100\ U$$

第一级和第二级成本差异的分解结果如图6.6所示。

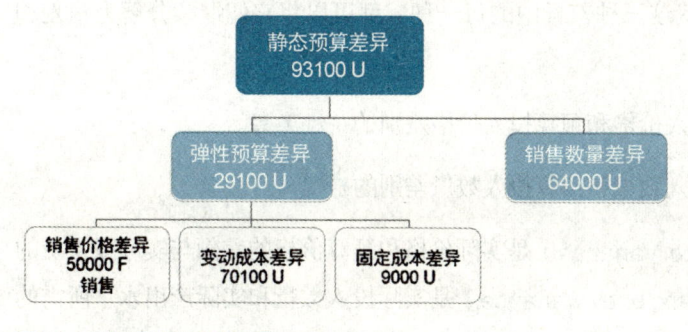

图6.6 弹性预算差异分析图

6.4.2.3 第三级差异分析

在第一级差异的基础上，通过第二级差异分解将弹性预算差异中的销售价格差异分解出来，排除了因价格不同导致的产品成本差异因素；又将固定成本差异分解出来，排除了固定成本意外增长对总成本的影响。

接着，为了进一步研究变动成本差异产生的原因，还需要对这些差异进行第三级的分解。对于变动成本差异而言，可以把它分解为三类差异，即：**直接材料差异、直接人工差异和变动制造费用差异**。

根据表6.4中的信息，很容易找到这三个差异的信息，即：

变动成本差异70,100U = 直接材料差异21,600U + 直接人工差异38,000U + 变动制造费用差异10,500U

这样在第三级差异分析中，将总变动成本差异分解为：料、工、费三种差异之和，如图6.7所示。

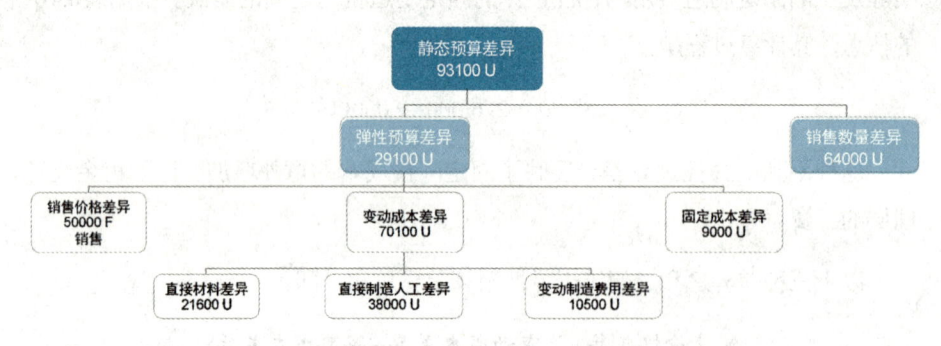

图6.7　变动成本预算差异分析图

6.4.2.4　第四级差异分析之一："料"与"工"的价差与量差

对于料、工、费这三种差异中的每一种，都可以将它们继续分解为量差和价差的组合，即：

1）反映实际投入价格和预算投入价格差别的价格差异。

2）反映实际投入数量和预算投入数量差别的数量差异。

价格差异（Price Variance）是实际价格和预算价格的差额与实际投入量的乘积。数量差异（Efficiency Variance）是实际投入数量和实际产出水平所需的预算投入量的差额与预算价格的乘积。

价格差异的计算公式为：

价格差异=（投入的实际价格−投入的预算价格）× 实际投入量

数量差异的计算公式为：

数量差异=（实际耗用投入量−实际产出下的预算投入量）× 投入的预算价格

这个公式表示：如果一个公司的实际投入量大于实际产出水平下的预算投入量，就是无效率的；如果实际投入量小于实际产出水平下的预算投入量，就是有效率的。

Goach公司采购并耗用的直接材料信息如下：

1. 采购并耗用的布料投入量　　　　　　　　　22,200平方米
2. 每平方米的实际价格　　　　　　　　　　　　　　28元
3. 直接材料成本（22,200×28）　　　　　　　621,600元

Goach公司耗用的直接制造人工信息如下：

1. 直接制造人工小时　　　　　　　　　　　　9,000 小时
2. 每直接制造人工小时的实际价格　　　　　　　　22元
3. 直接制造人工成本（9,000×22）　　　　　　198,000元

根据公式，Goach公司两类直接成本的价格差异如表6.5所示。

表6.5　两类直接成本的价格差异

直接成本种类	（投入的实际价格 − 投入的预算价格）	×	实际投入量	=	价格差异
直接材料	（28/平方米 - 30/平方米）	×	22,200 平方米	=	44,400 F
直接制造人工	（22/小时 - 20/小时）	×	9,000 小时	=	18,000 U

Goach公司直接材料价格差异是有利的，因为布料实际价格低于预算价格，导致营业利润增加。直接制造人工价格差异是不利的，因为支付给员工的实际工资高于预算工资，导致营业利润减少。

Goach公司两类直接成本的数量差异如表6.6所示。

表6.6　两类直接成本的数量差异

直接成本种类	（实际投入量 − 实际产出下的预算投入量）	×	预算投入价格	=	数量差异
直接材料	（22000平方米 − 10000件×2平方米/件）	×	30/平方米	=	66,000 U
直接制造人工	（9000小时 − 10000件×0.8小时/件）	×	20/小时	=	20,000 U

Goach公司的这两个生产效率差异都是不利的，这是因为实际投入量高于实际产出下的预算投入量，导致营业利润减少。

将上述四级差异分析汇总，得出如图6.8所示的直接成本四级差异分析图表。

```
                    静态预算差异
                      93100 U
                    /          \
          弹性预算差异          销售数量差异
           29100 U               64000 U
         /    |    \
  销售价格差异  变动成本差异  固定成本差异
   50000 F    70100 U      9000 U
    销售
         /      |       \
  直接材料差异  直接制造人工差异  变动制造费用差异
   21600 U      38000 U         10500 U
      |            |
  直接材料价格差异  直接制造人工价格差异
    44400 F        18000 U
     采购           采购
      |            |
  直接材料效率差异  直接制造人工效率差异
    66000 U        20000 U
     制造           制造
```

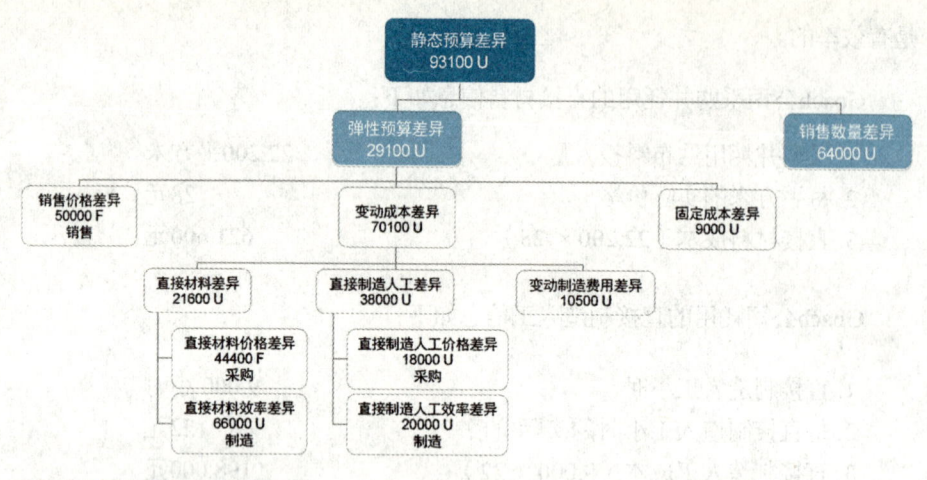

图6.8　成本预算四级差异分析图

6.4.2.5　第四级差异分析之二："费"的价差与量差

继续沿用Goach公司的案例，描述变动制造费用的第四级差异分析，如表6.7所示。

表6.7　第四级差异分析

	实际结果	弹性预算数
1.产量（件）	10,000	10,000
2.单位产出的机器小时	0.45	0.40
3.机器小时（=1×2）	4,500	4,000
4.变动制造费用	130,500	120,000
5.单位机器小时的变动制造费用（4÷3）	29	30
6.单位产出的变动制造费用（4÷1）	13.05	12.00

为了了解变动制造费用差异的深层原因，也需要把它继续分解成价格差异和数量差异。

变动制造费用数量差异（Variable Overhead Efficiency Variance）是成本分配基础的实际耗用量与实际产出下应该耗用的成本分配基础的预算量的差，再与单位成本分配基础的预算变动制造费用相乘的积。

其计算公式为：

变动制造费用数量差异＝（实际产量下变动制造费用分配基础的实际数量－实际产量下变动制造费用分配基础的预算数量）× 单位成本分配基础的预算变动制造费用分配率 =（4500－4000）× 30=15,000 U

变动制造费用耗费差异（Variable Overhead Spending Variance）是单位成本分配基础的实际变动制造费用与预算变动制造费用之差，与实际产出下变动制造费用分配基础实际耗用量的乘积。

其计算公式为：

变动制造费用耗费差异 =（单位成本分配基础的实际变动制造费用 - 单位成本分配基础的预算变动制造费用）× 实际产出下变动制造费用分配基础的实际耗用量 =（29 - 30）× 4500 = 4,500 F

该有利差异说明Goach公司2017年4月单位机器小时的变动制造费用低于预算水平。为了深入了解该有利差异的原因，公司的管理者需要分析为什么单位成本分配基础的实际变动制造费用（29元/机器小时）比预算变动制造费用（30元/机器小时）低。

继续沿着上述计算公式分析：实际耗费的4,500机器小时比弹性预算值的4,000机器小时高12.5%[(4500 - 4000)/4000]，而实际变动制造费用130,500元只比弹性预算120,000元高8.75%[(130500 - 120000)/120000]。由于实际变动制造费用增长率小于机器小时的增长率，因此单位机器小时的实际变动制造费用小于预算值，这是该有利差异产生的根本原因。

最终，全部四级差异分解的结果如图6.9所示。

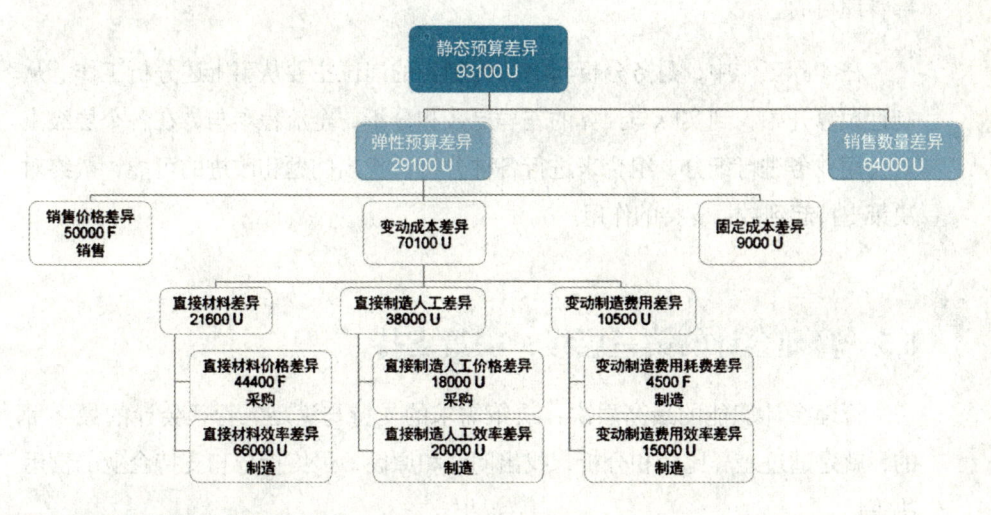

图6.9　成本预算四级差异分析总图

静态预算差异（**93,100 U**）在第一层级被分解为：弹性预算差异（**29,100**

U）和销售数量差异（64,000 U）。销售数量差异到这里就终止了，因为它只与销售数量相关。

弹性预算差异（29,100 U）在第二层级继续被分解为：销售价格差异（50,000 F）、变动成本差异（70,100 U）以及固定制造费用差异（9,000 U）。销售价格差异到第二层级就终止了，因为它只与销售价格相关。固定制造费用差异由于在一定时间内、一定产量范围内都是固定不变的，因此没有继续进行分解。

第三层级继续对变动成本差异进行分解，分为三类差异，它们分别是：直接材料差异（21,600 U）、直接人工差异（18,000 U）和变动制造费用差异（10,500 U）。

第四层级中，将直接材料差异（21,600 U）分解为直接材料价格差异（44,400 F）和直接材料效率差异（66,000 U）。将直接制造人工差异（38,000 U）分解为直接制造人工价格差异（18,000 U）和直接制造人工效率差异（20,000 U）。将变动制造费用差异（10,500 U）分解为变动制造费用耗费差异（4,500 F）和变动制造费用效率差异（15,000 U）。

上述根据管理需要对差异进行层层分解，将实际情况与预算进行对比、对差异进行详细分析的过程，可以实现在供应链层面的效率改进、成本管控等内部管理目的。

在实际工作中，财务分析与财务控制类的岗位主要从事上述分析工作。从制订预算开始，到实际与预算的差异比较和分析，全流程参与、在各个层级上对公司业务进行细分、组合来进行各种分析，找出问题和改进的可能，最终对决策支持起到数据支持的作用。

6.5 管理会计的第三层级：决策支持

管理会计职能的最高层次：决策需求的支持与满足。管理会计的最终目的，就是通过差异比较和分析，找出问题和原因，最终指导和支持企业的营运决策。

企业的管理者常常会面对很多头疼的营运决策活动，比如决定某种产品是自制还是外购？决定某种额外的一次性订单是接受还是拒绝？决定企业在一定产能约束条件下，选择哪些产品组合进行生产的效益最大化？决定企业要关闭哪个事业部或是放弃哪条产品线能让企业效益提升？决定接受哪些客户的订单，而忽略哪些其他的客户？决定是否投资设备或更新设备？

这些决策看起来非常复杂，但是它们判断依据的基础，就是全面预算与差异分析的结果。利用上述的分析结论，可以为我们的各种决策提供数据支持。有兴趣的读者可以参阅成本管理或管理会计类相关的参考书。

第7章
财务管理模块

7.1 财务管理的三层逻辑结构

财务会计、管理会计模块都是着眼于企业内部，包括经济业务的记录、营运效率的提升改善、战略的有效执行等内容。这两个模块合起来，就是公司财务管控的左右手，是公司财务管控能够良性运转所应具备的最基本职能，所以这就是我把这两个维度称为一个基本面的原因。

相比之下，财务管理的基本逻辑层次非常清晰：

第一层，先认清企业内部的资本结构。

第二层，根据企业的资本结构和发展情况，寻找相匹配的最优融资模式。

第三层，根据企业的资本成本，寻找匹配的投资标的，为企业创造价值。

从财务管理的职能开始，我们的视角就逐渐向企业外部转移，将企业内外部的情况结合起来考察，进行财务资源的统筹管理。

财务职能的视角由内而外的演变过程就是不确定性不断提高的过程，同时伴随着这一过程的演变，我们的职业发展也会越来越有价值。正所谓：在财务职业范畴内，你的日常工作所面临的不确定性越高，你的市场价值就越大。因为这时你的价值体现于，可以把这些外在的不确定风险转化为确定的预算和战略结果，进而降低企业的整体风险和波动。

财务管理的知识结构相对比较集中，属于企业金融学或微观金融学的范畴。知识逻辑非常清楚，它只研究和涉及与企业投资和融资相关的知识，但重点是在融资方面。虽然财务管理在知识结构上比较简洁，但难度和深度却非常显著，很多诺贝尔经济学奖得主，都集中在这一领域。比如1990年的诺贝尔经济学奖就颁给了三位财务学家：威廉·夏普（W. Sharpe）、特雷诺（J. Treynor）和林肯诺（J. Lintner），以奖励他们在完美资本市场的条件下，把回报率和风险简单地联系起来，提出了非常著名的资本资产定价模型（CAPM：Capital Asset Pricing Model）。再比如，1997年的诺贝尔经济学奖授予了罗伯特·默顿（Robert Merton）和迈伦·斯科尔斯（Myron Scholes），奖励他们创立和发展的"布莱克-斯科尔斯期权定价模型"（Black Scholes Option Pricing Model），为包括股票、权证在内的新兴衍生金融工具的合理定价奠定了基础。

财务管理研究问题的逻辑是这样的：企业发展要扩张就要投资，投资就需要筹资。筹资有两种基本模式，第一种基本模式是通过内部的留存收益来支持企业发展，这时公司的销售增长率表示了公司在不发行新股筹资、不改变资本结构时的增长水平，财务管理对这种增长率有个命名，叫作可持续增长率；第二种基本模式是寻求外部融资支持，使得公司的增长能够超越可持续增长率的水平。

7.2 财务管理的内部视角：成长性、资本结构与资本成本

7.2.1 企业可持续增长率的分析与判断

我们先说第一种模式，在财务管理中，可持续增长率=留存收益率×权益回报率。

因为权益回报率可以展开，这个公式就演变为可持续增长率=留存收益率×营业利润率×资本周转率×财务杠杆乘数×（1-实际税率）。这个展开后的等式表明了公司在不增加权益的情况下决定其发展能力的5个驱动因素：

- 第2个和第3个因素（营业利润率和资本周转率）反映了公司的营业方针和效率。
- 第1个和第4个因素（留存收益率和财务杠杆乘数）反映了公司的筹资政策。
- 第5个因素反映了实际税率影响。

这个等式的意义在于，如果这5个因素均保持不变，公司除非发行新的股

票，否则无法超过可持续增长率。如果销售增长率总是大于可持续增长率，那公司最终会造成现金赤字；相反，如果销售增长率总是小于可持续增长率，那公司就会创造出现金余额。

图7.1说明的就是这种现象。

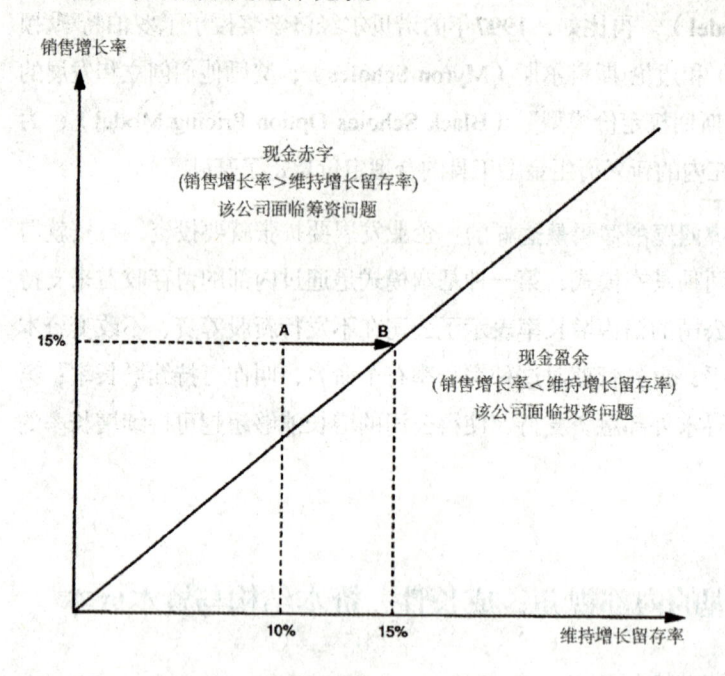

图7.1 现金盈亏与销售增长率关系图

关于可持续增长率的案例分析，将在第10章中财务思维与分析的案例里展开。

7.2.2 企业管理资产负债表

现在进入第二种模式，假设公司要超越可持续增长率的发展水平，产生了外部融资的需要，这时公司要做的第一步就是分析企业当前的资本结构，也就是给自己定位。

这时需要通过对资产负债表进行重组和简化，来看清一家企业的资本结构和组成，如图7.2所示。重组后的资产负债表不再是"资产=负债+权益"的等式，而是变成了"资本来源=资本运用"的新等式。左边代表企业的资本运用，是企业对这些资本的运用方式，包括"长期资产净值+营运资本需求+现金盈余"。右边代表企业的资本来源。它包括"短期借款+长期借款+权益资本"，它们提供了企业营运所需的现金。

标准资产负债表		管理资产负债表	
总资产	负债和权益	资本运用	资本来源
货币资金	短期借款	货币资金	短期借款
流动资产	流动负债	营运资本需求	
应收账款	应付账款	应收账款	长期资本
存货	长期借款	存货	长期借款
固定资产净值	所有者权益	减：应付账款	所有者权益
		固定资产净值	

图7.2　标准资产负债表与管理资产负债表对比图

经理人拿到股东和债权人提供的资金，第一个用处就是先去购置设备、厂房、专有技术等固定资产和无形资产这种长期资产，作为企业长期发展业务的基础，所以这部分是资金运用的长期去向。

资金的第二个用处，则是日常生产营运需要的资金。比如企业需要提前购买原材料、支付员工工资、房租水电等成本，然后通过设备的加工制造生成产品，并将产品销售给客户。经过应收账款的等待期，最终收到回款，完成了营运流程现金流的支出、回收全流程。这部分就称为资金运用的营运资本需求。

长期资产需求和营运资本需求所需资金加总后，小于资本来源的部分，就形成了暂时的盈余，即货币资金。所以资产负债表中现金的本质是：资金来源大于资金使用部分而形成的暂时资金结余。

从上面的分析可以看清资产负债表最本质的作用：即资本结构的清晰表达。通过重构的这个管理资产负债表，就能清楚地看出左右两边资本投入和运用的比例关系，从而判断出公司目前的资本结构处于哪种状况。通过这张管理资产负债表，可以引申出下面两个问题。

7.2.3　企业资本结构与融资策略

第一，企业资本结构与融资策略的问题。

在企业的资本结构组成中，长期资本和短期借款的比重各是多少？它们与长期资产和营运资本需求的配比各是多少？

一般而言，企业的资本结构都是通过控制期限相匹配，来控制财务风险。长期融资支持长期投资，短期融资支持流动资产。期限匹配不当往往造成财务风险或财务偏保守，所以财务总监要根据企业行业特点、资金需求来确定与之相符的资本结构。

比如图7.3，展示的是"匹配的融资战略"，这里的长期融资与长期投资保持一致。

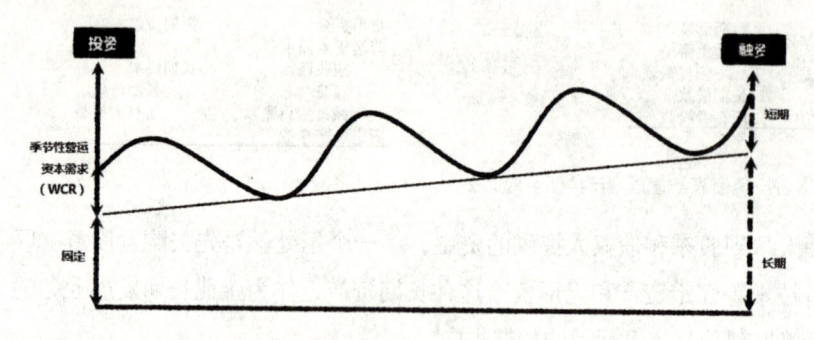

图7.3 匹配的融资战略示意图

图7.4展示的是"稳健的融资战略"，这里长期融资超过了长期投资，从而支持了一部分营运资本的需求。

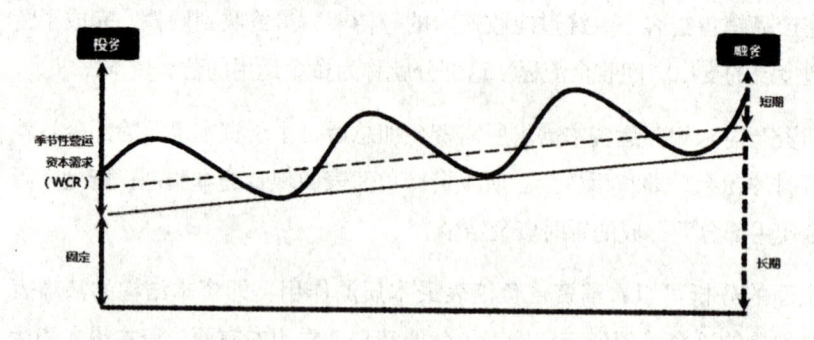

图7.4 稳健的融资战略示意图

图7.5展示的是"激进的融资战略"，这里长期资本小于长期投资，从而出现了"短债长投"的局面。

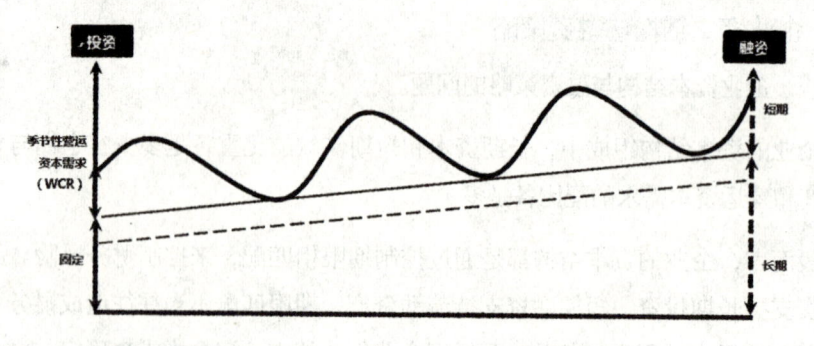

图7.5 激进的融资战略示意图

进行资本结构分析时要注意，企业的资本结构和行业有关，和企业所处的发展阶段有关，也和企业的商业模式有关。很多行业的运行特点就是轻资产模式，比如咨询服务业，几乎看不到什么长期资产，所以也不需要匹配太多的长期资本投入。有的行业比如制造业，则需要前期大量长期资产的投入。再比如有的企业处于创业期，需要以权益资本投入为主，进入稳定成熟期后债务融资逐渐成为主要模式。再比如像小米这样的企业把手机制造环节外包，相比华为自己生产制造手机，小米的长期资产占比就会少很多，所以它的长期融资配比的需求也相应没有那么高。因此在分析资本结构的时候，要注意见招拆招，不要一味死守固定的判断模式。

7.2.4　营运资本需求组成与管理

下面来看重构的管理资产负债表引出的第二个问题：营运资本需求的组成和管理的问题。

图7.6所示的是一幅企业的现金循环图，这张图揭示了营运资本需求的组成=（应收账款+存货+预付账款）-（应付账款+预收账款）。

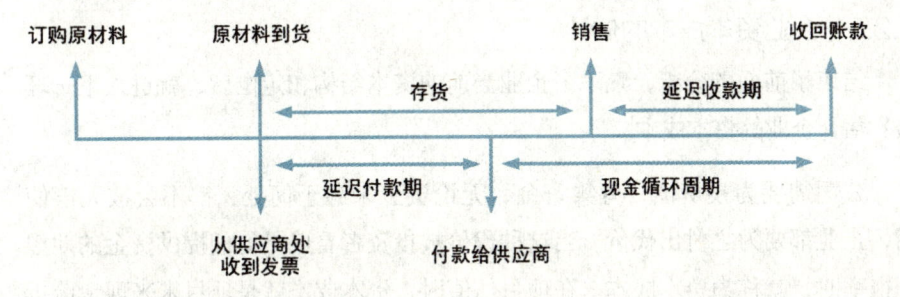

图7.6　营运资本循环示意图

在研究资本结构的基础上，深入分析营运资本需求，可研究它的组成部分都有哪些影响驱动因素，研究日常营运的哪些要素会导致资金资源的占用。

这个循环在企业的营运阶段不断重复，周而复始地运转，最终将产生一个现金流差额，即：日常营运的无限循环将企业对营运阶段所需现金流保持在一个相对稳定的水平，这个营运阶段所需的现金流水平就是营运资本需求。在管理资产负债表中，它代表了第二部分资金的运用去向。

营运资本需求的性质是属于长期还是短期，取决于管理层的判断和对风险的控制程度。一般简单的策略是分清营运资本需求中的波动成分和稳定成分。然后根据企业的判断，安排匹配比例的长期、短期资金支持。比如，如图7.7所示，用长期融资支持营运资本需求的稳定部分，用短期融资支持季节性波动需求的部分。

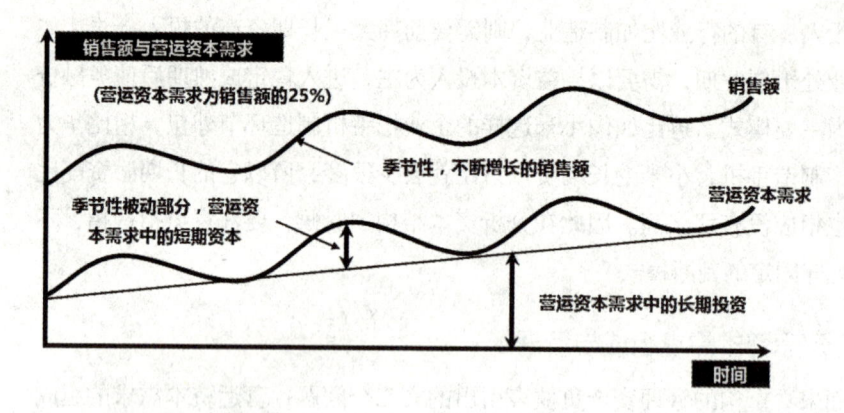

图7.7 营运资本波动示意图

关于管理资产负债表与营运资本的案例分析，本书会在第10章的案例中详细展开。

7.2.5 企业资本成本的估计

结束了前面的分析，熟悉了企业当前的资本结构和定位后，就进入下一环节：估计企业的资本成本。

公司需要为投资项目筹集资金，无论资金来源于何处，都不会被无偿使用，企业都要为之付出代价。当这种代价被投资者看成是他们提供资金的期望回报率时，就称为资本成本。在项目估值时，资本成本就是项目未来现金流折现成净现值时所使用的折现率。

根据企业融资方案的资本结构中各项负债、权益所占的比重，结合各自的融资成本，我们便可以计算出企业的加权平均资本成本[1]（WACC）。并根据资本成本情况，对企业的资本结构进行设计，就可以找到最优的、资本成本最低的资本结构。

关于资本成本计算与最优结构的设计，涉及公司金融方面的知识，包括在前面章节中提到的资本资产定价模型（CAPM）等一些著名的金融模型。因为

---

[1] 加权平均资本成本（WACC，Weighted Average Cost of Capital），是指企业以各种资本在企业全部资本中所占的比重为权数，对各种长期资金的资本成本加权平均计算出来的资本总成本。加权平均资本成本常用于确定具有平均风险投资项目所要求的收益率。

与财务思维关系不大，故本书对此不深入展开，有兴趣的读者可以查阅相关公司金融方面的书籍参考阅读。

7.3 财务管理的外部视角：融资与投资决策

7.3.1 外部融资的决策与财务战略

资本成本的信息分析完后，结合投资项目的期限、现金流、风险收益水平，就能够决定是进行权益融资还是债务融资，是进行短期债务筹资还是长期债务筹资，以及选择哪些合适的债务工具等问题。通过放眼金融市场，寻找那些适合公司资本结构和资本成本的融资产品来匹配相应的投资项目，最终完成外部融资的选择过程。

当然，在这个过程当中还必须考虑影响决策的其他因素，比如汇率的波动风险、利率波动风险等，进而考虑是否加入金融工具来降低这些敞口的风险，把不确定性转化为相对确定性。

外部融资的选择和渠道多种多样，金融工具和品种也千变万化，感兴趣的读者可以参考一些金融市场、金融工具类书籍阅读。

7.3.2 外部投资的决策与财务战略

在明确了能够实现的最优融资成本后，下一步就可以放眼外部，寻找和筛选合适的投资标的，而筛选的标准，主要是净现值方法、内部回报率方法等。利用这些方法可以知道企业投资哪些项目可以为企业创造价值。能否创造价值的基本依据，就是项目的资本投资回报率（ROIC）是否大于企业的加权平均资本成本（WACC）。有关投资的基本策略和方法，将在第8章展开论述。

第8章
企业估值模块

8.1 动态的企业估值视角

企业估值，是进行一切投资决策的基础。无论是购买一家公司的股票，还是企图并购一家公司的股权，都需要在决策前对目标公司进行估值判断，通过回顾历史，展望和锁定公司的未来。

估值技术在财务会计、管理会计和财务管理的三维视角基础上，加入了第四维时间坐标轴，拥有了可以纵观历史与未来的超越时空的视角，这种视角可以通过对目标企业历史财务情况的审视和未来财务数据的预测，完成对企业的全方位认知和锁定，最终进行投资决策的判断。

估值技术本身需要较为复杂的资本成本测算、未来现金流预测与折现等过程。很多财务从业人员，在日常工作中很少接触到这类知识，因此本章在技术上不做过度展开，只进行企业估值核心理念的讲解。

估值理念，带来了一个全新的财务会计视角，它可以让我们以动态的时间观念去审视财务数据，进行财务管理与预算工作。这种感觉就好像是在看一部电影，可以随时停顿、后退和快进，去看企业经营的历史、现在和未来的起起伏伏。通过这些动态的、连续的视角，深刻理解企业运营过程中的种种现象和问题，以及这种现象和问题会给企业带来的后果。这对于深刻洞见企业的战略，充分理解企业经营情况都有极大的帮助，会有很多之前不曾获得的发现和收获。

8.2 企业价值的关键驱动因素：投资回报率、资本成本与增长率

估值是进行投资决策的基础，而投资的本质目的是为了获得收益，就是希望投资回收的净现金流入能够大于资金成本。所以在投资时，我们最关心的就是现金流和资金成本的驱动因素。

本质上，现金流的生成到最终形成公司价值有两个关键驱动因素：

第一，公司投入资本回报率（ROIC）与加权平均资本成本（WACC）之间的关系。

第二，公司销售收入和净利润的成长能力。

高投资回报和高收入增长产生了高的净现金流入，而高的净现金流入就会驱动公司价值高速增长，最终形成良性的价值增长循环。图8.1表明了几个关键变量和企业价值之间的逻辑关系。

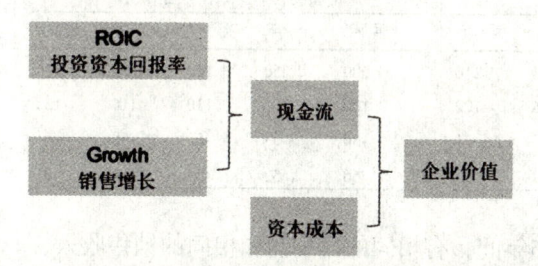

图8.1 公司价值的驱动因素图

将现金流分解为两个关键要素，在估值和财务分析上有巨大的意义。可以把现金流从量（也就是Growth）和质（也就是ROIC）两方面进行分解，分析企业的业绩和趋势。下面就是本章的两个核心估值观点。

1. 有价值增长与无价值增长的区别

只有当公司的投资资本回报率（ROIC）大于加权平均资本成本（WACC）的时候，公司收入和利润的增长才是有价值的。反之，当ROIC小于WACC时公司收入的增长就是对价值的损毁和减少。

2. 选择ROIC还是成长率的策略

拥有较高ROIC的公司往往应该集中精力在拓展销售收入增长上，这样能创造更大的企业价值。而ROIC较低的公司应该先聚焦于努力提高其ROIC的水平，

这样比在ROIC水平较低的情况下单纯扩张销售收入能创造更大的企业价值。

8.3 估值观点的案例验证

我们用下述几个案例验证前一节这两个观点。

> 案例验证1：ROIC较低的公司，需要依靠更多的投资支出才能保持和ROIC较高的公司相同的净利润水平。

表8.1所示的是两家公司的一些简化财务数据，把两家公司分别称为Value公司和Volume公司。

表8.1 Value公司和Volume公司的简化财务数据

	Value公司（单位：百万元）					Volume公司（单位：百万元）				
	第1年	第2年	第3年	第4年	第5年	第1年	第2年	第3年	第4年	第5年
销售收入	1,000	1,050	1,102	1,158	1,216	1,000	1,050	1,102	1,158	1,216
净利润	100	105	110	116	122	100	105	110	116	122
投资支出	-25	-26	-28	-29	-31	-50	-53	-55	-58	-61
净现金流	75	79	82	87	91	50	52	55	58	61

Value公司和Volume公司在这5年间，有相同的净利润和相同的销售收入，二者唯有投资支出不同。它们的年收入增长率和净利润增长率都是5%，Value公司的投资支出率为销售额的25%，而Volume公司的投资支出率为销售额的50%。同时，假设它们的净利润与现金流入相同，这样净利润减去投资支出就等于两家公司的净现金流入水平。

第一步：根据两家公司的投资与回报水平，计算出各自的ROIC水平。

Value公司第1年的投资现金支出为2,500万元，这笔投资在第2年带来的净利润提升为105-100=5，即500万元，则Value公司的ROIC=500/2500=20%；同理可得Volume公司的ROIC=500/5000=10%。

第二步：根据永续现金流折现公式估算公司价值。

我们看到两家公司的净利润增长率都是5%，根据最基本的永续现金流折现公式，假设两家公司的资本成本都是10%，那么它们的公司价值分别是：

Value公司价值 = DCF1/（WACC-g）[1] = 75/(10%-5%)=1,500万元

Volume公司价值 = DCF1/（WACC-g）=50/5%=1,000万元

从市盈率视角来看，Value的市盈率是15倍，Volume的市盈率只有10倍。销售收入相同、净利润相同、增长率相同的两家公司之所以估值存在差异，原因就在于其ROIC水平的差异。

这个例子告诉我们：ROIC较低的公司，只有依靠更高的投资支出才能使自身产生的净利润水平与ROIC较高的公司保持一致。

> 案例验证2：是否存在一个公式，将现金流、净利润、公司增长率和投资资本回报率这几个参数联系在一起？

在第7章中介绍过，公司的增长率=留存收益率×净利润率，现在将此公式调整为：公司的增长率=留存收益率×投资资本回报率

案例中的数据也支持上述公式：

对于Value公司：增长率5% = 留存收益率20% × 投资资本回报率25%

对于Volume公司：增长率5% = 留存收益率10% × 投资资本回报率50%

由于假定净利润都转化为现金流，因此净现金流入 = 净利润 − 投资支出 = 净利润 ×（1 − 投资率）。我们把上面等式中的投资率换算到这个等式，即：

净现金流入= 净利润 ×（1 − 公司增长率/投资资本回报率）

这样，用一个简单的模型把现金流、增长率、ROIC几个指标联系到一起，让它们之间产生了关系，验证了第二个重要的结论。

> 案例验证3：只有当公司的ROIC大于WACC的时候，公司的收入和利润的扩张和增长才是有价值的。

下面改变几个参数，看看这几个指标关系的变化趋势是怎样的。

1　均匀增长型公司价值计算可以应用"固定增长的贴现模型"。在这个模型中，假设股票的股息每年以稳定的速度g增长，以D1作为首期支付的股息金额，以k作为贴现率（资本成本），股票的价值计算公式就可以表示为：V0=D1/(k-g)。具体可参考《投资学（第6版）》，滋维·博迪（Zvi Bodie）著，第18章股权股价模型中的讲解。

以Value公司为例，假设这家公司的增长率由5%提高到了8%，根据投资支出率 = 公司增长率/ROIC，假设该公司的投资支出比率也由25%提高到了40%，来看它的估值水平怎样变化。表8.2反映了公司成长率变化后，公司各年度净现金流入的变化情况。

表8.2 公司各年度净现金流入

5% 成长率	第1年	第2年	第3年	第4年	第5年	第6年	第7年	第8年	第9年	第10年	第11年	第12年
净利润	100	105	110	116	122	128	138	141	148	155	163	171
投资支出	-25	-26	-28	-29	-30	-32	-34	-35	-37	-39	-41	-43
净现金流	75	79	82	87	91	96	101	106	111	116	122	128

8% 成长率	第1年	第2年	第3年	第4年	第5年	第6年	第7年	第8年	第9年	第10年	第11年	第12年
净利润	100	108	117	126	136	147	159	171	185	200	216	233
投资支出	-40	-43	-47	-50	-54	-59	-63	-69	-74	-80	-86	-93
净现金流	60	65	70	76	82	88	95	103	111	120	130	140

经计算发现，其估值水平因为增长率的变化而彻底改变了。Value公司估值=DCF1/(10%-8%)=60/2%=3000，是之前的2倍。

继续假设不同的增长率水平和投资比率，在不同的假设情况下得出不同的公司估值数据，最终做出图8.2所示的矩阵图。

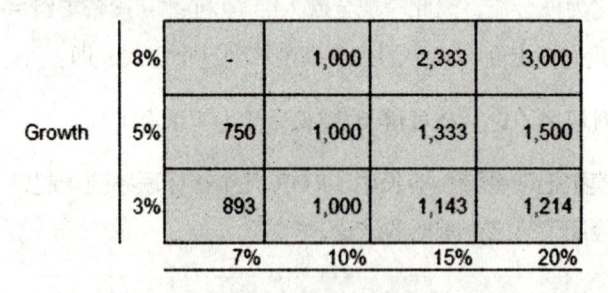

Growth				
8%	-	1,000	2,333	3,000
5%	750	1,000	1,333	1,500
3%	893	1,000	1,143	1,214
	7%	10%	15%	20%

ROIC

图8.2 投资资本回报率与增长率对企业价值影响矩阵图

图8.2所示的横轴表示不同水平的ROIC，纵轴表示不同水平的增长率，二者的交叉点就是公司价值。

从该矩阵图能得出三个非常重要的结论：

1. 当ROIC等于10%的时候，也就是ROIC=WACC的时候，无论公司增长率

是多少，企业的价值总是1000不变。

2. 当ROIC小于10%的时候，公司增长率越高，企业的价值就下降得越快，直到8%的时候，价值减损为0。

3. 当ROIC大于10%的时候，公司增长率越高，公司价值就越大，这种情况下的增长才是有效的增长。无论增长处于何种水平，ROIC的增长都能带来企业价值的提高。

通过这两个变量与企业价值的基本分析，验证了上面提出的第三个问题。

> 案例验证4：ROIC较高的公司应努力提高增长率，增长率较高的公司则应努力提高ROIC，因为这样能更快提高企业价值。

企业价值矩阵图的价值不止于此，选取其中的两个价值进行比较。

先看图8.3中的A点，A点所代表的企业价值为1,000万元，这时企业的ROIC为10%，增长率为3%。在这个点上，A点的ROIC刚好等于企业的WACC，处于较低水平。以此为基点，对上述问题进行假设验证。

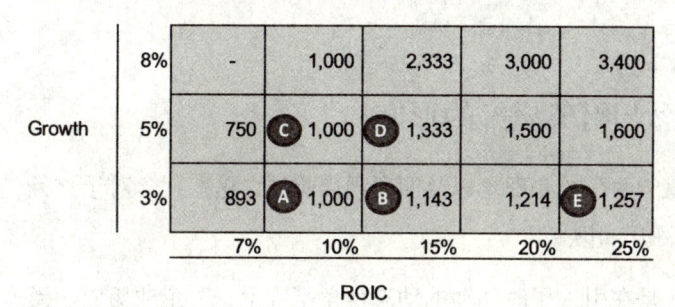

Growth						
8%	-	1,000	2,333	3,000	3,400	
5%	750	C 1,000	D 1,333	1,500	1,600	
3%	893	A 1,000	B 1,143	1,214	E 1,257	
	7%	10%	15%	20%	25%	ROIC

图8.3　ROIC与企业增长率对企业价值影响矩阵图

假设比较之一

如果企业保持增长率不变，将ROIC从10%提高到15%，ROIC增长了50%，这时企业价值会提高到1,143万元，即企业价值从A点移动到了B点。

如果企业保持ROIC不变，将增长率从3%提高到5%，增长率的增长达到了67%，即便如此，企业的价值还是保持1,000万元不变，即企业价值从A点移动到了C点。

比较B、C两点我们发现，当ROIC较低的时候，通过提高ROIC可以有效增加企业价值，但如果提高企业增长率则很难达到相同的目的。

假设比较之二

这次从B点出发，B点的ROIC水平为15%，大大高于WACC 10%的水平，但增长率为3%，处于较低的水平。

如果企业保持ROIC不变，将增长率从3%提高到5%，增长率的增长达到了67%，这时企业价值增加为1,333万元，即企业价值从B点移动到了D点。

如果企业保持增长率不变，将ROIC从15%提高到25%，ROIC增长了67%，这时企业价值会提高到1,257万元，即企业价值从B点移动到了E点。

比较D、E两点可以发现：提高ROIC造成的企业价值增长，要小于提高企业增长率造成的企业价值增长水平。

这样，上述问题得到了验证：拥有较高ROIC的公司往往应该集中精力在拓展销售收入上，这样能创造更大价值；而ROIC较低的公司应该先聚焦于努力提高其ROIC的水平，这样比在ROIC水平较低的情况下单纯扩张销售收入能创造更大价值。

8.4 企业估值理念与财务思维的形成

上一节阐述了估值的两个核心理念以及四项观点验证，这些理念对于财务思维的建立有什么意义和作用呢？

企业估值的核心，是在引入了时间轴的动态视角基础上，对企业历史、当前和未来状态财务数据和业绩情况的全面检阅。接着，企业估值运用金融公式将企业的未来进行折现，即将企业在未来所创造的历年净现金流入折算成等价的现值，形成当前企业价值水平的过程。因此，这个折现的过程，将成为企业价值决定的一个关键，它好像一个黑匣子一样，把未来的种种"潜在可能"转变为当下的"实际可见"。

通过上面对估值核心观点的讲解和案例验证，相当于将这个折现的黑匣子进行了解剖（参见图8.4），并把其核心的影响因素以及它们之间的关系都清楚地展示出来：**净现金流水平、投资资本回报率、资本成本与企业增长率**。

图8.4　折现的黑匣子

在此基础上，对上述四点核心要素的分析就变得至关重要。因为它们当中的每一个参数都会极大地影响企业的最终价值，所以针对它们之间逻辑关系和驱动因素的研究就变得十分关键。

净现金流水平，反映的是企业当前的现金流情况。通过对企业现金流量表的分析，能够明确企业的资金在营运活动、投资活动和融资活动中分配的情况；能够明确现金流情况对企业原有的资本结构、债务结构、营运资本的影响情况；还能够判断企业当前营运的健康程度和盈利的质量。

资本结构与资本成本，反映的是企业的历史现金流累计形成的存量情况。企业经过历年营运、投资和融资的积累沉淀，逐渐形成了存货、应收账款、应付账款这种营运资本，形成了固定资产、无形资产和长期投资这种长期资产，也形成了短期借款、长期借款和所有者权益投资的融资资本，这些历史现金流的沉淀，形成了企业当前的资本结构。资本结构，又直接决定了企业的资本成本。

企业增长率，反映了企业营运活动的成长性水平。成长性，代表了企业的产品与服务的市场认可程度，代表了企业未来可能实现的成长目标，也直接反映了企业战略实施的正确与否。

投资资本回报率，反映了企业的盈利能力以及这种盈利给投资资本带来的回报程度。盈利能力是企业在市场中赖以生存的核心，是企业不断持续存在和竞争的根本。

上述四点核心，都是财务会计模块、管理会计模块和财务管理模块所涉及的关键内容，企业价值模块则是综合利用上述模块的知识，将关键指标抽取出来，结合金融理论和公式后，对企业价值做的预测和评估。

在明确了上述四点企业估值的核心之后，我们将如何对它们展开详细的分析呢？这就是下面财务分析章节所涉及的关键内容。

第9章

财务分析模块

9.1 财务分析是一把思维手术刀

相对于四大财务模块，作为工具角色出现的财务分析是最缺乏理论体系的。它既是其他所有财务模块知识的综合运用，也是财务思维的全部应用实践所在。它并非一门独立的知识结构，而是辅助于其他知识模块的一种财务工具，但这种定位并不妨碍财务分析的巨大价值，作为财务思维最集中的体现与应用，财务分析就是解剖企业的一把手术刀，是分析企业、揭示风险、预测价值的一把利器。

财务分析的基础是数据的深度、广度和精度。数据挖掘得越深，涉及面越广、精度越高，财务分析起来才会越有效果。就像厨师烧菜一样，需要有足够的、新鲜的食材才有可能做出美味的菜，这是充分条件，必要条件才是厨师水平的高低。有好的数据，配合好的财务分析技术才能得出有价值、有决策依据的财务分析结果，抛开数据质量一味地谈财务分析，都是没有意义的。

9.2 财务分析的两大类别

9.2.1 以ERP数据为基础的财务分析

财务分析的作用，就是解剖各个财务维度之间的数据关系，最终看清企业的风险和价值。财务分析作为一种工具技术，从企业内部视角出发，是以企业**ERP**系统数据为基础的分析工作。做管理会计岗位的，几乎每天的工作就是和各种预算、差异、原因分析打交道，他们在各种责任中心的层级上，对经营业绩进行详细分析。比如在事业部层面、工厂层面、地区层面、产品层面、客户层面等进行各种收入、成本、毛利、费用分析，并出具形形色色的分析报告，这些分析报告逐级汇总，由下而上成为管理层的决策依据。

当企业要进行内部管理控制时，也需要财务分析的协助，具体的流程和模块包括：

- 全面预算的制订
- 财务报告的编制
- 财务分析
- 进行营运决策

这其中涉及的财务分析，就是从企业内部管理视角出发，通过企业ERP系统的内部数据进行的管理会计分析活动。这部分内容属于管理会计的核心内容，这里面的财务分析就是按照企业ERP系统数据的精细程度、按照企业预算管理的精细程度进行各种对比和分析，实现在营运流程进行决策支持。因为这种分析活动严重依赖于ERP中的原始数据，所以其结果的精度、深度是外部视角的财务分析无法达到的。

9.2.2 以财务报表为基础的财务分析

还有一种财务分析是从企业外部视角出发，以企业出具的财务报表为基础，以其他可获得的相关信息为辅助，进行的财务分析和企业投资估值。这些分析活动，有的是内部管理的需要，有的则是外部利益相关体的需要。比如投资者基于公司披露的年报信息来判断其是否具有投资价值。标普和穆迪这种评级机构根据公司的公开信息和额外需要的信息来判断公司的风险投资等级。政府税务部门要求公司填写大量的财务信息数据来判断其是否符合税务监管要求，等等，这些都需要以财务报表为基础进行加工和分析。

图9.1显示了财务分析的基本流程和角色定位，在行业和战略分析的前提下，财务分析应该始于会计分析，通过会计分析剔除财务报表中的水分，然后利用财务分析技术确定企业目前的基本情况，最后预测企业前景，通过预测数据最终完成对企业内含价值进行评估的目的。

财务分析的前提是会计分析，因此要求使用者掌握财务报表编制的一些关

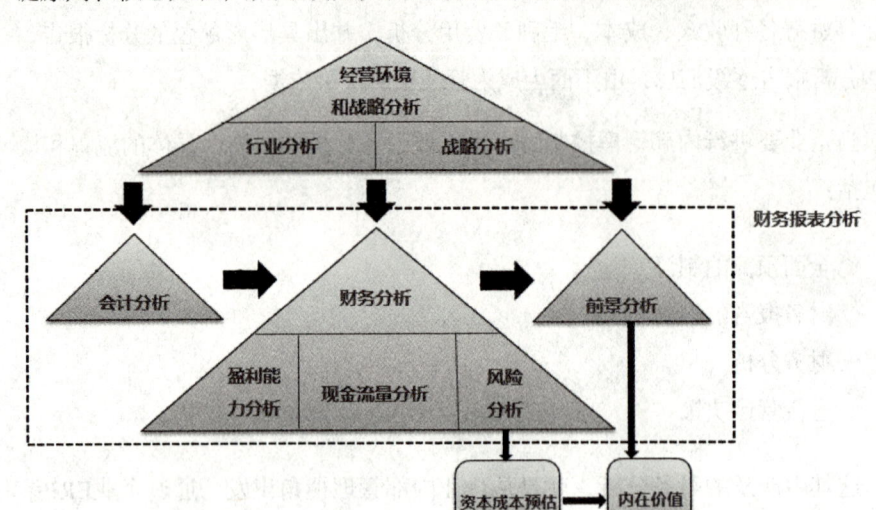

键原则和核心知识，从而才能够不受财务报表编制者的支配和摆布。

图9.1 财务分析的基本流程图

比如当企业要投资一个项目或者并购一家公司时，就需要用到以下流程和功能模块：

一、战略和经营分析

二、会计分析

三、财务分析

四、前景分析

五、估值

六、投资与融资决策

这部分内容属于投资决策的核心流程，其中涉及的财务分析就是按照企业战略的需要，筛选投资标的、分析投资标的、为标的估值，最终实现在投资流程决策中的支持作用。

9.3 财务分析的四个核心流程

财务分析流程分为四个阶段，包括：战略和经营分析、会计分析、财务数据分析和前景分析。

第一个阶段，战略和经营分析，目的是识别企业主要的利润驱动因素和经营风险，也就是看清企业的基本面，从而才能定性地评价企业的盈利潜力。通过这种定性分析，能够更好地设计随后的会计分析和财务分析策略。例如对关键成功因素和主要经营风险识别后才能理解企业主要的会计政策和会计估计是否恰当；对企业的竞争战略进行评估有助于评价企业目前的盈利能力是否可持续，等等。

比如在本书第10章的财务思维分析案例中，将讨论两家白色家电企业在不同战略、不同营运策略下所表现出的相似的优秀业绩。格力空调是中国空调领域内绝对的霸主，牢牢占据了全国空调市场第一的位置。美的则是国内白色家电综合制造商，几乎在全部白色家电领域都具有很强的控制力。通过分析可以看到，两家看似区别不大的家电企业在产品战略、投资战略、供应链战略、营运资本战略等其他战略上存在着很大的差异。

第二个阶段，会计分析的目的是评价会计核算数据对企业实际经营状况反映的真实程度。通过识别会计灵活性以及评价企业会计政策和会计估计是否恰当，来评定企业会计信息的失真程度。会计分析的主要工作是通过重新调整企业的会计报表数据以消除会计信息的失真和准则差异，确保能用真实、可靠、可比的财务信息进行财务分析工作。比如美国准则下的全部研究与开发支出是要进行费用化处理的，而在国际和中国准则下是允许区分不同的研究与开发阶段而分别进行费用处理和资本化处理的。在这种情况下如果要横向分析比较美国和中国不同准则下的公司价值，就必须对它们进行会计分析与调整，最终才能得出正确的结论。如果缺失了会计分析这一重要环节，财务分析的结果可能会对投资决策造成重大的误导。

第三个阶段，财务数据分析的目的是使用财务数据对企业当前和过去的业绩进行评价，找出企业的风险和为估值做好数据准备。

第四个阶段，前景分析是财务分析的最后一步，用来预测企业未来的经营情况。前景分析包括两种技术范畴，就是财务报表预测和企业估值。这两种技术工具将经营战略分析、会计分析和财务分析的结果综合起来以便对企业的未来经营情况进行预测，最终计算出企业的价值，指导投资决策。

由于企业的内在价值可以定义为企业未来现金流量折现的函数，经营战略分析、会计分析、财务分析和前景分析这四个流程结合，能够完整地分析一家企业历史和未来的全貌，最终实现正确的估值结果，指导投资决策的判断。

9.4 企业在两大市场中的四种决策

企业日常管理与决策活动主要通过在两个市场中的四种决策类型来进行。两个市场分别代表产品市场和金融市场。四个决策分别代表产品市场中的经营管理决策和投资管理决策，以及金融市场中的融资决策和股利分配决策。

两大市场的四个决策各自都会对企业产生非常重要的影响。首先，经营管理决策涉及的内容都是企业日常营运管理所必须处理的任务和决策，它们决定了企业营运的绩效水平。其次，投资管理决策涉及企业未来中长期的投资计划，甚至包括重大资产的并购与重组，这些都决定了企业未来的战略方向。第三，融资决策涉及企业融资的资金来源的配比方式和结构，决定企业资本结构和成本。最后，股利分配决策涉及企业以何种形式分配日常的盈利结余，决定企业盈余的分配方式和企业的可持续增长率水平。

四个决策结合起来，就是企业每天、每年在面对市场竞争时所做出的判断。这些判断，都会通过企业的财务数字最终反映到财务报表中，体现在营运绩效和资产结构中。所以财务分析的本质，就是通过财务数字顺藤摸瓜，分析和判断企业在这四种决策中的得与失。通过得失的判断，来判断企业的价值与风险。

9.5 企业的业绩表现与现金流状态

9.5.1 企业的两种业绩表现：成长性和盈利性

企业通过上述四种非常重要的决策行为，直接或间接地影响企业的两种业绩表现，分别是企业的成长性和企业的盈利性。按照企业的成长与盈利两种状态，可以把企业分为四类。

第一，只盈利不成长的企业。这种企业代表了经营管理正确、投资管理恰当、融资匹配得当，但股利分配政策上是股东分掉全部的盈余，导致公司没有多余的留存资金用于企业未来的成长。这说明比起未来的长远成长，公司股东更关注当前的利益分配。

第二，只成长不盈利的企业。这种企业代表了依靠超低成本战略进行扩张，只求扩大市场占有率而不盈利的企业。这可能说明公司立足长远，放弃眼前的利润而注重市场成长和拓展。

第三，既成长又盈利的企业。这种企业代表了它的各项决策活动都十分正确，同时股利分配上兼顾股东利益和企业利益，使得企业既兼顾了未来长远的成长，又关注了当前股东的利益。

第四，不成长不盈利的企业。这种企业可能正深陷危机之中，经营管理政策或营运效率方面出了问题，导致企业出现既无法盈利，又无法扩张的窘境。

所以从本质上来看，企业所有营运业绩的最终表现形式归根结底都可以分为成长性、盈利性这两种状态。

9.5.2 企业的两种现金流状态：流量状态和存量状态

企业的成长性与盈利性这两种业绩的表现形式，会影响企业的两种现金流状态。

第一种现金流状态，代表企业中现金流的"存量"状态，反映了企业的资本结构，它代表了企业的资产、负债与权益的结构和比例。

企业的现金存量状态，反映了企业历史营运决策最终的结果对企业资本结构的影响。企业通过投资现金流的支出，购入了企业持有的固定资产、无形资产、长期股权投资等长期资产就是企业现金的长期存量，代表了企业为了支持营运所必须投入的长期资产的金额，反映了这些资产对资金的占用和消耗。企业通过融资现金的流入换来的长短期借款，作为企业的一种债务，也是企业未来资金流出的一种长短期债务存量。企业日常的经营活动，形成了营运资本需求这一应收账款+存货-应付账款的差额，这也是资金在营运资本下对资金占用的一种流动存量，代表了日常营运对企业资金的占用和消耗的状态。

上述这些由于往期的现金流累积而在资产负债表中形成的资本（这种资本既包括资产也包括负债），就是企业中的现金存量状态。这些现金存量积累下来以后，会对企业的资本结构产生影响，决定了企业资产负债表当中流动资产、长期资产、负债和权益各自所占的比重水平。这些资金存量通过资本结构影响企业的财务风险和资本成本，从而进一步间接影响企业的投融资决策和盈利性、成长性。

第二种现金流状态，代表企业中现金的"流量"状态，它反映了企业当期现金流构成中的各个组成要素的比例与结构，即企业营运净现金流、投资净现金流和融资净现金流的结构与状态。

企业的现金流量状态，反映了企业当期营运决策最终的结果所产生的不同现金流种类之间的结构和比重。企业的现金存量状态，是站在企业现金流的历史角度看历史营运决策对企业资本结构的影响。如果抛开历史，只考察本期现金流的影响，那就是对现金流的当期流量进行分析。按照现金流不同的决策类型进行分类，本章把当期现金流量分为经营决策、投资决策和融资决策下的三种现金流表现形式来进行分析。

通过对企业现金存量状态这个基本面的分析，可以理解企业的资本结构健康程度、评价企业资本成本的水平、评价企业长期资本管理和营运资本管理的效率高低。通过对企业现金流量这个基本面的分析，可以理解和判断企业在资金使用上的分配效率、各种不同种类现金流量的结构组成和企业盈利质量的高低。

9.6 财务分析的四条核心主线

企业的两种业绩表现，加上企业的两个基本面，就形成了财务分析的四条主线：成长性分析、盈利性分析、资本结构与资本成本分析、现金流量分析。

这四条分析主线完整地反映了企业的整体绩效，它们在分析问题时的切入点不仅相互独立，而且加总在一起对企业的各种指标保证了完全穷尽。完全穷尽，就是不遗漏，不遗漏才能不误事，才能把解决方法、分析路线找全。相互独立，就是不重叠，只有不重叠才能不做无用功，才能使得各条支线不会重复、交错造成混乱的思维局面。

9.7 财务分析的核心策略：点的分解与面的解剖

企业的成长性与盈利性，是企业业绩表现的两个切入点。在进行财务分析时应着重将这两个点进行驱动因素分解。通过对驱动因素的层层剥离，寻找企业的成长性与盈利性这两个点在本质上的核心驱动因素。通过成长性、盈利性的核心驱动因素挖掘，判断企业成长与盈利的质量高低、判断企业决策的得失、判断企业可能存在的隐患和风险，最终判断和预测企业未来成长及盈利的可持续性。

企业的资本结构与资本成本分析、现金流量分析代表着企业现金的历史存量和当前流量两种状态，是企业的两个基本面。本章的分析方法则是把这两个基本面进行重组和解剖，重点考察它存量时的结构和流量时各个部分的层次、结构和比重，考察这种结构的健康程度和稳定性，以及这种结构对企业未来发展的影响和潜在风险，最终判断企业决策的得失，预测企业未来的资本结构走向。

这四条由点到面的财务分析主线，能够保证财务分析对企业实践决策的有效指导，保证财务分析对数据本质的真实反映，保证财务分析作为企业决策支持工具的重要价值。

9.8 财务分析的最终落脚点：企业价值

这四条财务分析主线各有不同的重点和侧重，而把它们互相连接起来的便是重要的企业估值公式。正如第8章所介绍的那样，这四条分析主线所涉及的核心财务指标分别是：成长性，它代表了企业的增长率；盈利性，它代表企业的投资资本回报率（ROIC）和税后经营净利润率[1]（NOPLAT）；资本结构，它决定了企业的融资成本，也就是企业的加权平均资本成本（WACC）；现金流量，它代表了企业的现金流量水平，这里用自由现金流（FCF）表示。

用基本的企业估值模型——永续增长估值模型，就能够把上面几个指标联系起来：

企业价值 = 自由现金流/（投资资本回报率—企业增长率）= 税后经营净利润率 ×（1—企业增长率/投资资本回报率）/（投资资本回报率—企业增长率）

上述公式中的税后经营净利润率、投资资本回报率和企业增长率都是现金流的驱动因素，其中投资资本回报率和企业增长率一起，共同决定了现金流的

---

[1] 税后经营净利润率（NOPLAT，Net Operating Profits Less Adjusted Taxes），又称息前税后经营净利润率，是指税后扣除与非经营性损益之后的公司核心经营活动产生的税后利润。

折现率水平。这些因素综合在一起，最终决定了企业的估值水平。所以这个基础的估值公式证明了以这四条分析主线作为财务分析的切入点是有理论基础支持的，这些关键的财务分析因素不仅代表了企业的核心要素，同时又一起决定了企业的最终价值。企业财务分析的最终归宿是要为企业的估值服务，评判企业的价值和风险。所以财务分析的主线和重心必须和企业估值的主要指标相吻合才有意义，才能在决策时提供可靠的参考依据。

因此，从上述四条主线出发作为本章财务分析的逻辑切入点，有着非常重要的实践意义，也奠定了本章的理论基础。企业的成长性、盈利性、资本结构和现金流量这四大因素都是企业价值的核心组成成分，通过以这四大因素作为主线对公司进行全面的财务分析，最终一定可以实现挖掘企业价值、发现潜在风险的目的。

第10章
财务思维与分析——深度案例解析

格力空调与美的集团，是我国白色家电领域内的两大巨头，不仅年销售额都稳定保持在1000亿元人民币以上，而且先后双双进入世界500强的行列，是我国制造业中的优秀领军代表。表面上两家企业所处行业一致，产品也有所重合，但本质上，两家企业却有着迥然不同的发展战略和路径。

有效的财务思维体系构建和财务分析方法，能够为企业进行战略分析与决策提供相关度极高的参考数据、协助并参与决策，最终制订出正确的企业发展战略。在本章中，作为财务思维与分析的深度案例解析，将通过这两家白色家电代表公司的财务数据分析，解释财务思维在战略决策环节上的应用价值，揭示财务4条主线分析对于企业价值评估的决定作用。

10.1 战略综述与分析

战略分析是指导财务思维进行深入分析的第一步，也是敲门砖。战略，代表了企业未来的发展方向，关系企业未来的兴衰存亡。通过战略分析可以有效地理解企业的发展状态，给未来的财务数据分析指明方向。同时，战略分析又可以和财务分析互相印证，通过数据分析结果检验企业战略执行的效果。因此，战略分析是做好财务分析的第一步，是财务思维深入探索的指明灯。

10.1.1 美的集团战略综述

美的集团是中国家电品类最齐全、产业链最完整，并在全球具有影响力的家电企业之一。它拥有完整的空调、冰箱、洗衣机产业链以及完整的小家电产品群，是家电品类占据主导地位的全球家电行业龙头，可为用户提供覆盖全产品线、全品类的一站式高品质家庭生活服务方案。

在2017年年初并购德国库卡集团[1]后，美的集团变成一家横跨消费电器、暖通空调、机器人及自动化系统的全球化科技集团，能够提供多元化的产品种类，包括以厨房家电、冰箱、洗衣机及各类小家电为核心的消费电器业务；以家用空调、中央空调、供暖及通风系统为核心的暖通空调业务；以库卡集团、安川机器人合资公司等为核心的机器人及自动化系统业务。截至2016年年底，美的全球拥有约12万名员工，拥有约200家子公司及10个战略业务单位。

进入2016年后，美的集团在全球进行资源配置及新产业拓展的步伐进一步加快，战略逐渐清晰。2016年到2017年年初，美的完成了对东芝白电、意大利中央空调企业Clivet、全球机器人四大家之一的库卡集团和以色列运动控制和自动化解决方案公司Servotronix的收购，进一步奠定了美的全球运营的坚实基础及在机器人与自动化领域的领先能力。

同时，公司通过全球领先的生产规模及经验、多样化的产品覆盖以及遍布世界各大区的生产基地，造就了集团在正在崛起的海外新兴市场中迅速扩张的能力，强化了海外成熟市场竞争的基础。公司在多个产品类别皆是全球规模最大的制造商或品牌商之一，领先的生产规模让公司可以在全球市场中实现海外市场竞争对手难以复制的效率及成本优势。

通过上述综述可以看出，美的集团的战略布局非常清晰：聚焦于智能制造机器人领域，通过自动化制造能力的提升，提高美的集团的产品生产效率和质量水平，降低成本的同时提升美的产品的市场竞争力。

10.1.2 格力电器战略综述

格力电器是一家专注于单一空调产品类的龙头家电企业，公司拥有格力、TOSOT两大品牌，主营家用空调、中央空调、空气能热水器、生活电器、工业制品、手机等产品。下辖凌达压缩机、格力电工、凯邦电机、新元电子、智能装备、精密模具、再生资源等子公司，覆盖了从上游零部件生产到下游废弃产品回收的全产业链条。

全球最大的生产规模、全方位的产品线：公司在国内外拥有10大生产基地，7万多名员工，家用空调年产能超过6000万台套，商用空调年产能550万台套，生产规模位居全球首位，同时拥有完善的配套能力和行业最完整的产业

---

[1] 美的集团2017年1月成为全球领先机器人公司德国库卡集团的最主要股东（收购对方约95%股份）。

链，有效确保了空调关键零部件的自主生产和供应。

打通上下游产业供应链，拥有强大的供应链控制力和牢固的渠道话语权：公司具备全球最大生产规模和全方位生产线的同时，进一步打通包括压缩机、电机、电容、漆包线产品在内的上下游产业供应链，极大增强了公司对于上下游供应链的控制能力，保证了生产高效进行，满足内部需求的同时，大力推进工业制品外销。

完善的自主创新体系及雄厚的技术研发实力：格力公司是全球最大的空调研发中心，目前拥有科研人员8000多名，国家级技术研究中心2个，国家级工业设计中心1个，省级企业重点实验室1个；设有7个研究院，52个研究所，632个实验室；累计申请技术专利27,000多项，其中发明专利10,000余项。

从目前的格力电器的战略来看，其主要战略目标集中于两点：第一，通过多元化战略扩张，寻找公司未来新的增长点；第二，通过产业基地建设提供完善的产能水平，配合在产业链上控制力的强化和技术研发的不断深入，继续巩固格力在空调产品上的霸主地位。

在完成战略综述分析的基础上，我们将通过后续财务思维分析，实现三重目的：

第一，揭示两家战略不同的公司在财务数据上各自的异同和优劣势。

第二，论证两家公司在历史上进行战略选择的合理性。

第三，揭示两家公司未来战略决策的可能方向，提供决策上的数据支撑。

按照财务思维的分析逻辑，在进行深入分析时，将延续4条主线的思维逻辑框架，即按成长性、盈利性、现金存量和现金流量4大主线进行推进。

10.2 成长性分析：战略导向、资源支持与自我增长

企业收入的增长与扩张，本质上来源于两方面的原因：企业内生性投资增长和企业外延式投资扩张增长。企业的内生性投资增长，是在企业目前既定的产品范围内，通过投资固定资产、无形资产扩大企业的生产产能或扩充产品线的方式提高企业的销售收入。企业的外延式投资扩张，则是通过对外并购和股权投资，吸收外在现成的既有收入，实现爆发式的收入增长。本节将讨论由内

生性投资引起的销售收入的成长性分析。

在分析公司成长性这条主线时，要抓住三个要点：销售收入增长情况分析、投资力度分析、自我维持增长率水平分析。

通过对这三个要点的分析，将论证三个核心问题。

首先，公司战略就是公司发展的目标、方向，代表了公司收入的未来，决定了企业收入未来增长或是衰退的大背景，所以战略是企业成长性的根基。企业成长性的根本前提是企业的战略方向正确，战略正确与否直接反映销售收入是否增长，所以可以通过结合公司的战略与销售收入增长情况分析，来验证企业的战略布局效果。

其次，再好的战略也需要落地和执行，将战略落地的基础就是投资。支持企业成长性的投资资源必须重组，否则再正确的战略也无法保证企业的成长性水平。因此在投资力度分析中，将通过收入与投资分析来反映企业销售收入与投资力度的关系；通过投资充足率分析，来反映企业投资增量与投资存量的关系，最终确定投资资源对企业成长性支持的充足程度。

最后，有了战略方向、有了投资资源的支持，下一步就是在战略和投资的基础上进行运营，通过运营实现企业的成长。**自我维持增长率水平**，就代表了企业在当前资本结构和运营效率下能达到的最大增长水平，是企业自身营运能力、盈利能力和资本利用能力的直接体现。

在理解这三个要点的前提下，成长性分析的主要核心是评价企业在既定战略方向上的收入增长是否与企业的目标保持一致，企业在战略方向上投资的力度和具体投资领域是否体现并符合企业的策略，企业的投资最终对企业的销售成长是否有真正的带动和影响。

我们打个恰当的比方，开车能否准时到达目的地，取决于是否满足三个核心条件。

首先，我们开车的方向和路线是否正确？方向和路线问题是能否到达目的地的核心基本问题。

其次，汽车的油量够不够，能否支撑到目的地？资源是否充足是能否支撑我们到达目的地的第二核心要素。

最后，车辆的自身性能如何？能够保证在一定行驶速度下的稳定性，不会出现故障，是保证顺利到达目的地的第三个核心要素。

对企业的成长性进行分析的目的，就是论证上述三个核心问题。

根据两家企业所处的行业特点，我们将从以下几个方面对两家企业的成长性进行对比分析，挖掘两家企业的成长特点与各自存在的潜在风险，具体包括：年均销售复合增长率分析、收入与投资关系分析、投资充足率分析和企业可持续增长率分析。

成长性分析财务思维逻辑图如图10.1所示。

```
                        成长性分析
        ┌──────────┬──────────┬──────────┐
     销售增长分析  收入与投资分析 投资充足率分析 可持续增长率分析
        │              │              │              │
    平均复合增长率   销售投资      投资摊折比     股权回报率
      分析
    环比增长率分析   销售变动投资比  资产摊折比    股利留存率
                    投资销售百分比  投资资产比
```

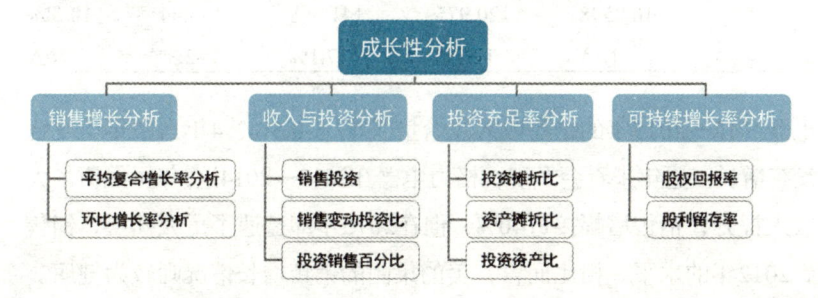

图10.1　成长性分析财务思维逻辑图

10.2.1　历史成长状态分析：年均复合增长率和环比增长率

企业成长性分析的第一个指标，是对企业历年销售收入的增长水平进行年均复合增长率分析。同时与行业主要的标杆企业进行比较，分析目标企业的成长性在业内属于何种水平、处于何种位置。通过基本的增长率分析，我们能够迅速了解公司在行业内的增长水平、所处位置。通过分析，可以对企业的战略有效性进行初步直观的判断。两家公司的趋势对比如图10.2所示。

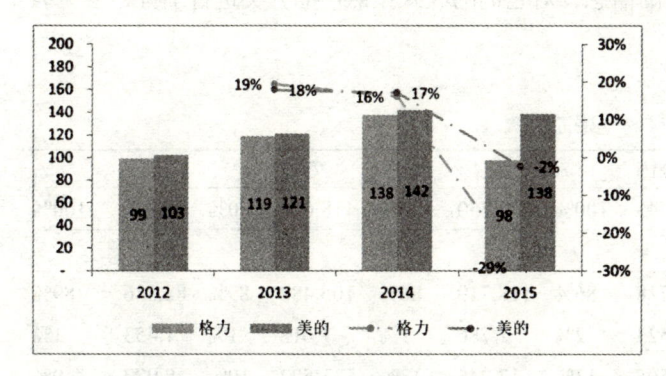

年份	格力	美的	格力增长率	美的增长率
2012	99	103		
2013	119	121	19%	18%
2014	138	142	16%	17%
2015	98	138	-29%	-2%

图10.2　复合增长率对比趋势图：美的vs格力

格力电器与美的集团在过去4年的年均复合增长率水平如表10.1和表10.2所示。

表10.1　销售增长率分析表—格力电器

人民币（百万元）	2012	2013	2014	2015	CAGR
销售收入	99,316	118,628	137,750	97,745	**-0.5%**
环比增幅	N/A	19.4%	16.1%	-29.0%	N/A

表10.2　销售增长率分析表—美的集团

人民币（百万元）	2012	2013	2014	2015	CAGR
销售收入	102,598	120,975	141,668	138,441	**10.5%**
环比增幅	N/A	17.9%	17.1%	-2.3%	N/A

格力电器2012—2015年的销售收入复合增长率为-0.5%，4年当中年均复合销售收入没有增长。逐年来看会发现，格力电器在2012—2014这3年里经历了大幅的销售收入提升，销售增幅接近40%，但在2015年却遭遇了重大挫折，销售收入跌回到2012年的水平。相比而言，美的集团的销售增长情况则较为健康。2012—2015这4年里，美的集团的销售收入年复合增长率为10.5%，但美的集团在2015年也遭遇了销售下滑，幅度仅为2.3%。

问题1：是什么原因导致格力电器的销售收入在之前连续三年的高速增长之后2015年遭遇重创，而美的集团也在2015年停止了销售增长的势头？

第一步：通过拆解销售收入组成的方式来逐层分析，聚焦导致两家公司销售收入下滑的主要产品。

按照两家公司披露的信息，对它们的收入按照产品分类进行细分，参见表10.3和表10.4。

表10.3　销售收入明细分类表—格力电器

人民币（百万元）	2015	%	2014	%	2013	%	2012	%
营业收入	97,745	100%	137,750	100%	118,628	100%	99,316	100%
分行业产品								
空调	83,718	86%	118,719	86%	105,488	89%	88,886	89%
生活电器	1,523	2%	1,786	1%	1,618	1%	1,453	1%
其他业务	12,505	13%	17,245	13%	11,522	10%	8,977	9%

表10.4　销售收入明细分类表—美的集团

人民币（百万元）	2015	%	2014	%	2013	%	2012	%
营业收入	138,441	100%	141,668	100%	120,975	100%	102,598	100%
分行业产品								
空调	64,492	47%	72,705	51%	62,178	51%	51,464	50%
冰箱	11,423	8%	9,724	7%	8,131	7%	5,951	6%
洗衣机	12,018	9%	9,974	7%	8,053	7%	6,214	6%
小家电	35,446	26%	32,710	23%	27,844	23%	25,762	25%
电机	3,534	3%	3,984	3%	4,431	4%	4,853	5%
其他业务	11,529	8%	12,572	9%	10,338	9%	8,355	8%

从数据细分可以看出，**两家公司在2015年度销售收入下滑，主要都是由于空调产品的销售下滑造成的**。对于格力电器，空调产品销售收入2015年下降了29.5%，由于空调业务在其销售收入中所占比例极大，占据了总收入86%的水平，因此导致了空调单一产品类别的下降拖累格力整个集团的销售业绩表现。

相比之下，美的集团空调产品收入在2015年仅下降了5.8%，同时由于空调产品在美的集团的收入构成中所占比重仅为46.6%，所以空调产品销售收入的下降对美的集团整体收入影响并不大。通过冰箱、洗衣机和小家电业务的增长，美的集团通过多元化的优势，弥补了空调市场整体下滑的大劣势，使其并未出现像格力电器那样销售整体大幅下滑的现象。

问题2：是什么原因造成了空调收入的大幅下滑呢？

第二步：对空调行业进行宏观环境分析，考察行业宏观因素的影响力。

据《2016年中国空调行业白皮书》报告显示，2015年受宏观经济发展放缓、房地产市场波动及客观天气等因素影响，2015年中国空调市场整体零售额为1374亿元，同比下降4.8%；整体零售销售量为4170万台，同比下滑1.1%。由于空调出货通路受阻，加上工厂产能过剩，导致整个行业产品库存量高企，空调企业和渠道都面临巨大库存及成本压力。截至2015年年底，行业库存总量已突破4000万台。这个数字与国内空调一年销售总和持平，空调市场在2015年成为家电行业唯一负增长的品类。

因此，**两家公司在空调业务上受挫，是由于空调行业受经济环境的影响整体下滑造成的**。

虽然受行业影响，但整个空调行业的销售额下降幅度只有**4.8%**，美的集团的空调降幅为**5.8%**显得相对合理，但格力电器的降幅却高达**29%**。

问题3：为什么在宏观环境的冲击下，格力空调受到的冲击更大？背后的原因是什么？

我们推断可能存在的原因包括下面两点。

1. 2014年渠道商去库存难度大

一个最可能的原因是，格力的渠道商在2014年积压了大量的存货，而这些存货已经在格力电器2014年的财务报表中确认为了销售收入和应收款项。2015年当渠道商将这些存货出售给最终消费者的时候，格力电器就不能再次计入企业销售收入中了。

2. 格力的价格战略问题

为了解决整体市场环境低迷、收入增长疲软、库存居高不下的困境，格力空调自2014年下半年开始就大幅降价，开始了价格大战，2015年产品出厂单价同比下降约20%[1]。但即便如此，价格的下跌没有换来销量的大幅上升，说明空调这类产品的价格需求弹性较低，很难通过降价来刺激销售，实现销售收入提升的目的。

经过上述对历史销售收入增长率的分析，我们发现，依赖单一收入结构的格力电器在收入的成长性方面非常脆弱。由于其空调业务占集团全部收入比重接近86%，因此空调业务的影响对集团整体是非常巨大的。一旦行业发展遇到瓶颈或倒退，格力电器就会遭受重大的销售下滑风险。

相反，美的集团在成长性方面有较强的抗风险能力。由于其业务结构的多元化形式，使得美的集团在2015年空调业务下滑的情况下整体销售收入基本保持了与2014年相同的水平。这说明相比较格力电器单一的产品结构，美的集团的多元化业务结构具有更加稳定的抗行业风险能力，通过多元化的产品分散单一产品出现业绩下滑带来的整体风险，为公司的业务转型和调整争取了机会和时间。当极端情况出现的条件下，美的集团的这种多元化业务结构可以让公司

---

[1] 来源于《格力营收下滑真相》，2015年9月29日，中国经营网。

渡过行业的危险期。

10.2.2 收入与投资的关系

投资是确保企业战略落地的资源基础，在战略正确的前提下，投资与收入有着直接的关系。通过投资可以直接扩张企业产能，从而提升企业的销售收入和市场占有率，成为支撑企业战略成长性的资源保障。

在进行收入与投资关系分析时，主要通过三个比率指标来考察，计算公式为：

$$销售长期资产比 = 销售收入/长期资产净额 \quad (10.1)$$

$$销售收入变动投资比 = 销售收入变动/上一年度投资支出总额 \quad (10.2)$$

$$投资销售比 = 当年投资支出总额/销售收入 \quad (10.3)$$

公式10.1以销售收入与长期资产的比例系数，表示出公司目前长期资产总量的投资充足水平。该指标越高，单位水平的长期资产带来的销售收入就越高，就表示公司对长期资产的使用越有效率。另一方面也可能说明公司对长期资产的投资力度不大，过度挖掘长期资产在当前的使用效率，可能会制约公司未来的增长潜力。

其中，公式10.1中的长期资产净额还可以进一步分解为：

$$长期资产净额 = 固定资产净值+无形资产净值+在建工程 \quad (10.4)$$

公式10.2表示出当年销售收入与上一年度销售收入的变动值与上一年度投资支出总额的比例，这个比例代表了销售收入的增量与每年投资支出的比例水平，代表了企业每1元的新增投资额所产生的新增销售收入的金额是多少。通过这个比例关系，可以分析出企业每年的新增投资额对其销售收入的贡献率大小，从而判断出企业投资效率的高低。

这里之所以用上一年度的投资支出总额作为分母，是因为对于大多数企业而言，投资支出真正产生对收入的正向影响往往都有迟滞效应，即从支付投资现金、建设、试运营到正式批量生产制造产品，往往需要较长的一段时间。所以平均来看，企业当年的投资支出仅在第二年才会产生销售收入的增量效应，故将销售收入变动与上一年度的投资支出进行比较。

其中，销售收入变动表示当年销售收入与前一年销售收入之差，公式表达为：

销售收入变动=当年销售收入金额–上一年度销售收入金额（10.5）

公式10.3表示当年投资支出总额占当年销售收入金额的百分比，体现出企业会从当年的销售收入中拿出多少比重放到下一年的投资支出当中。

格力电器的收入与投资关系分析如表10.5所示。

表10.5 收入与投资关系分析表—格力电器

公式	人民币（百万元）	2015	2014	2013	2012
①	销售收入	97,745	137,750	118,628	99,316
②	长期资产净额	20,155	18,682	18,272	16,640
①/②	销售长期资产比	4.8	7.4	6.5	6.0
③	投资支出	2,885	1,777	2,461	3,602
④	销售收入变动	-40,005	19,122	19,312	16,161
③/①	投资/销售 %	3.0%	1.3%	2.1%	3.6%
③/④	销售变动/投资	-22.5	7.8	5.4	3.4

注：销售变动/投资，为销售收入变动除以上一年度投资金额计算而得。

数据解读：格力电器在2012—2014的3年里，随着销售收入的大幅增加，其**销售长期资产比**呈逐年上升的趋势。在2012—2014的3年间，公司每1元长期资产带来的销售收入金额从6.0元增长到7.4元。同期，**销售收入变动投资比**也不断上升，从2012年的3.4上升到2014年的7.8。

相反，公司的**投资销售比**却在2012—2014的3年里处于逐年递减的趋势，从2012年的3.6%降低到2014年的1.3%，不仅投资占销售的相对比重大幅下降，而且投资的绝对数字也呈逐年递减的趋势。

进入2015年后，随着公司销售收入的大幅下降，三个指标都出现了大逆转。**销售长期资产比**，从2014年的7.4大幅缩水到2015年的4.8。**销售收入变动投资比**也随销售收入的大幅下降而变为负数。相反，**投资销售比**从2014年的1.3%大幅上升到2015年的3.0%，且投资支出的绝对数字也相比2014年大幅增加了62%。

下面来看看美的的情况，如表10.6所示。

表10.6 收入与投资关系分析表—美的集团

公式	人民币（百万元）	2015	2014	2013	2012
①	销售收入	138,441	141,668	120,975	102,598
②	长期资产净额	23,077	23,616	23,511	25,525
①/②	销售长期资产比	6.0	6.0	5.1	4.0
③	投资支出	3,131	2,678	2,115	2,819
④	销售收入变动	-3,227	20,693	18,377	-31,448
③/①	投资/销售 %	2.3%	1.9%	1.7%	2.7%
③/④	销售变动/投资	-1.2	9.8	6.5	-4.6

> **数据解读**：美的集团在2012—2015的4年里，随着销售收入的增加，其**销售长期资产比**呈逐年上升的趋势。从2012年的4.0上升到2015年的6.0。同期，**销售收入变动投资比**也不断上升，从2012年的-4.6上升到了2014年的9.8，由于2015年销售收入的下降，该指标转为负数。
>
> 与格力不同的是，美的集团**投资销售比**除了2013年长期投资支出有较大下降外，其余年度都处于逐年上升的水平。

问题4：为什么在2012—2014的3年间，格力电器的销售收入大幅上升的同时，投资支出却处于大幅下降的状态，而2015年格力电器销售收入大幅下挫的同时，投资支出却大幅上升？为什么同期的美的集团除了2013年投资支出有所下降外，其余年度投资支出都保持上升？造成两家公司投资支出上战略差异的主要原因是什么？

从行业结构来看，格力电器所处的空调白色家电行业已经处于一个很稳定的成熟发展期。在这个阶段，投资销售比保持稳定甚至逐年递减也是成熟行业的典型特点。这能够解释公司2012—2014连续三年投资销售比下降的事实。

从战略方向来看，格力电器在2015年销售大幅下滑之际，反而加大投资力度扩充产能，投资集中在新的空调产业链生产基地的建设和生产设备的采购上。

这种反常的举动表现出格力电器的战略方向可能发生变化：从集中于空调产品战略纵向深入到集中于空调产业链战略，投资于空调的上游产业，形成对产业链更强大的控制力，以强化产业的盈利能力。

美的集团由于产品组合更加丰富，使得其对投资的需求更加稳定。随着集团不断推出新的白色家电产品线，更多的投资也必须逐年跟进，因此其投资销售比保持相对稳定的起伏状态是比较正常的现象。

问题5：为什么格力电器的销售长期资产比在2012—2014这3年内都超过美的集团，但销售变动投资比却在2013—2014两年内都低于美的集团，这两个指标有什么内在关系？

销售长期资产比是销售变动投资比的一种存量状态。

格力电器的销售变动投资比都要超过美的集团，这说明，如果两家公司销售额一致的情况下，格力电器所需的长期资产投资额要小于美的集团。这反映出，在历史上格力电器拥有更高的销售变动投资比。

而美的集团在2013—2015的销售变动投资比更高，说明美的在这3年间的投资更高效，其每投资1元能换回的收入增量都要大于格力电器，这会导致该指标的"存量"差异逐年缩小。也就是说，由于美的集团在近3年的投资更有效，使得两家公司历史存量投资的销售长期资产比逐年缩小，数据也支持我们的这一判断：美的集团2015年在销售长期资产比指标上实现了逆转。

这意味着，美的集团在近3年拥有更高的投资产出效率。从产品结构出发，可以揭示数据背后的原因。

格力电器是单一的产品结构，当行业达到一定饱和度之后，投资所带动的收入增量效应往往是有限的。相比之下，美的集团由于多种产品组合分散风险，使得其在未来的增量投资中往往能够创造更好的销售增量绩效，依靠产品组合的优势，增量的投资收入就可以超越格力。如果这个趋势继续持续下去，可以预见拥有更好产品组合的美的集团在销售收入长期资产比这个指标上超越格力电器只是时间问题。

10.2.3 投资充足率分析

投资充足率是比较企业投资支出与当前长期资产净额关系的指标，通过投资充足率水平分析，可以判断企业当前投资支出水平的状态，以预测企业未来能够实现的增长程度。

在进行投资充足率分析时，主要通过三个比率指标来考察，计算公式为：

投资摊折比 = 当年投资支出总额 ÷ 当年折旧与摊销费用总额（10.6）

资产摊折比 = 长期资产净额 ÷ 企业当年折旧与摊销费用总额（10.7）

投资资产比 = 当年投资支出总额 ÷ 长期资产净额（10.8）

公式10.6将企业当年投资支出金额与当年固定资产折旧与无形资产摊销的费用金额进行比较，考察企业的投资是否足以覆盖企业当年的折旧摊销费用。

对企业而言，折旧和摊销费用本质上是长期资产在使用当期一种损耗的计量。为了维持企业可持续的当前销售收入水平，企业的投资支出应至少可以覆盖这种长期资产在当期摊销折旧的损耗支出。如果企业的投资超过了当期的损耗，说明企业还在扩张产能，意味着企业未来的长期资产产能和销售额会超越目前的销售水平；如果企业的投资没有达到当期的损耗水平，则可能意味着企业未来的产能和销售增长势头堪忧。

公式10.7是将企业当前的累计长期资产净额与当年的折旧摊销费用进行比较，考察企业在当前的摊销和折旧水平下，企业累计的长期资产净值未来的平均寿命大概还剩多久。在折旧方法和折旧年限相同的情况下，该比率越高则说明企业未来可以使用当前长期资产的年限越多、企业的长期资产越新、企业长期资产设备更新换代的需求程度也就越低。

公式10.8是通过计算企业当期投资支出占当前长期资产净额的比重来考察投资支出的力度。格力电器和美的集团的投资充足率分析如表10.7和表10.8所示。

表10.7 投资充足率分析表—格力电器

公式	人民币（百万元）	2015	2014	2013	2012
①	投资支出	2,885	1,777	2,461	3,602
②	折旧与摊销	1,304	1,331	1,195	951
③	长期资产净额	20,155	18,682	18,272	16,640
①/②	投资摊折比	2.21	1.34	2.06	3.79
③/②	资产摊折比	15.46	14.04	15.29	17.49
①/③	投资资产比	14%	10%	13%	22%

> **数据解读**：在2012—2014这3年间，格力电器的**投资摊折比**处于持续降低的状态，从3.79的水平降低到1.34。直到2015年加大投资力度后，该指标才回升到2.21的水平。同样，**资产摊折比**也处于相同的趋势，从2012年的17.49降低到2014年的14.04，然后在2015年回升到15.46的水平。**投资资产比**也从2012年的22%降低到2014年的10%，在2015年回升到14%的水平。

表10.8　投资充足率分析表—美的集团

公式	人民币（百万万）	2015	2014	2013	2012
①	投资支出	3,131	2,678	2,115	2,819
②	折旧与摊销	2,852	2,493	2,400	2,246
③	长期资产净额	23,077	23,616	23,511	25,525
①/②	投资摊折比	1.10	1.07	0.88	1.26
③/②	资产摊折比	8.09	9.47	9.80	11.36
①/③	投资资产比	14%	11%	9%	11%

> **数据解读**：在2012—2015这4年里，美的集团的**投资摊折比**基本保持在一个较为稳定的区间，2015年该指标处于1.1左右。其**资产摊折比**则保持连年降低的趋势，从2012年的11.36降低到2015年的8.09。**投资资产比**则保持在较为稳定的区间，2015年为14%左右。

　　问题6：格力电器的投资摊折比和资产摊折比两项指标都超过了美的集团，这说明了什么问题？

　　首先，美的集团一直将投资与折旧摊销比维持在1左右，处于较低的水平，表示其投资仅仅保证能够覆盖公司基本的年度折旧摊销费用，说明公司投资在覆盖折旧摊销的损耗基础上，并没有太多余量支持总量的增长。这表示美的集团对行业的判断比较谨慎，在投资支出上仅仅维持目前的既定设备产能情况，没有大幅扩充设备提高产能。

　　格力电器的投资与折旧摊销比，除了在2014年有所下滑之外，其余年度都保持在2以上。说明公司的投资在覆盖折旧摊销的基础上，仍在扩张产能。

　　其次，在资产摊折比上，相比格力电器2015年时15.46的水平，美的集团该指标仅为8.09，且呈逐年递减趋势。这说明美的集团长期资产的新旧程度大大低于格力电器，而且公司剩余长期资产的平均未来使用年限仍在逐年减少。这预示了未来两家公司的成长潜力存在差距：完全停止投资的情况下，格力电器当前的设备资产还可以使用15.46年，而美的集团则只能使用8.09年。

这两个指标都说明，从投资的充足率水平上，格力电器要大大高于美的集团。

结合在问题5中的结论不难推断出：**格力电器在投资效率上弱于美的集团，所以才从量上占据优势，提高投资的绝对数值来弥补效率的不足。**

问题7：格力电器的投资资产比在2012—2013年较美的集团优势明显，但在近两年被美的集团反超，这说明了什么问题？

美的集团的投资资产比在近3年不断上升，说明近3年来美的集团的投资支出水平都要超过往年历史投资水平，逐渐逼近格力电器的投资支出水平，这反映了二者在战略方向执行上对资源需求的不同程度。

美的集团的多元化战略需要稳定、不断上升的投资资产比来支持，而格力电器在2012—2014年间的单一空调产品战略则不需要太多的投资资源，直到2015年格力对其战略进行调整后，才继续加大了投资的力度。

10.2.4　企业可持续增长率分析

企业的可持续增长率指标是全面评价企业增长能力的一个比率，它反映一家企业在保持经营效率、盈利能力和财务结构不变的情况下，其销售收入能够实现的最高增长率。这里的经营效率是指公司的资产周转率，盈利能力是指公司的销售净利率，财务结构是指公司的资本结构状况。

在进行投资充足率分析时，主要通过股权回报率及其展开公式来进行，其计算公式为：

可持续增长率 = 股权回报率×（1－股利支付率）= 留存收益率×营业利润率×资本周转率×财务杠杆乘数×(1－实际税率)　（10.9）

企业的股权回报率和股利支付政策决定了增长所需要的资金量。所以，可持续增长率也是评价企业未来预算可行与否的重要标准。

可持续增长率经过公式展开，能够看出影响可持续增长率的5大主要驱动因素：

- 留存收益率和财务杠杆乘数反映了公司的筹资政策。
- 营业利润率和资本周转率反映了公司的营业方针和政策；最后的实际税率，反映了公司的实际税负影响。

公式10.9表明：只要企业保持上述5个因素均不变，除非发行新的股票，否则无法超过可持续增长率水平。

问题8：能否验证在5个因素均保持不变的情况下，公司的实际增长水平与可持续增长率保持一致？

下面通过引入一个案例来验证这个问题。

假设有一家新创公司名叫Balance，公司的初始现金总额为1000万元，由所有者权益500万元和贷款500万元组成。公司通过购买设备制造和销售产品。公司通过良好的运作，在第一年产生了1000万元的销售收入和100万元的净利润。经过股东会批准，该100万元净利润中的50万元当作股利分派给股东，其余的50万元作为留存收益，用以公司未来的发展。

假设公司的经营效率不变（1000万元总资产能够产生1000万元的销售收入，保证公司的总资产周转率恒定为1），假设公司的盈利能力不变（保证公司的净利润率水平恒定为10%），假设公司的财务结构不变（保证公司的负债与权益比恒定为1∶1），这样公司目前的可持续增长率计算如下：

第一年可持续增长率=100/500×(1-50%)=10%

在第一年年末，由于50万元留存收益的增加，公司的所有者权益增加到了550万元。在财务杠杆恒定为1∶1不变的情况下，贷款也因此增加到550万元，这时公司的总资产为1100万元。在总资产周转率定位为1的情况下，公司第二年的销售收入就可以相应增加到1100万元。由于净利润率恒定为10%，这时其净利润也增加到110万元。公司继续维持50%的股利分配率水平，则第二年的留存收益为55万元。这时，公司在第二年的可持续增长率计算如下：

第二年可持续增长率为110/550×(1-50%)=10%，与第一年保持一致。

通过这个案例证明了:如果这5个因素均保持不变,公司的可持续增长率和实际增长水平将保持一致。

问题9: 如果销售增长率在一段时间内持续大于或小于可持续增长率,那公司最终会面临什么样的局面呢?

为了验证上述问题,把案例进行引申,假设第二年的销售增长率分别出现两种情况:提高到20%和降低到1%,假设公司出现融资缺口的情况下都通过外部借款来支持,即公司的负债与权益比率不恒定,这时来看表10.9,了解公司的财务数据会发生怎样的变化。

表10.9 可持续增长率与实际增长率关系分析表

年度	增长率	年初资产负债表数据			损益表数据			年末资产负债表数据			财务杠杆
		总资产	负债总额	所有者权益总额	销售收入	净利润	留存收益	总资产	负债总额	所有者权益总额	
第一年	10%	1,000	500	500	1,000	100	50	1,100	550	550	1.00
第二年	10%	1,100	550	550	1,100	110	55	1,210	605	605	1.00
	20%	1,100	550	550	1,200	120	60	1,320	710	610	1.16
	1%	1,100	550	550	1,010	101	51	1,111	511	601	0.85

可以发现,当公司第二年的销售增长率增加到20%,销售收入增长到1200万元,在资产周转率仍恒定为1的情况下,就需要1200万元的总资产来支持。但此时公司的总资产仍为1100万元,这就出现了100万元的资金缺口,使得公司必须扩大负债融资来增加资产的数量以支持销售的增长,最终造成公司的财务杠杆从1上升到1.16。

相反,当第二年的销售增长率降低到1%的时候,销售收入仅为1010万元,在资产周转率仍恒定为1的情况下,只需要1010万元的总资产来支持。此时公司的总资产为1100万元,出现了90万元的资金盈余。可以偿还部分借款,使得公司财务杠杆下降到0.85。

这个案例说明:

> 公司的销售增长率如果低于可持续增长率,在不能提高资产效率、不能进行股权融资的情况下,就会出现资金盈余,从而可以减少债务融资,降低公司的财务杠杆水平。

> 公司的销售增长率如果超越可持续增长率，在不能提高资产效率、不能进行股权融资的情况下，就会出现资金缺口，从而必须增加债务融资，提高公司的财务杠杆水平。

由于财务杠杆不可能无限增大，公司的销售额也就不可能长期超越可持续增长率水平，使得没有一家企业能够永远、持续、高速增长下去。维持这种高速增长所需的资金量非常巨大，这必然影响企业的资本结构。而资本结构的变化会影响企业的资产管理效率，效率的变化会反过来影响企业的成长能力。

因此，在不改变资本结构下的高速增长是不可能实现的一个悖论。下面回到两家公司的可持续增长率数据对比上来，如表10.10和表10.11所示。

表10.10　可持续增长率分析—格力电器

	2015	2014	2013	2012
股权回报率	26.0%	31.6%	30.8%	27.0%
股利支付率	71.5%	63.3%	41.3%	40.4%
可持续增长率	7.4%	11.6%	18.1%	16.1%

> 数据解读：格力电器的股权回报率在2012—2014年间一直稳步提高，但2015年降低到26%的水平。同时，其支付率也从2012年的40%一路提高到2015年的71%，处于非常高的水平。两个因素综合下来，使得格力的可持续增长率从2014年开始掉头向下，直到2015年位于7.4%的较低水平。

表10.11　可持续增长率分析—美的集团

	2015	2014	2013	2012
股权回报率	24.3%	25.5%	21.2%	18.5%
股利支付率	37.6%	36.2%	40.6%	28.6%
可持续增长率	15.2%	16.2%	12.6%	13.2%

> 数据解读：美的集团的股权回报率在2012—2014年间也处于稳步提升的状态，2015年度出现微小的下降，保持在24.3%的水平。同时，股利支付率也比较稳定，近3年都处于40%左右的水平。两个因素综合影响，使得美的集团的可持续增长率在2015年保持15.2%的水平，是格力电器的两倍多。

对比两家公司数据，我们会产生如下疑问。

问题10：导致格力电器可持续增长率不断下降的原因是什么？两家公司的可持续增长率水平差异这么大的原因是什么？

格力电器的股利支付率近两年非常高，2015年甚至超过了70%。这种高分红战略的背后隐含说明了格力电器对行业的战略判断：行业已经成熟，未来的机会有限，公司已经成为一家现金牛公司，需要为股东创造更多现金回报。在此判断下，使得公司不必保留太多盈余，从而把大部分利润都分配给了股东。

相反，美的集团近两年的分红战略都将股利支付率控制在40%以内，从而最终保证了公司拥有15%以上较高的可持续增长率水平。这说明美的集团的战略判断与格力电器有所不同：行业仍处于发展阶段，未来还会出现可能的增长机会。公司应把较多的盈余保留在公司内部，为了以后的发展做好储备。

最后，我们也发现两家公司的可持续增长率都要高于销售收入的年复合增长水平。根据案例验证的结果，在这种情况下两家公司都将产生较多的现金流盈余，这个现象在后面分析现金流的时候也将能看到。

10.2.5 成长性分析的初步结论

战略方向上：格力电器以单一空调产品为发展战略，美的集团则以多元化电器产品作为发展战略。2015年的销售收入表现反映出格力电器单一产品战略的巨大风险，以及美的集团产品多元组合战略的稳健安全。从某种程度上看，2015年给格力电器敲响了一个警钟：应及时扭转单一产品战略的不利局面，建立新的业务增长点，实现产品组合来抵消宏观行业环境带来的负面影响。

投资效率上：格力电器历史的投资效率较高，保持了不错的销售投资比，这说明集中化地生产单一产品相比全面制造各类白色家用电器需要更低的长期投资总量，在销售收入的创造上，投资产出比相对更高，反映了单一产品的优势。但在近3年的投资效率上，美的集团保持了更高的水平，这个指标反转的信号可能意味着：格力的空调产品已经进入过度成熟阶段。相反，依靠丰富产品组合的美的集团则可以规避单一产品线发展遇到天花板的困境，通过产品组合来调整成长空间，创造更高的增量收入。

同时，得益于更好的投资效率，使得美的集团在每年的投资支出充足程度小于格力电器的情况下，仍能支持公司的业务增长。相反，格力电器却要支出更多的投资，来保持和美的处于相同的水平。因此，格力电器在投资充足率指标上优于美的集团，并非是因为它对行业未来的判断更乐观，而是因为它不得不从量上加大投资支出，以弥补其在效率上的不足。

股利分配上：美的集团维持相对较低的股利分配水平，从行业的判断上，给自身未来的发展留足了空间。相反，格力电器在股利分配上更多考虑股东的利益，并未给自身的未来发展留下太多余地，从这个战略来看，格力电器对行业的判断更趋于成熟，认为未来发展空间相对有限。

10.3　企业的盈利性分析：两个导向，一座桥梁

企业的盈利性分析将分为两个基本思维导向：以收入为导向的销售利润率盈利能力分析和以投资支出为导向的投资回报率的盈利能力分析。以收入为导向的分析，是按照损益表中收入、利润比进行各种利润比率分析。以投资为导向的分析，则是按照投资资本和回报比进行各种投资回报的分析。

通过盈利性分析，将论证两个核心问题：

第一，通过以销售收入为基础进行盈利分析，来判断企业产品本身的盈利能力。

第二，通过以投资为基础的回报能力进行分析，来判断企业权益和债权投资的回报能力。

之所以要分成两个部分进行分析，是因为产品的盈利能力和投资的回报能力是完全不相关的两个指标。单纯的销售净利润率不能完全代表公司的盈利能力，所以必须借助投资回报率才能得出正确、全面的盈利性分析结论。

比如，生产完全相同产品的两家公司A和B，销售额都是100万元，A的净利润是10万元，B的净利润是20万元，能下结论B的盈利能力高于A吗？不能。假如A的股东投资了100万元权益资本，B的股东投资了1亿元的权益资本，这个时候就不会认为B比A更能赚钱了。

因为销售净利润率只反映企业产品的盈利水平，却没有反映出企业的资产管理能力。所以，在考察盈利性问题的时候，一定要将两个角度结合起来去

看。连接这两种不同导向分析方法的桥梁，就是企业资产管理效率水平的指标：资产周转率。

这一点从数学公式的推导也能得到验证：

- 销售净利率＝净利润/销售收入
- 投资回报率＝净利润/投资总额
- 资产周转率＝销售收入/投资总额

因此：销售利润率 × 资产周转率＝投资回报率

关于这个指标，会在现金流存量的分析中进行展开讲解。

下面从三个分析方向入手，对比分析两家企业的盈利水平。这三个分析方向分别是：以收入为导向的盈利性分析、股权回报率驱动因素分解分析、投资资本回报率驱动因素分解分析，如图10.3所示。

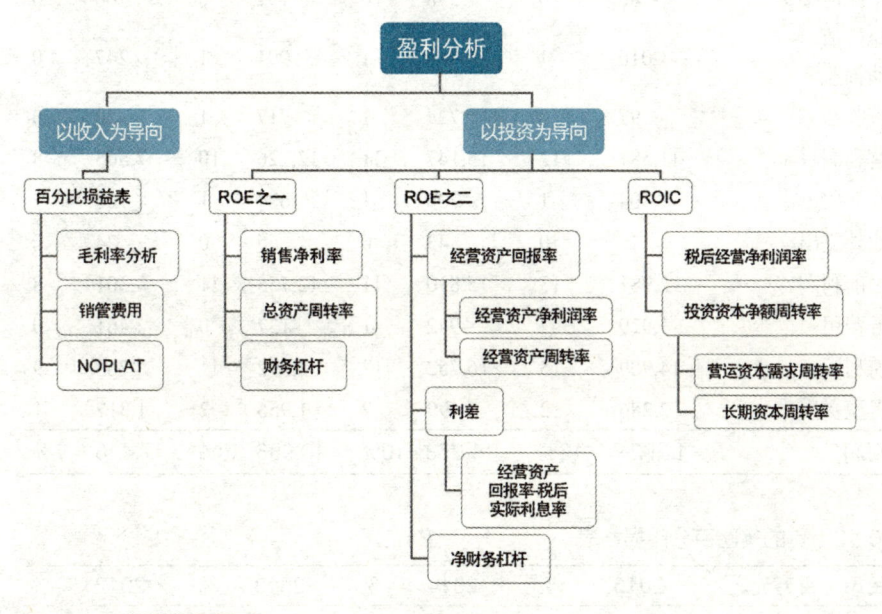

图10.3　盈利分析逻辑图

10.3.1　以收入为导向的盈利性分析

企业的销售利润率水平，反映了企业产品和服务的盈利能力。对销售利润率的进一步分解有助于衡量各项收入、费用因素在利润率影响中扮演的角色。在拆解分析时，广泛使用的一项工具就是"百分比损益表"。

10.3.1.1 百分比损益表

通过将各种成本、费用项目以占销售收入的百分比的形式来表示，可以对不同时期企业利润表各项目之间关系的变化趋势进行纵向比较，还可以对行业内不同企业之间同一项目的变化趋势进行横向比较，如表10.12和表10.13所示。

表10.12 格力电器百分比损益表

人民币（百万元）	2015	%	2014	%	2013	%	2012	%
营业收入	97,745	100	137,750	100	118,628	100	99,316	100
营业成本	66,017	68	88,022	64	80,386	68	73,203	74
毛利润	31,728	32	49,728	36	38,242	32	26,113	26
利息净收入	2,167	2	1,545	1	923	1	563	1
营业税金及附加	752	1	1,362	1	956	1	590	1
销售费用	15,506	16	28,890	21	22,509	19	14,626	15
管理费用	5,049	5	4,818	3	5,090	4	4,056	4
资产减值损失	86	0	398	0	192	0	66	0
公允价值变动损益	-1,010	-1	-1,382	-1	991	1	247	0
投资收益	97	0	724	1	717	1	-20	0
经营利润	11,587	12	15,147	11	12,126	10	7,565	8
营业外收入	1,404	1	706	1	684	1	760	1
营业外支出	11	0	43	0	55	0	24	0
息税前利润	12,981	13	15,810	11	12,755	11	8,301	8
财务费用	-1,929	-2	-942	-1	-137	0	-461	0
税前利润	14,909	15	16,752	12	12,892	11	8,763	9
所得税费用	2,286	2	2,499	2	1,956	2	1,317	1
净利润	12,624	13%	14,253	10%	10,936	9%	7,446	7%

表10.13 美的集团百分比损益表

人民币（百万元）	2015	%	2014	%	2013	%	2012	%
营业收入	138,441	100	141,668	100	120,975	100	102,598	100
营业成本	102,663	74	105,670	75	92,818	77	79,449	77
毛利润	35,778	26	35,998	25	28,157	23	23,149	23
利息净收入	342	0	237	0	85	0	-9	0
营业税金及附加	911	1	810	1	610	1	578	1
销售费用	14,800	11	14,734	10	12,432	10	9,390	9

续表

人民币（百万元）	2015	%	2014	%	2013	%	2012	%
管理费用	7,442	5	7,498	5	6,733	6	5,926	6
资产减值损失	5	0	350	0	123	0	49	0
公允价值变动收益	82	0	-653	0	546	0	18	0
投资收益	2,011	1	1,511	1	998	1	535	1
经营利润	15,055	11	13,451	9	9,324	8	7,005	7
营业外收入	1,707	1	1,057	1	1,005	1	927	1
营业外支出	573	0	517	0	317	0	222	0
息税前利润	16,190	12	13,991	10	10,012	8	7,710	8
财务费用	139	0	251	0	564	0	807	1
税前利润	16,051	12	13,991	10	10,012	8	7,710	8
所得税费用	2,427	2	2,344	2	1,714	1	1,569	2
净利润	13,625	10%	11,646	8%	8,298	7%	6,141	6%

10.3.1.2 毛利率分析

在百分比利润表的基础上，首先来比较两家企业的毛利率水平。

$$毛利率 = （销售收入 - 销售成本）\div 销售收入 \quad (10.10)$$

毛利率受两个因素影响。

第一，外部影响。在对企业外部影响进行分析时，普遍采用波特五力分析模型，包括：行业内现有企业间竞争、潜在进入者竞争、替代品威胁、客户和供应商的议价能力。这些因素的综合作用，决定了企业产品的销售价格和主要原材料的采购价格、人工成本以及制造费用的消耗情况。

第二，内部影响。内部影响，代表了企业内部营运情况和内部管理效率水平。这些内部因素的综合作用，决定了企业的管理成本和制造成本，从而最终决定了企业的毛利率在业内的水平和地位。毛利率越高，说明公司越有空间将资源投入损益表中销售成本项目下的更多领域（比如营销、研发、管理、品牌建设等费用支出），这样企业战略实施的余地也就越大。

> **数据解读**：在2012—2014这3年里，格力电器的毛利润增长较快，从26.3%提高到36.1%，增幅将近10个百分点。2015年销售下滑，导致其毛利率降至32.5%左右，4年增幅约8个百分点。
>
> 同期，美的集团在2012—2015这4年里毛利润也保持稳步提高的势头，从22.6%提高到25.8%，4年增幅为3个百分点。
>
> 4年内，两家公司在毛利率上的差距，由2012年的3.7%拉大到2015年的6.7%。

两家公司的毛利率水平存在这样的差异，我们不禁会产生这样的疑问——

问题11：空调行业属于成熟度很高的行业，为什么格力电器还能在很高的毛利率水平上继续保持增长？两家公司在毛利率上的差异可能是哪些原因造成的？

首先，格力电器能够在空调这个成熟行业保持较高的毛利率水平，并不是罕见的现象。如果伴随着产业成熟的同时出现产业集中的现象，就会导致行业市场中的较大份额仅由几个超级制造商把持，剩下的小部分份额由众多中小企业分食。空调行业就是这样的局面：2016年，格力电器在中国空调市场份额中占据了29.2%的绝对优势，排名第二、第三位的美的、海尔2016年所占市场份额分别为24.2%和10.4%，前三名合计瓜分了全部空调市场的65%。[1]

市场份额的绝对领先，说明了格力电器不仅在空调销售端有很强的价格统治力，其在空调采购供应链上也具有绝对话语权。这种对上游和下游的绝对控制力，可以稳定地保证格力电器攫取市场上最高的那块利润。同时，在高效控制供应链的情况下，通过规模经济效应，格力电器也可以实现在生产制造上的低成本，诸多因素共同确保了将毛利水平维持在行业的领先地位。

其次，与格力电器经营单一空调产品类不同，美的集团的产品是一个多元化的组合体系。这样，由于产品体系中各个产品类所处的发展阶段不同、增长速度不同、市场容量不同、生产效率不同、对供应链的控制力度也不同，所以美的集团整体产品系的毛利水平会受到这些产品组合的综合影响，实现了内部

1　资料来源：奥维云网空调产业研究院 – 2016年空调市场年度分析报告，http://sanwen.net/a/deaaxqo.html。

的互相平衡与抵消,在提高幅度上很难取得像格力电器这么明显的优势。2015年两者的毛利率水平差距拉大到6.7%,这也是产品组合的一个特点:既能稀释风险,同样也可以平摊收益。

10.3.1.3 销售费用和管理费用

不同于产品制造成本,销售费用和管理费用属于企业的间接管理支出,它们代表了公司整体的管理和运营成本,并不服务于特定的产品或项目。

不同公司执行差异化的战略必须采取一定的行动来实现差异化,比如以高质量和不断推出新产品为优势参与竞争的企业,其研发成本很可能要高于单纯依靠成本优势、只有一种产品来参与竞争的企业。同样,对于一个试图树立起品牌形象,通过全方位客户服务、通过自建渠道来分销产品的企业来说,销售和管理费用要高于通过仓储式零售或网络平台直销方式销售、且不提供太多客户支持的企业。很多互联网公司就是通过这种仓储式网络直销的方法,压缩了渠道和管理成本,打败了现实中的实体零售商。

除了受到战略差异的影响,销售管理费用还会受到日常活动管理效率的影响。

> **数据解读**:2012—2015年,格力电器的销售和管理费用合计占比从18.8%提高到21.1%。同期,美的集团这一比率则从15%提高到了16.1%,整体比格力电器低约5%左右。

在销售与管理费用对比上,我们可能会产生下面的疑问——

问题12:*相对于美的集团,格力电器的销售管理费用一直处于较高的水平,这种持续存在的差异是什么原因导致的?反映出什么问题?*

销售与管理费用的水平,可以说是与企业战略方向直接挂钩的。

对于以较低毛利率水平为竞争战略的美的集团而言,严格控制销售和管理费用的支出,对保证盈利能力是非常重要的。因为一旦费用失控,将给低毛利企业带来盈利能力低下的严重后果。

假设其销售管理费用与格力电器处于相同水平,从16.1%增加到21.1%,这将对美的集团造成灾难性的打击:导致其营业利润率降低到6%左右,与格力电器的差距就被拉开了。

相比较美的集团，格力电器在空调行业贯彻的是差异化的产品战略，以高端、优质、科技作为产品的核心市场竞争力，这种差异化竞争会带来更高的溢价，但也必然导致格力付出更高的成本。只要格力电器的毛利率溢价能够负担其为此付出的更多成本费用，那这种差异化战略就是成功的。我们看到，尽管在2015年销售下降、毛利率下降的情况下，格力电器的经营利润率仍然保持在11.9%，高出美的集团1%左右，这就说明其差异化战略是相对成功的。

综合来看，美的集团执行的是全产品系的低毛利战略，而格力电器则致力于聚焦空调产品的高毛利战略。两家公司的产品策略、定价策略从根本上来说都是完全不同的，因此有着完全不同的费用成本结构：高毛利下的高管理和销售费用，强调产业统治力下的差异化战略；低毛利下的低管理和销售费用，强调高效率管理下的低成本战略。

2015年美的集团与格力电器的毛利率差异为6.7%，而最终二者在营业利润上的差距缩小到只有1%，这体现出了美的集团在营运效率上对成本的节约，说明其产品组合的低成本战略也是非常成功的。

10.3.1.4 税后经营净利润（NOPLAT）和息税摊折前利润（EBITDA）

NOPLAT和EBITDA是两个非常有效的评价指标，能够从不同侧面评价企业产品的盈利能力。

NOPLAT是衡量企业经营业绩的综合指标，因为它不仅反映了所有的经营成本，而且还消除了债务政策的影响和非正常或非经营性收入项目的影响。剔除掉这些项目后，可以计算出经常性的税后经营净利润率水平。一般而言，由于NOPLAT反映了企业从主营业务活动中所获得的利润，因此如果要根据企业当前的业绩状况预测其未来的发展前景，它就成为一个非常好的参考标准。

两家公司的NOPLAT计算过程如表10.14和表10.15所示。

表10.14 税后经营净利润（NOPLAT）分析表—格力电器

公式	人民币（百万元）	2015	2014	2013	2012
	税后经营净利润				
①	销售收入	97,745	137,750	118,628	99,316

续表

公式	人民币（百万元）	2015	2014	2013	2012
②	净利润	12,624	14,253	10,936	7,446
③	-税后投资净损益	-1,061	-755	-2,232	-671
④	-税后营业外净损益	-1,180	-564	-533	-626
⑤	-税后净利息收入	-1,633	-802	-116	-392
⑥=(①+②+③+④+⑤)	=税后经营净利润	8,750	12,132	8,054	5,757
⑥/①	税后经营净利润%	9.0%	8.8%	6.8%	5.8%
	税后损益计算				
⑦	投资损益净额	1,253	888	2,631	789
⑧	营业外收入（支出）净额	1,393	663	629	736
⑨	财务费用（收入）	-1,929	-942	-137	-461
⑩	×(1-所得税费用/税前利润)	84.7%	85.1%	84.8%	85.0%
⑪=(⑦-⑧-⑨)×⑩	税后调整项合计	-3,874	-2,121	-2,882	-1,689
⑥+⑪	=净利润	12,624	14,253	10,936	7,446

表10.15 税后经营净利润（NOPLAT）分析表—美的集团

公式	人民币（百万元）	2015	2014	2013	2012
	税后经营净利润				
①	销售收入	138,441	141,668	120,975	102,598
②	净利润	13,625	11,646	8,298	6,141
③	-税后投资净损益	-2,067	-911	-1,350	-433
④	-税后营业外净损益	-963	-450	-570	-561
⑤	+税后净利息费用	118	209	468	643
⑥=(①+②+③+④+⑤)	=税后经营净利润	10,713	10,494	6,844	5,790
⑥/①	税后经营净利润%	8%	7%	6%	6%
	税后损益计算				
⑦	投资损益净额	2,435.0	1,094.9	1,629.4	543.4
⑧	营业外收入（支出）净额	1,134	540	688	705
⑨	财务费用	-139	-251	-564	-807
⑩	×(1-所得税费用/税前利润)	85%	83%	83%	80%
⑪=(⑦-⑧-⑨)×⑩	=税后调整项合计	-2,912	-1,152	-1,453	-351
⑥+⑪	=净利润	13,625	11,646	8,298	6,141

> **数据解读**：如果扣除非主营业务的投资损益、营业外损益和利息损益的影响，单纯看主营业务下的经营净利润水平，格力电器在2012—2015的4年里NOPLAT从5.8%提高到9%，美的集团则从5.6%提高到7.7%。

相对于两家公司不同的NOPLAT水平，我们的疑问在于——

问题13：格力电器在2015年度销售大幅下滑的同时还能保持NOPLAT增长的原因是什么？是什么原因导致了两家公司在NOPLAT上的差异？

格力电器2015年在销售大幅下滑29%的基础上还能够保持主营业绩的经营利润水平增长，是很罕见的业绩表现。由于短期内企业的固定成本往往无法缩减，因此销售的大幅下降往往会导致企业盈利水平相应地大幅降低。但格力电器依旧保持良好的盈利能力，其中的主要原因是得益于格力电器拥有很高的流动资产管理效率，这一点本章将会在后面的资产管理水平分析中揭示原因。

美的集团在NOPLAT上的稳步、小幅增长则是受益于它在长期资产使用管理上的高效率，稳定地保证了美的集团的NOPLAT水平，这一点本章也会在后面的资产管理水平分析中揭示原因。

EBITDA是一项重要的揭示企业盈利能力信息的指标，它将非现金性营业费用"折旧和摊销"排除在外，在不考虑长期资产摊折费用的前提下，更加直观地反映企业产品的盈利能力。

这里采用从净利润反推的方式，得出了表10.16和表10.17所示的两家公司的EBITDA数据。

表10.16　EBITDA计算分析表—格力电器

公式	人民币（百万元）	2015	2014	2013	2012
①	销售收入	97,745	137,750	118,628	99,316
②	净利润	12,624	14,253	10,936	7,446
②/①	净利润率%	12.9%	10.3%	9.2%	7.5%
③	所得税费用	2,286	2,499	1,956	1,317
④	利息支出	-1,929	-942	-137	-461
⑤=②+③+④	息税前利润	12,981	15,810	12,755	8,301
⑤/①	息税前利润率%	13.3%	11.5%	10.8%	8.4%

公式	人民币（百万元）				
⑥	折旧与摊销	1,304	1,331	1,195	951
⑥/①	折旧与摊销率%	1.3%	1.0%	1.0%	1.0%
⑦	EBITDA	14,284	17,141	13,950	9,253
⑦/①	EBITDA%	14.6%	12.4%	11.8%	9.3%

表10.17　EBITDA计算分析表—美的集团

公式	人民币（百万元）	2015	2014	2013	2012
①	销售收入	138,441	141,668	120,975	102,598
②	净利润	13,625	11,646	8,298	6,141
②/①	净利润率%	9.8%	8.2%	6.9%	6.0%
③	所得税费用	2,427	2,344	1,714	1,569
④	利息支出	139	251	564	807
⑤=②+③+④	息税前利润	16,190	14,242	10,576	8,517
⑤/①	息税前利润率%	11.7%	10.1%	8.7%	8.3%
⑥	折旧与摊销	2,852	2,493	2,400	2,246
⑥/①	折旧与摊销率%	2.1%	1.8%	2.0%	2.2%
⑦	EBITDA	19,042	16,735	12,976	10,763
⑦/①	EBITDA%	13.8%	11.8%	10.7%	10.5%

数据解读：2012—2015这4年间，格力电器的EBITDA水平从9.3%增长到14.6%，涨幅为5.3%。同期，美的集团的EBITDA水平也从10.5%增长到13.8%，涨幅为3.3%。格力电器实现了EBITDA水平从2012年落后美的集团0.8%到2015年反超0.8%。以2015年为例，我们注意到造成二者EBITDA差异的主要原因是：

首先，两家公司在折旧与摊销比重上存在较大的差距。格力电器折旧与摊销比重约占销售收入的1.3%，但美的集团该比率占到了销售收入的2.1%。

其次，两家公司在利息支出上的状态不同。格力电器在利息上处于净收益状态，这增加了其在净利润上的盈利能力。相反，美的集团则是正常的利息费用。

因此，格力EBITDA最终反超美的的主要原因，是净利润率的上升、利息收益的增加和折旧摊销保持相对较低水平。

对于两家公司EBITDA水平在近4年的不同增长水平，我们产生了如下疑问——

问题14：为什么格力电器的利息支出是收益的状态？为什么两家公司的折旧与摊销占销售收入的比重差距较大？

首先，格力电器之所以能够实现利息收益，主要原因是其高效的营运资本管理水平，这一点，我们将在后面的资产管理效率分析中讲解。

其次，在分析折旧与摊销占销售收入比重的时候，我们可通过公式分解的方式来查找原因。

折旧摊销占销售收入的比重 = 折旧与摊销费用/销售收入 = 折旧与摊销费用/长期资产净值 × 长期资产净值/销售收入 = 1/（资产摊折比 × 销售资产比）

$$对于格力电器，资产摊折比 \times 销售资产比 = 15.46 \times 4.8 = 74.21$$
$$对于美的集团，资产摊折比 \times 销售资产比 = 8.09 \times 6 = 48.54$$

由于格力电器的资产摊折比 × 销售资产比数值更大，导致了其最终的折旧摊销占收入的比重更低。

这个公式的分解非常重要，它说明摊折费用占销售的比重，与两个核心要素相关：

- 资产的新旧程度，即资产摊折比。
- 资产的周转速度，即销售资产比。

它表示：**资产的新旧程度越新、资产的周转速度越快，折旧摊销费用占销售收入的比重就越低，对企业净利润的影响就越小。**

因此，由于格力电器的资产非常新（15.46远大于8.09），虽然美的集团的资产周转速度更快（6大于4.8），但仍无法弥补其资产陈旧上的弱势，最终格力电器在该摊折费用占销售的比率上保持更低的水平。

10.3.2 以投资为导向的盈利性分析

以投资为导向进行盈利性分析，是第二个重要的分支。在这个分支里，我们将通过两个重要指标的拆解，比较两个公司的投资回报率水平。

10.3.2.1　ROE的驱动因素拆解之一

股权回报率（ROE）指标是进行企业投资导向盈利能力分析的起点，它是衡量企业业绩的综合指标，它反映了管理层利用企业股东所投入的资金创造利润的能力。长期来看，公司的所有者权益价值取决于ROE和所有者权益成本之间的关系。也就是说，只有ROE水平大于所有者权益成本时，所有者权益市场价值才会高于它的账面价值，否则，以低于所有者权益成本的ROE水平进行生产经营，本质上就是对股东所有者权益价值的损毁，将导致所有者权益市场价值低于其账面价值。ROE的计算公式为：

$$ROE = 净利润/股东权益 \quad (10.11)$$

同时，该指标的另一个计算公式可以表示为：

$$ROE = 总资产回报率ROA \times 财务杠杆$$
$$= 净利润/资产总额 \times 资产总额/股东权益 \quad (10.12)$$

这个公式反映出ROE指标受两个重要因素的影响：

- 企业运用资产的盈利能力。
- 同权益投资相比，企业的总资产规模有多大，也就是所谓的财务杠杆水平有多高。

总资产回报率表明企业每投入1元的资产所能产生的利润，财务杠杆表明股东每投入1元，企业能够配置多少资产。

ROA指标的计算公式可以表示为：

$$ROA = 净利润/销售收入 \times 销售收入/资产总额 \quad (10.13)$$

综合ROA的计算公式，ROE的计算公式最终可以表示为：

$$ROE = 销售净利率 \times 总资产周转率 \times 财务杠杆 \quad (10.14)$$

在这个公式里，销售净利率表明企业每获得1元的销售收入，能产生多少净利润。资产周转率表明企业每1元的总资产能够产生多少销售收入。

表10.18和表10.19是两家公司的ROE分析表。

表10.18　ROE分析表—格力电器

公式	人民币（百万元）	2015	2014	2013	2012
①	销售收入	97,745	137,750	118,628	99,316
②	净利润	12,624	14,253	10,936	7,446
③=②/①	净利润率	12.9%	10.3%	9.2%	7.5%
④	总资产	161,698	156,231	133,702	107,567
⑤=①/③	资产周转率	0.60	0.88	0.89	0.92
⑥=⑤×③	总资产回报率ROA	7.8%	9.1%	8.2%	6.9%
⑦	股东权益	48,567	45,132	35,467	27,580
⑧=④/⑦	财务杠杆	3.33	3.46	3.77	3.90
⑨=⑥×⑧	股权回报率ROE	26.0%	31.6%	30.8%	27.0%

表10.19　ROE分析表—美的集团

公式	人民币（百万元）	2015	2014	2013	2012
①	销售收入	138,441	141,668	120,975	102,598
②	净利润	13,625	11,646	8,298	6,141
③=②/①	净利润率	9.8%	8.2%	6.9%	6.0%
④	总资产	128,842	120,292	96,946	87,737
⑤=①/③	资产周转率	1.07	1.18	1.25	1.17
⑥=⑤×③	总资产回报率ROA	10.6%	9.7%	8.6%	7.0%
⑦	股东权益	56,032	45,732	39,081	33,166
⑧=④/⑦	财务杠杆	2.30	2.63	2.48	2.65
⑨=⑥×⑧	股权回报率ROE	24.3%	25.5%	21.2%	18.5%

> **数据解读**：2012—2015这4年间，美的集团与格力电器的ROE差距，从2012年相差8.5%到2015年只差1.7%，发生了非常大的变化。美的集团在这4年间，ROE水平从18.5%增长到了24.3%，而格力电器却从27%后退到26%。

问题15：是什么原因导致美的集团在4年的时间里ROE水平快速增长，同时，格力电器的ROE却发生了倒退？

我们可以从几个驱动因素指标变动出发，来分析美的集团是怎样一点点缩小与格力电器的ROE差距的。

首先，分析净利润率和资产周转率水平。

格力电器由于2015年空调销售收入的大幅降低，其资产周转率降低到了0.6，而美的集团却仍保持在1.07的较高水平，这个指标是拉开两者ROE水平的首要决定因素。美的集团的净利润率在低于格力3个百分点的情况下，通过高效的资产周转率，使得其在总资产回报率指标上超出了格力电器3个百分点。

其次，比较二者的财务杠杆使用水平。

格力电器的财务杠杆使用水平一直高于美的集团，使得其在相同股东权益的基础上撬动的资源都要高于美的集团，这使格力的ROE最终高出美的2个百分点。

通过因素驱动分析看出，美的集团拥有更高的总资产回报率（ROA），这是其在近几年内不断提高ROE水平的关键因素。但是由于格力电器更好地利用了财务杠杆的优势，最终还是创造了比美的集团更高的ROE。

10.3.2.2 ROE的驱动因素拆解之二

ROE指标有自身的不足，因为它的分母仅包括股东的投资，而分子却包括全部资产投入所产生的收益利润，这明显不匹配。企业的资产本身包括经营资产以及一些金融资产，净利润包括经营活动所产生的利润以及融资决策所导致的利息收入与利息费用。经营因素与融资因素都会影响企业业绩。同时，由于企业可以用现金和短期投资来偿还公司资产负债表中的负债，所以现金和短期投资本质上是有息债务的抵减项目，而ROE所用到的财务杠杆比率并没有考虑这些问题。

为了解决这个问题，我们继续以ROE为基础，利用息前税后净利润这个指标对ROE进行经营资产回报率的分解。

主要公式包括：

$$税后净利息费用 = （利息费用 - 利息收入）\times （1 - 所得税税率） \quad (10.15)$$

$$息前税后净利润 = 净利润 + 税后净利息费用 \quad (10.16)$$

经营性营运资本＝（流动资产－现金及有价证券）－（流动负债－短期有息负债－1年内到期的长期有息负债）（10.17）

长期资本净额 = 长期资产总额 － 无息长期负债（10.18）

负债净额 = 付息负债总额 － 现金及有价证券（10.19）

资本净额＝经营性营运资本＋长期资本净额＝负债净额＋股东权益（10.20）

经过分解之后的ROE，股权回报率公式如下：

ROE =（息前税后净利润 － 税后净利息费用）/股东权益

= 息前税后净利润/资本净额×资本净额/股东权益－税后净利息费用/负债净额×负债净额/股东权益

= 息前税后净利润/资本净额×（1+负债净额/股东权益）－税后净利息费用/负债净额×负债净额/股东权益

= 经营资产回报率+（经营资产回报率－税后实际利息率）×净财务杠杆

= 经营资产回报率+利差×净财务杠杆（10.21）

公式中的经营资产回报率（Operating ROA）用来衡量企业配置经营资产以产生经营利润的能力。如果企业完全是股权融资，那么经营资产回报率就等于企业的股权回报率。经营资产回报率与税后实际利息率的差额（即：利差）是企业利用债务融资所附加的经济效应。只要经营资产回报率大于借款的成本，借款的经济效应就是正效应。如果企业的经营资产回报率不足以支付利息成本，那么其股权回报率会由于借款而降低。正的和负的经济效应都会被放大，放大的程度取决于负债净额与股东权益的比率，也就是公式中的净财务杠杆。因此，利差乘以净财务杠杆，就可以用来衡量股东所获得的全部财务杠杆利得，反映了它对盈利能力的放大影响额。

而经营资产回报率还可以被进一步分解为息前税后净利润率和经营资本周转率：

经营资产回报率 = 息前税后净利润/销售收入×销售收入/资本净额（10.22）

息前税后净利润率是从无负债、无杠杆的角度来衡量企业销售的盈利能力的，经营资本周转率衡量的是企业使用资本净额获取销售收入的能力。

运用上述思路对格力和美的集团的股权回报率进行分解，如表10.20和表10.21所示。

表10.20　ROE分解分析表—格力电器

公式	人民币（百万元）	2015	2014	2013	2012
①	销售收入	97,745	137,750	118,628	99,316
②	税后净利息费用	-1,633	-802	-116	-392
③	净利润	12,624	14,253	10,936	7,446
④	息前税后净利润	10,991	13,451	10,819	7,054
⑤=④/①	息前税后净利润率	11.2%	9.8%	9.1%	7.1%
⑥	资本净额	22,240	46,685	31,188	20,169
⑦=①/⑥	资本净额周转率	4.4	3.0	3.8	4.9
⑧=⑤×⑦	息前税后资本回报率	49.4%	28.8%	34.7%	35.0%
⑨	净负债	-26,326	1,554	-4,279	-7,411
⑩=⑧-②/⑨	利差	43%	80%	32%	30%
⑪	净财务杠杆	-0.5	0.035	-0.1	-0.3
⑫=⑩×⑪	财务杠杆利得	-23.4%	2.8%	-3.9%	-8.0%
⑧+⑫	股权回报率	26.0%	31.6%	30.8%	27.0%

表10.21　ROE分解分析表—美的集团

公式	人民币（百万元）	2015	2014	2013	2012
①	销售收入	138,441	141,668	120,975	102,598
②	税后净利息费用	118	209	468	643
③	净利润	13,625	11,646	8,298	6,141
④	息前税后净利润	13,743	11,856	8,765	6,784
⑤=④/①	息前税后净利润率	9.9%	8.4%	7.2%	6.6%
⑥	资本净额	50,805	50,385	33,773	34,207
⑦=①/⑥	资本净额周转率	2.7	2.8	3.6	3.0
⑧=⑤×⑦	息前税后资本回报率	27.0%	23.5%	26.0%	19.8%
⑨	净负债	-5,227	4,653	-5,308	1,042
⑩=⑧-②/⑨	利差	29%	19%	35%	-42%
⑪	净财务杠杆	-0.1	0.1	-0.1	0.0
⑫=⑩×⑪	财务杠杆利得	-2.7%	1.9%	-4.7%	-1.3%
⑧+⑫	股权回报率	24.3%	25.5%	21.2%	18.5%

> **数据解读**：在2012—2015年的这4年里，格力电器的息前税后资本回报率从35%增长到了49.4%，涨幅为14.4%。同期，美的集团的息前税后资本回报率从19.8%增长到27%，涨幅为7.2%。
>
> 由于两家公司账面持有的现金数量都大于其有息负债的金额，使得它们的净负债都为负数，这就直接导致了两家公司的财务杠杆利得也都为负数。
>
> 息前税后资本回报率与财务杠杆利得之和，得到了最终的股权回报率水平。

问题16：格力电器的经营资产回报率大幅高于美的集团的原因是什么？财务杠杆利得为负数说明什么问题？

首先，由于两家公司账面持有的现金数量都大于其有息负债的金额，使得它们的净负债都为负数，这就直接导致了净财务杠杆为负的局面。负数的净财务杠杆，代表了两家公司没有能够有效利用有息负债的财务杠杆撬动作用，反而使大量的账面资金闲置在账面上，换句话说，**这两家公司的借款都没能真正在主营业务中发挥作用，而仅仅是躺在账上当作现金或作为非主营业务提供利息收入**。

其次，两家公司的经营资产回报率存在巨大差异的原因，主要是因为格力电器拥有非常高的经营资产周转率。格力电器由于大量使用无息负债（应付账款）为其经营资本融资，导致其所需占用资金量的大幅下降。经对比可以发现，2015年格力电器的经营资产总额为222.4亿元，而美的集团为508亿元。格力的经营资产总额不足美的集团的一半，这体现了格力电器在经营资产运用上的高效率：仅使用了不到美的一半的经营资产就创造了相近的销售水平。

上述分析说明，格力电器凭借单一空调产品竞争的优势在空调细分行业内取得了供应链的控制地位，从而能够利用供应商的应付账款和渠道商更好的回款政策来为自身的经营融资，实现了很高的经营资产周转效率。

相比而言，美的集团在产业供应链环节的控制力较弱，使得美的集团的净经营资产总额是格力电器的两倍多，具体的深入分析我们在下面ROIC的分析中会找到解答。

10.3.2.3 投资资本回报率（ROIC）的驱动因素拆解

尽管改进后的**ROE**分解，已经克服了其原有的一些缺陷，但是**ROE**仍然存在自身的问题：它仍从权益投资者的角度出发，考察企业带给股东的权益回报率水平。这忽视了债权人投入的债权资本的增值情况，即我们也需要考察企业投入的股权资本和债务资本的合计资本回报率水平，因此需要一个全面考察企业投资回报指标的出现，这就是投资资本回报率（ROIC）。

ROIC是将有息负债和权益投资结合起来作为投资总额来考察回报的综合指标，它的计算公式可以表示为：

投资资本回报率（ROIC）=税后经营净利润/投资资本净额=（1-企业所得税率）×息税前利润/销售收入×销售收入/投资资本净额 （10.23）

这个等式揭示了投资资本回报率的三个驱动因素：税率的影响、经营净利润率的影响和资本周转率的影响。针对经营净利润率影响的分析，可以回到"百分比损益表"小节中，考察它的相关分析结果。

针对资本周转率的分析，我们通过分拆投资资本净额的方式，对资产周转率的计算公式进行拆解：

投资资本净额=有息负债+权益资本 = 营运资本需求+长期资产 （10.24）

这样，就可以把销售收入/投资资本净额这个公式拆解成为：

销售收入/投资资本净额= 1/(投资资本净额/销售收入)

= 1/(营运资本需求/销售收入 + 长期资产/销售收入)

=1/(1/营运资本周转率 + 1/长期资产周转率) （10.25）

经过这样的拆解，可以揭示出ROIC的两个更为核心的驱动因素指标：营运资本周转率和长期资产周转率。这也说明了资本结构和资产管理能力对一家公司而言是多么重要。关于具体的资本周转效率的讲解，我们会在本章后面的内容中进行阐述。

两家公司的ROIC分解分析表如表10.22和表10.23所示。

表10.22　ROIC分解分析表—格力电器

公式	人民币（百万元）	2015	2014	2013	2012
①	营运资本净额	-18,002	11,050	1,587	-2,138
②	长期资产净额	40,242	35,635	29,601	22,307
③=①+②	资本净额总计	22,240	46,685	31,188	20,169
④	税后经营净利润	8,750	12,132	8,054	5,757
④/③	ROIC	39.3%	26.0%	25.8%	28.5%

表10.23　ROIC分解分析表—美的集团

公式	人民币（百万元）	2015	2014	2013	2012
①	营运资本净额	16,047	17,765	2,507	2,256
②	长期资产净额	34,758	32,619	31,265	31,951
③=①+②	资本净额总计	50,805	50,385	33,773	34,207
④	税后经营净利润	10,713	10,494	6,844	5,790
④/③	ROIC	21.1%	20.8%	20.3%	16.9%

> 数据解读：2012—2015年间，格力电器的ROIC从28.5%增长到39.3%，同期，美的集团的ROIC从16.9%增长到21.1%。两家公司之间的差距逐渐拉大，从2012年相差11.6%到2015年相差18.2%。

问题17：两家公司ROIC差异较大的原因是什么？又是什么因素导致两家公司在这4年中的ROIC差距继续拉大？

通过比较格力电器和美的集团的ROIC数据可以看到，尽管在ROE指标上，二者的差别并不是很大，但是当放眼全部投资资本净额的回报水平时可发现，二者的差距被拉大了。

首先，初看ROIC指标，格力电器要远远好于美的的投资回报水平，它只用了美的不到50%的资本投入水平，就创造出了将近是它2倍的ROIC。

其次，格力电器2015年的税后经营净利润虽然较2014年大幅降低，但其营运资本净额在2015年突然骤降为负数，使得格力电器的资本净额合计数大幅降低，仍保证了格力电器ROIC的大幅增长。

第三，在长期资本净额数字上也能比较出两家公司存在很大差异。格力电器这几年的长期资本净额增长非常迅速，而美的集团的长期资产净额几年内保持平稳增长。这个事实说明，格力电器为了产出相同水平的税后经营净利润，所使用的长期资产净额逐年上升，表示出格力电器在长期资产的使用效率上呈降低的趋势。相反，美的电器的长期资本净额一直保持较为稳定的状态，如果单独考察长期资产净额创造税后经营净利润的能力的话，美的集团将会稳健地超越格力电器。

分析到这里，我们也能够看出，即便格力电器的长期资产使用效率较低，但凭借其强大的供应链控制力，通过营运资本的节约，仍然能够创造更高的ROIC投资回报率水平，这也是格力电器一种特殊的盈利模式。

10.3.3 盈利性分析的初步结论

在公司的盈利性分析环节，我们遵循了"两个导向，一座桥梁"的原则。

首先，在销售利润分析导向上，格力电器依靠主要的单一空调产品、超高的市场占有率、强大的供应链控制力及议价能力，保证和延续着它稳定的高毛利率水平。与之相反，美的集团凭借有效的产品组合策略、高效的长期资产利用率、低成本制造管理能力，保证了它能够在低毛利的情况下以成本优势取得市场的认可。

其次，在投资回报率分析导向上，资产周转率这座桥梁对回报水平产生了重要的影响。格力电器在营运资本使用上保持了极高的效率水平，凭借对供应链的控制力，使其可以占用供应商和渠道商的资金为其营运资本进行融资，从而保证了极高的经营资产回报率，并最终在ROE和ROIC两个指标上都领先于美的集团。相反，美的集团则通过对长期资产的更高效率的使用，更有效率、更低成本地组织产品制造，保证了较高的长期资产回报率和周转率，使得其在营运资本净额较大的情况下，仍能取得不错的ROE和ROIC水平。两家公司的盈利模式和营运特点各不相同。

10.4 企业现金存量分析：结构与效率并重

分析企业的现金存量有两条路径：一条是结构分析，用管理资产负债表分析企业的资本结构健康程度。另一条是效率分析，通过各种资本周转比率来分析企业的资产管理效率。

10.4.1 管理资产负债表——资本结构分析

首先，需要通过对资产负债表进行重组和简化，才能看清一家企业的资本结构和主要组成部分。重组后的资产负债表不再是"资产=负债+权益"的等式，而是变成了"资本来源=资本运用"的等式和"资产总额=资本总额"的等式。

管理资产负债表的上半部分代表企业的资本运用，是企业对这些资本的运用方式，包括长期资产净额、营运资本需求以及现金盈余。管理资产负债表的下半部分代表企业的资本来源，也就是资本净额，包括短期借款、长期借款和权益资本，它们提供了企业营运所需的现金来源。

两家公司的管理资产负债表如表10.24和表10.25所示。

表10.24 管理资产负债表—格力电器

人民币（百万元）	2015	2014	2013	2012
营运资本净额				
应收账款	19,717	55,976	50,375	38,218
+存货	9,474	8,599	13,123	17,235
-应付账款	39,842	40,095	47,651	47,279
+其他流动资产	1,939	939	447	428
-其他短期负债	9,290	14,369	14,707	10,740
=营运资本净额	-18,002	11,050	1,587	-2,138
+长期资产净额				
长期有形资产	17,499	16,201	15,902	15,005
+长期无形资产	2,656	2,480	2,370	1,635
+其他长期资产	9,430	8,214	5,725	2,959
+长期投资性资产和贷款	11,164	9,192	5,972	2,880
-递延税款	244	257	329	160
-其他长期负债（无息）	262	195	40	11
=长期资产净额	40,242	35,635	29,601	22,307
=资产总额	22,240	46,685	31,188	20,169
负债净额				
短期负债	63,494	53,924	34,133	20,812
+长期负债	-	2,259	1,375	984
-现金	89,820	54,630	39,788	29,207
=负债净额	-26,326	1,554	-4,279	-7,411

续表

人民币（百万元）	2015	2014	2013	2012
+股东权益	48,567	45,132	35,467	27,580
=长期融资净额	48,567	47,390	36,842	28,565
=资本净额总计	22,241	46,685	31,188	20,169

表10.25　管理资产负债表—美的集团

人民币（百万元）	2015	2014	2013	2012
营运资本净额				
应收账款	24,250	27,920	24,537	24,053
+存货	10,449	15,020	15,198	13,350
-应付账款	40,144	36,779	28,800	28,587
+其他流动资产	34,929	27,775	1,489	3,251
-其他短期负债	13,437	16,171	9,916	9,811
=营运资本净额	16,047	17,765	2,507	2,256
+长期资产净额				
长期有形资产	19,685	20,184	20,185	21,853
+长期无形资产	3,392	3,432	3,326	3,672
+其他长期资产	3,675	4,539	3,215	1,381
+长期投资性资产和贷款	6,329	2,779	1,963	1,795
+商誉	2,393	2,932	2,931	3,473
-递延税款及收益	520	368	124	86
-其他长期负债（无息）	197	877	230	137
=长期资产净额	34,758	32,619	31,265	31,951
=资产总额	50,805	50,385	33,773	34,207
负债净额				
短期负债	18,423	20,194	17,931	12,412
+长期负债	90	172	864	3,538
-现金	23,740	15,713	24,103	14,908
=负债净额	-5,227	4,653	-5,308	1,042
+股东权益	56,032	45,732	39,081	33,166
=长期融资净额	56,122	45,904	39,945	36,703
=资本净额总计	50,805	50,385	33,773	34,207

　　在资本结构分析上，我们使用易变现率这个指标来度量企业的资本结构健康程度，它代表了企业中长期融资的充足程度和对长期资产的覆盖程度：

易变现率=（长期融资−长期资产净额）/营运资本净额（10.26）

两家公司的易变现率指标对比如表10.26和表10.27所示。

表10.26 易变现率指标—格力电器

公式	人民币（百万元）	2015	2014	2013	2012
①	长期融资	48,567	47,390	36,842	28,565
②	长期资产净额	40,242	35,635	29,601	22,307
③	营运资本净额	-18,002	11,050	1,587	-2,138
(①-②)/③	易变现率	-0.5	1.1	4.6	-2.9

表10.27 易变现率指标−美的集团

公式	人民币（百万元）	2015	2014	2013	2012
①	长期融资	56,122	45,904	39,945	36,703
②	长期资产净额	34,758	32,619	31,265	31,951
③	营运资本净额	16,047	17,765	2,507	2,256
(①-②)/③	易变现率	1.3	0.7	3.5	2.1

> **数据解读**：2012—2015年间，格力电器的易变现率表现得不稳定，主要原因是它的营运资本净额波动较大，不仅正负偏离很多，而且在2013—2014两年为正的情况下，数值偏离程度也很高。同期，美的集团的易变现率也主要受到营运资本净额的影响。2012—2013年间，营运资本净额较小的时候，其易变现率很高；2014—2015年间，营运资本净额大幅增加后，易变现率降低到2015年的1.3左右。

问题18：易变现率小于0、大于0、大于1分别代表什么意思？两家公司的易变现率变化情况反映了什么问题？

首先，易变现率的含义非常丰富：

- 当易变现率<0且营运资本净额>0的时候，意味着长期融资<长期资产净额，出现的资金缺口将由短期融资来弥补，出现了"短债长投"的错配现象，意味着公司存在较高的流动性风险。
- 当易变现率<0且营运资本净额<0的时候，意味着长期融资>长期资产净额的同时，企业的营运资本净额不仅不占用资金，而且还创造盈余的资金。这样，在长期融资出现资金盈余的情况下，营运资本还在创造短期资金盈余，意味着公司的现金流处于非常优秀的流动性状态。
- 当0<易变现率<1的时候，意味着长期融资>长期资产净额，出现了长期资金的部分盈余，这些盈余将用来弥补短期资金需求，即营运资本净额中有一部分融资的来源是长期资金。"长债短投"意味着公司在资本匹配上相对稳健，流动性情况相对较好，缓冲较大。
- 当易变现率>1的时候，意味着不仅长期融资>长期资产净额，还意味着长期资金的盈余部分完全覆盖了营运资本净额，除此之外仍有剩余。这说明，营运资本净额中的全部资金来源都是长期资金，意味着公司在资本匹配上过于稳健，可能会出现融资成本过高的情形。

其次，格力电器的易变现率指标较好，反映了它有很强的营运资本管理能力。美的集团的易变现率指标，反映了它有很好的长期资产管理能力。两家公司依靠不同的能力，都保持着相对较好的流动性水平。它们的长期融资不仅可以覆盖公司的长期资产投资，还覆盖了公司营运资本的全部需求。除此之外，还有现金剩余。

这两家公司都属于非常优秀的企业。对很多公司特别是制造业公司而言，易变现率大都是小于1的水平，也就是说，很多公司的长期融资不能完全覆盖营运资本净额，还要依赖短期融资来弥补缺口。

以上分析了两家企业的资本结构情况，下面来分析两家企业的资产管理水平。

10.4.2 对资产管理效率的评价

资产周转率是企业股权回报率的第二个驱动因素，也是衡量企业资产管理水平的重要指标。由于企业把相当一部分资源投入在资产上，因此高效率地利用资产对企业整体的盈利能力就变得至关重要。

对于资产管理效率，存在两个主要的评价领域：长期资产管理和营运资本管理。

10.4.2.1 长期资产管理分析

在考察企业长期资产的利用效率时，本章使用下面这些公式：

长期资产净额 = 长期资产总额 − 无息长期负债（10.27）

长期资产净额和营运资本净额之和，也等于负债净额和权益之和，即资本净额。

企业利用长期资产净额的效率可以通过长期资产周转率这个比率来衡量：

长期资产周转率=销售收入/长期资产净额（10.28）

财产、厂房及设备（PPE）是企业资产负债表中最重要的长期资产，企业对该项资产的利用效率可以用PPE与销售收入的比率或周转率来衡量：

PPE周转率 = 销售收入/PPE净额（10.29）

10.4.2.2　营运资本管理分析

在考察企业营运资本管理效率时，本章使用下面这些公式：

经营性营运资本=（流动资产-现金及有价证券）−（流动负债-短期负债或一年内到期的长期负债）（10.30）

为了维持企业的正常运转，需要投入一定量的营运资本。企业对供应商的信用政策、对客户与渠道商的分销政策以及行业内的付款惯例决定了企业应付账款和应收账款的最佳水平。生产过程的特点和对缓冲库存的需要决定了存货的最佳水平。

经营性营运资本与销售收入的比率 = 经营性营运资本/销售收入（10.31）
经营性营运资本周转率 = 销售收入/经营性营运资本（10.32）
应收账款周转率 = 销售收入/应收账款（10.33）
存货周转率 = 销售成本/存货（10.34）
应付账款周转率 = 销售成本/应付账款（10.35）
应收账款周转天数 = 应收账款/日平均销售收入（10.36）
存货周转天数 = 存货/日均销售成本（10.37）
应付账款周转天数 = 应付账款/日均销售成本（10.38）

经营性营运资本周转率表明企业每投入1元的经营性营运资本，能产生多少销售收入。利用应收账款、应付账款和存货周转率指标，可以对企业经营性营运资本的三个基本要素的使用效率进行分析。

表10.28和表10.29所示的是两家公司在资产管理效率上的数据比较。

表10.28 经营周转效率分析—格力电器

人民币（百万元）	2015	2014	2013	2012
经营性营运资本/销售收入	-18.4%	8.0%	1.3%	-2.2%
长期资产净额/销售收入	41.2%	25.9%	25.0%	22.5%
PPE/销售收入	17.9%	11.8%	13.4%	15.1%
营运资本周转率	-5.4	12.5	74.8	-46.5
长期资产周转率	2.43	3.87	4.01	4.45
PPE周转率	5.59	8.51	7.46	6.62
应收账款周转率	5.50	2.59	2.46	2.78
存货周转率	6.97	10.24	6.13	4.25
应付账款周转率	2.05	2.61	2.25	2.39
应收账款周转天数	66.32	140.81	148.14	131.45
存货周转天数	52.38	35.66	59.58	85.94
应付账款周转天数	178.15	139.61	161.94	152.82

表10.29 经营周转效率分析—美的集团

人民币（百万元）	2015	2014	2013	2012
经营性营运资本/销售收入	11.6%	12.5%	2.1%	2.2%
长期资产净额/销售收入	25.1%	23.0%	25.8%	31.1%
PPE/销售收入	14.2%	14.2%	16.7%	21.3%
营运资本周转率	8.6	8.0	48.2	45.5
长期资产周转率	3.98	4.34	3.87	3.21
PPE周转率	7.03	7.02	5.99	4.69
应收账款周转率	5.95	5.35	5.48	4.61
存货周转率	9.83	7.04	6.11	5.95
应付账款周转率	2.97	3.22	3.90	3.18
应收账款周转天数	61.33	68.17	66.62	79.16
存货周转天数	37.15	51.88	59.76	61.33
应付账款周转天数	122.76	113.25	93.66	114.93

数据解读：2012—2015年间，格力电器的长期资产周转率不断下降，从2012年的4.45下降到2015年的2.43，营运资本周转率则处于较为波动的状态。应收账款周转天数由于2015年销售收入的下降而出现大幅好转，存货

> 及应付账款周转天数相对保持稳定的状态。
>
> 同期，美的集团营运资本周转率从2012年的45.5下降到2015年的8.6，长期资产周转率则从2012年的3.21上升到2015年的3.98。应收账款及存货周转天数都有一定程度的改善。

问题19：两家公司的资产周转率各有哪些特点？体现了哪些趋势？

首先，在管理营运资本需求上，格力电器效率很高，其2015年的经营性营运资本占销售收入总额的比例为负数，说明其日常的生产经营不仅不占用企业的现金流，反而成为创造企业现金流的源泉。这是几个因素综合作用的结果，包括：严格的存货管理、迟缓的供应商支付政策、较少的短期负债和较少的应收账款余额。

但这种低营运资本是否可持续呢？通过营运资本在这4年内的大幅波动来看，我们有理由对它的稳定性持怀疑态度。

相反，美的集团的营运资本占销售收入比重超过了10%，与格力相比有较大的差距。虽然在应收账款周转率和存货周转率上美的都有优势，但在应付账款周转率上，美的大大落后于格力。说明格力是通过在供应商支付政策上以比美的效率更高、话语权更强的方式为其经营活动提供了充裕的现金流，这体现了格力在空调产业链上对供应商强大的控制力。

第二，在其他资产周转效率上，则是美的集团全面超越格力电器的状态。长期资产周转率、PPE周转率、应收账款周转率、存货周转率，美的集团都要优于格力电器。特别是对于长期资本的周转效率提升，保证了美的集团只用较少的长期投资便可以支持其销售收入的稳定和持续，这源于其长期资产使用的高效率。

10.4.3 融资能力与财务杠杆分析

企业进行债务融资有几个潜在好处：1）债务成本一般比权益成本低，因为企业事先向债权人承诺了还款条件和固定的利息收入。2）债务融资利息可以抵税，而股利则不可以。3）债务融资可以促使企业加强管理，减少支出浪费。

基于上述原因，企业在资本结构中至少使用一部分债务是大有好处的。但如果过度依赖债务融资，股东可能要付出代价。因为一旦无法偿还，企业就要面临财务困境。所以债权人会将一些保护性条款强加给企业，以对企业的经营、投资和融资决策加以限制。

企业的最优资本结构主要取决于企业所面临的经营风险和市场机遇。当几乎没有竞争或没有技术变革的威胁时，企业的现金流量比较容易预测。这样的企业，经营风险很低，因此可以大量依赖债务融资。反之，如果企业经营现金流量波动很大，而且资本支出需求也无法预测，那么企业不得不主要依赖权益融资。图10.4所示的是资本结构分析逻辑图。

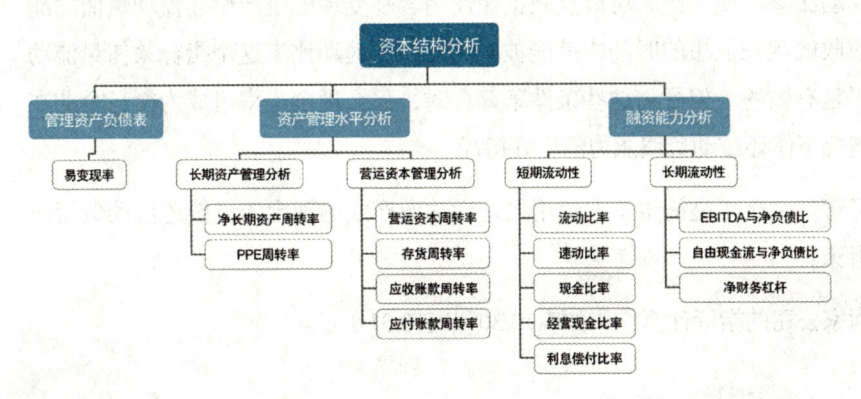

图10.4 资本结构分析逻辑图

10.4.3.1 对融资管理水平的评价：财务杠杆绩效

财务杠杆可以使企业拥有超过其权益投资水平的资产总额。企业可以运用借款和其他债务，如应付账款、预提债务、递延税款等，来增加总资产水平。只要负债的成本低于利用所投资金得到的回报，财务杠杆就能提高企业的股权回报率。从这个角度看，将有息负债与其他债务进行区分分析是非常重要的。比如，应付账款或递延税款，都没有任何利息费用；融资租赁债务和养老金福利债务等，都有隐含的利息费用。

本章已经在ROE的拆解中分析了财务杠杆对盈利能力的放大作用，此处不再赘述。

10.4.3.2 短期负债和短期流动性

评价企业与流动负债有关风险的比率都比较传统，也是大家所熟知的几个比率，包括：流动比率、速动比率、现金比率、经营现金比率。这4个比率能够从不同侧面衡量企业偿付流动负债的能力。其中，前3个比率是将流动负债与能用来偿付这些债务的短期资产进行比较，而第4个比率侧重于考察企业经营活动产生的现金能够偿付其流动负债的能力。

由于流动资产和流动负债在期限上配比，所以流动比率是衡量企业短期流动性的主要指标。如果流动比率大于1，表明企业能够用流动资产变现产生的现金来偿还流动负债。但如果一些资产不易变现，即使流动比率大于1，企业仍可能面临短期的流动性问题。

速动比率和现金比率可以反映企业使用容易变现的资产偿还流动负债的能力。应收账款在很短的时间内就能被收回时，用速动比率这个指标来衡量流动性水平是有效的。但是当这些条件不符合时，那么现金比率可成为衡量企业在紧急情况下偿还流动负债能力的更好指标。

经营现金比率是衡量企业使用经营活动所产生的现金流量偿还流动负债能力的指标。

两家公司的指标计算结果如表10.30和表10.31所示。

表10.30　短期偿债能力分析—格力电器

人民币（百万元）	2015	2014	2013	2012
流动比率	1.07	1.11	1.08	1.08
速动比率	0.99	1.03	0.94	0.86
现金比率	0.80	0.50	0.41	0.37
经营现金比率	0.39	0.17	0.13	0.23

表10.31　短期偿债能力分析—美的集团

人民币（百万元）	2015	2014	2013	2012
流动比率	1.30	1.18	1.15	1.09
速动比率	1.15	0.98	0.88	0.83
现金比率	0.24	0.13	0.34	0.29
经营现金比率	0.37	0.34	0.18	0.16

> **数据解读**：2012—2015年间，格力电器的流动比率和速动比率都保持相对稳定的状态，现金比率和经营现金比率则都处于持续上升的状态。
>
> 同期，美的集团的流动比率、速动比率、经营现金比率都保持稳定上升的状态，现金比率在2014年大幅下降后2015年又回升到较为正常的水平。

问题20：两家公司的短期偿债比率各有什么特点？反映了什么问题？

通过数据对比可以看出，美的集团在流动比率和速动比率上都占据优势，但在现金比率和经营现金比率上，格力电器却占据了优势。

与美的集团相比，格力电器大额的应付账款使得它在营运活动中为公司创造现金流入，导致了更多的现金流占比。同时，由于美的集团的库存周转和应收账款周转都要好于格力集团，这是美的集团的流动比率和速动比率都高于格力电器的原因。

总体来看，两家公司的流动性状况都比较令人满意，不太可能成为短期债权人关注的焦点。

10.4.3.3 借款和长期偿债能力

评价企业资本结构中负债和权益的组合情况时，我们使用下面这些比率。

第一，负债与权益比率，这是影响股权回报率的三个基本比率之一，即权益乘数的变形。

第二，借款与权益比率，表明股东每投资1元，企业使用了多少元的借款融资。

第三，借款净额与权益比率，使用借款净额来衡量企业的借款情况，借款净额等于借款总额减去现金及有价证券。

第四，借款与资本比率、借款净额与资本净额比率这两个指标都把借款看作资本总额的一部分来衡量借款在资本总额中所占的比例。

除了上述指标以外，还需要通过两个指标来衡量企业偿还利息的难易程度：

利息偿付比率（以盈余为基础）＝（净利润＋利息费用＋税收费用）/利息费用（10.39）

利息偿付比率（以现金流为基础）＝（经营活动产生的现金流量＋利息费用＋支付的税款）/利息费用（10.40）

以盈余为基础的偿付比率表明对于要偿还每1元利息，有多少盈余可以使用。以现金流为基础的偿付比率则表明与要偿还的每1元利息对应的经营活动所产生的现金流量是多少。两家公司的指标对比如表10.32和表10.33所示。

表10.32 长期偿债能力分析—格力电器

人民币（百万元）	2015	2014	2013	2012
负债与权益比率	2.33	2.46	2.77	2.90
借款与权益比率	1.31	1.24	1.00	0.79
借款与资本比率	0.57	0.55	0.50	0.44
利息偿付比率（盈余）	N/A	N/A	N/A	N/A
利息偿付比率（现金流）	N/A	N/A	N/A	N/A
借款总额/EBITDA比	4.45	3.28	2.55	2.36
自由现金流/借款总额比	0.62	0.29	0.30	0.65

表10.33 长期偿债能力分析—美的集团

人民币（百万元）	2015	2014	2013	2012
负债与权益比率	1.30	1.63	1.48	1.65
借款与权益比率	0.33	0.45	0.48	0.48
借款与资本比率	0.25	0.31	0.32	0.32
利息偿付比率（盈余）	98.07	46.34	14.71	7.61
利息偿付比率（现金流）	192.64	98.63	17.82	10.02
借款总额/EBITDA比	0.97	1.22	1.45	1.48
自由现金流/借款总额比	0.47	-0.20	0.51	0.26

> **数据解读**：格力电器在2012—2015这4年里，负债与权益比率处于稳步下降的趋势，但借款与权益比、借款与资本比、借款总额与EBITDA比却都处于上升的趋势。
>
> 同期，美的集团的负债与权益比、借款与权益比、借款与资本比、借款与EBITDA比都处于下降趋势。同时，利息偿付比率指标都处于快速上升的状态。

问题21：两家公司的长期偿债比率各有什么特点？反映了什么问题？

格力电器在负债比重不断降低的同时，借款的比率在不断升高。凭借着充裕的现金流创造的利息收入，使得格力没有对外利息的负担。在EBITDA与借款总额比率和自由现金流与借款总额比率这两个指标上，都体现出格力具有很强的盈利能力和现金流转化能力。

美的集团虽然在现金流上没有格力电器那样充裕，但在利息偿付比率上也有极高的安全保障。由于在盈利能力和现金流能力上逊色于格力电器，因此导致美的集团在EBITDA与借款总额比率和自由现金流与借款总额比率上都要弱于格力电器。

10.4.4 企业现金存量分析结论

从资本结构比较来看，格力电器由于营运资本带来的融资效应，抵减了长期资产对于长期融资的需求，最终使得其资本总额非常低，相对比美的集团体现出了"轻资本"的优势。

从资产效率比较来看，美的集团在长期资产周转效率上的相对优势明显，使得其长期资产能够保持在稳定的较低水平。

在融资能力分析上，两家公司都拥有很健康的流动性。由于美的集团的库存周转和应收账款周转都要好于格力集团，因此使得美的集团在流动比率和速动比率上都占据优势；格力电器大额的应付账款使得它在营运活动中为公司创造现金流入，使得其在现金比率和经营现金比率上占据了优势。

总之，相对于美的集团，格力电器拥有更高的负债杠杆比例，更低的速动和流动比率，但格力电器凭借着更高的资产管理效率、更高的盈利能力和现金流水平，使得较高的负债杠杆没有成为业绩的负担，反而成为格力电器加速发展的有力武器。美的集团则在整体的资本结构上保持着更为稳健和均衡的风格，各项指标均维持在合理的水平内。

10.5 企业现金流量分析

通过分析现金流量表，可以进一步了解企业的经营政策、投资政策和融资政策，以及盈利质量的高低。在现金流量表中，经营活动产生的现金流量是企业销售产品或提供劳务获得的收入扣除投入要素成本和经营成本后剩余的现金。与投资活动相关的现金流量反映的是由于资本支出、企业间投资和并购而支付的现金，以及出售长期资产而收到的现金。与融资活动相关的现金流量反映的是从企业的股东和债权人那里筹集来的现金或向股东和债权人支付的现金。

现金流量表有两种形式：直接法和间接法。这两种形式的主要区别在于报告经营活动产生的现金流量时所采用的方法不同。由于间接法描述了如何从权责发生制下的净利润转换到现金收付制下的净经营现金流的过程，因此它也是目前唯一一张将权责发生制和收付实现制建立联系和钩稽关系的数据报表，所以在现金流的财务分析中往往从间接法现金流量表入手来查找问题。现金流量分析逻辑图如图10.5所示。

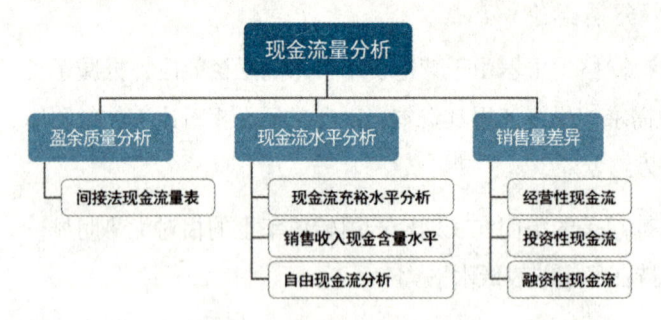

图10.5　现金流量分析逻辑图

10.5.1　间接法现金流量表的调整项目解析

在正常经营情况下，净利润和经营现金流通常会呈现出很强的正相关关系，并且它们在不同时期的累计值逻辑上会趋于一致。如果净利润和经营现金流相差越来越远，通常可以判断出盈余质量较低。净利润和经营活动现金流的差异是盈余质量较低的根本原因，可以通过从净利润到经营活动现金流的两大调整来解释，即：非现金调整项目和出售固定资产的利得或损失。

首先，非现金调整项目主要是净利润中包括的两种非现金调整项目。

第一种是通过影响流动资产和负债的项目，比如存货变动、应收账款变动、应付账款变动。这些当期应计项目可以导致企业的营运资本需求发生变化，进而影响企业营运现金的需求量。

第二种非现金调整项目，是往期应计项目调整（也就是长期项目在当期的调整项），比如折旧、摊销、递延税款等。这些差异调整项都是净利润和经营活动产生的现金流量不同造成的，收入和费用是根据应计制计量的，而现金流量是根据收付实现制计量的，因此为了从净利润中得到经营活动产生的现金流量，需要对这两种非现金变动项目进行调整。

其次，调整净利润中的非经营性利得。

企业的经营活动能否产生正的现金流量受到若干因素的影响。

第一，企业的发展状态和阶段。处于稳定状态的、财务状况良好的企业从客户那里获得的现金应超过其经营费用。反之，成长型企业，尤其是那些承担着巨额研发支出以及大量广告费和营销费，或者是为了未来持续增长正在构建组织体系的企业，可能会产生负的经营现金流量。

第二，企业的营运资本管理水平。企业的经营活动能否产生正的现金流量还受到营运资本管理的影响。营运资本净额是企业信用政策（应收）、支付政策（应付）和销售额（存货）预期增长的函数。因此，在解释营运资本投资后的经营现金流量时，要考虑企业的增长战略、行业特征以及信用政策。

通过经营现金流量，可以分析企业能否从经营活动中产生现金盈余，评估企业如何管理营运资本以及企业能否灵活进行长期资产投资以实现未来增长。

两家公司的间接法现金流量对比如表10.34和表10.35所示。

表10.34 间接法现金流量表—格力电器

人民币（百万元）	2015	2014	2013	2012
销售收入	97,745	137,750	118,628	99,316
净利润	12,624	14,253	10,936	7,446
资产减值准备	86	398	192	66
固定资产折旧	1,245	1,276	1,146	883
无形资产摊销	59	55	49	69
长期待摊费用摊销	14	26	35	27
处置固定/无形/其他长期资产的损失	8	14	2	12
公允价值变动损失	1,010	1,382	-991	-247
财务费用	-729	283	622	154
投资损失	-97	-724	-717	20
递延所得税资产减少	-526	-2,512	-2,763	-1,229
递延所得税负债增加	-18	-78	170	114
其他	-1,673	-1,992	-3,706	968
营运资本投资前的经营现金流量	12,004	12,380	4,975	8,283
存货的减少	-902	4,572	4,048	235
经营性应收项目的减少	34,388	-5,979	-15,182	-2,489
经营性应付项目的增加	-1,112	7,967	19,129	12,380
长期资产投资前的经营现金流量	44,378	18,939	12,970	18,409
长期资产投资支出	-4,713	-2,862	-2,186	-4,213

续表

人民币（百万元）	2015	2014	2013	2012
债权和股权自由现金流量	39,665	16,077	10,784	14,196
债务净额（偿付）或增加	1,842	2,812	751	2,492
股权自由现金流量	41,507	18,889	11,535	16,688
股利（支付）	9,525	4,676	3,175	1,674
汇率变动及其他影响	1,876	35	-471	20
现金净变化	33,858	14,247	7,889	15,034

表10.35　间接法现金流量表—美的集团

人民币（百万元）	2015	2014	2013	2012
销售收入	138,441	141,668	120,975	102,598
净利润	13,625	11,646	8,298	6,141
资产减值准备	5	350	123	49
固定资产折旧	2,852	2,359	2,302	2,119
无形资产摊销	-	133	98	127
长期待摊费用摊销	-	828	645	547
处置固定/无形/其他长期资产的损失	234	217	167	22
公允价值变动损失	-82	653	-5,570	12
财务费用	-317	100	555	905
投资损失	-2,011	-1,511	-998	-535
递延所得税资产减少	1,498	-1,198	-1,782	-70
递延所得税负债增加	5	-98	38	36
其他	378	176	-	1,571
营运资本投资前的经营现金流量	16,186	13,655	3,874	10,924
存货的减少	4,657	119	-1,866	2,964
经营性应收项目的减少	3,769	-9,098	-4,873	-1,895
经营性应付项目的增加	2,152	20,113	12,920	-3,903
长期资产投资前的经营现金流量	26,764	24,788	10,054	8,090
长期资产投资支出	-17,989	-28,862	-467	-3,997
债权和股权自由现金流量	8,775	-4,074	9,587	4,093
债务净额（偿付）或增加	-2,969	-2,358	-1,976	-2,304
股权自由现金流量	5,807	-6,431	7,611	1,788
股利（支付）	5,908	5,053	3,388	2,596
汇率变动及其他影响	17	-8	-4	-2
现金净变化	-85	-11,492	4,220	-810

> **数据解读**：2012—2015年间，格力电器的营运资本投资前的经营现金流量保持着稳步的提升，长期资产投资前的经营现金流量在2012—2014这3年中也基本保持稳定，只在2015年受应收账款大幅降低的影响而突然剧增。长期资产投资支出保持较为稳定的状态，由于相对于经营现金流量净额较小，故最终形成了较多的现金盈余。
>
> 同期，美的集团的营运资本投资前的经营现金流量也保持稳步提升的状态，仅在2013年由于公允价值变动损失的影响出现大幅下挫，长期资产投资前的经营现金流量从2014年开始快速增长，为公司长期资产投资支出提供了资金支持。股权自由现金流量除了在2014年因为投资过大而出现负数，其余年度都保持较好水平。

问题22：间接法现金流量表中的营运资本投资前的经营现金流量、长期资产投资前的经营现金流量、长期资产投资支出这些项目都有哪些含义？它们的增减变动反映了公司的哪些趋势和问题？

长期资产投资支出，是指企业用于资本支出、企业间投资以及并购业务的长期资金支出。经营性营运资本投资后剩余的经营现金流量如果为正，企业就可以寻求长期增长机会。如果经营性营运资本投资后剩余的经营现金流量不足以进行长期投资，企业就不得不依赖外部融资为其增长提供资金。与能够提供内部融资来满足增长所需资金的企业相比，依赖外部融资的企业进行长期投资的灵活性相对较小。

债权和股权自由现金流量，是指企业进行长期投资后所剩余的现金流，也是可以提供给债权人和股东的现金流总额。债务的现金交易包括支付利息、偿还本金以及举措新债。向债权人支付后的超额现金流量归股东所有。与股东有关的现金交易包括发放股利、股票回购以及发行新股。债务和股权的自由现金流量如果为负，企业要么被迫借入更多资金来偿还利息和支付股利，要么不得不减少股利或者增发股票。

债务和股权自由现金流量可以用来评估企业偿还利息和本金的能力。股权自由现金流量，可以用来评估企业维持股利政策的财务能力，反映企业可以自由支配的现金流的总额水平。本章在后面的内容中将以两家公司的数据为基础，进行估值演示。

10.5.2 企业盈利质量分析

由于间接法现金流量表是连接权责发生制和收付实现制的桥梁，这就使得它成为企业盈利质量分析的最佳武器。

一些常用的分析公式包括：

现金流充裕水平 = 经营活动产生的现金净流量/（购建固定资产现金流出 + 偿还借款现金流出 + 支付现金股利流出）（10.41）

销售收入的现金含量水平 = 经营活动产生的现金净流量/销售收入（10.42）

公式10.42用于衡量销售收入中所占的现金流的比例。

折旧摊销影响水平 =（折旧费用 + 摊销费用）/经营活动产生的现金净流量（10.43）

公式10.43用于衡量企业经营活动产生的现金净流量有多大比例来自于长期资产的定期折旧和摊销。该比率越小，表明企业的现金流量质量越高，净利润与经营性现金流量的差异就越小。这是因为折旧费用和摊销费用都属于非现金支出，这两类费用会减少净利润，但并没有产生现金流出。

净利润质量 = 经营活动产生的现金净流量/净利润（10.44）

两家公司的数据对比如表10.36和10.37所示。

表10.36　盈利质量分析—格力电器

人民币（百万元）	2015	2014	2013	2012
销售收入	97,745	137,750	118,628	99,316
净利润	12,624	14,253	10,936	7,446
净利润质量	3.52	1.33	1.19	2.47
折旧与摊销合计	1,318	1,357	1,230	978
折旧摊销影响水平	3.0%	7.2%	9.5%	5.3%
营运资本投资前的经营现金流量	12,004	12,380	4,975	8,283
长期资产投资前的经营现金流量	44,378	18,939	12,970	18,409
销售收入现金含量水平	45.4%	13.7%	10.9%	18.5%
长期资产投资支出	4,713	2,862	2,186	4,213
债权和股权自由现金流量	39,665	16,077	10,784	14,196
债务净额偿付或增加	1,842	2,812	751	2,492
股权自由现金流量	41,507	18,889	11,535	16,688

续表

人民币（百万元）	2015	2014	2013	2012
股利（支付）	9,525	4,676	3,175	1,674
现金流充裕水平	3.58	4.01	2.81	5.42

表10.37 盈利质量分析—美的集团

人民币（百万元）	2015	2014	2013	2012
销售收入	138,441	141,668	120,975	102,598
净利润	13,625	11,646	8,298	6,141
净利润质量	1.96	2.13	1.21	1.32
折旧与摊销合计	2,852	3,320	3,045	2,793
折旧摊销影响水平	10.7%	13.4%	30.3%	34.5%
营运资本投资前的经营现金流量	16,186	13,655	3,874	10,924
长期资产投资前的经营现金流量	26,764	24,788	10,054	8,090
销售收入现金含量水平	19.3%	17.5%	8.3%	7.9%
长期资产投资支出	17,989	28,862	467	3,997
债权和股权自由现金流量	8,775	-4,074	9,587	4,093
债务净额偿付或增加	-2,969	-2,358	-1,976	-2,304
股权自由现金流量	5,807	-6,431	7,611	1,788
股利（支付）	5,908	5,053	3,388	2,596
现金流充裕水平	1.00	0.68	1.72	0.91

> **数据解读**：2012—2014年间，格力电器各项盈利质量指标都保持相对稳定的状态，现金流充裕程度相对较高。2015年受营运资本变动影响较大，各项指标中的现金含量明显上升。
>
> 同期，美的集团的数据可比性更高，可以明显分为两个阶段。2012—2013年是第一个阶段，这个阶段中的营运资本对资金占用相对较高，导致公司各项盈利质量指标中现金流含量相对较低。2014—2015年是第二个阶段，公司在解决了营运资本问题之后，营运现金净流量水平明显提升，使得各项盈利指标中现金流含量大幅升高。

问题23：这些盈利质量指标背后有哪些隐含的意义？格力电器比美的集团现金流充裕程度更高的原因是什么？

现金流充裕水平，代表了经营活动现金净流入对各项现金流支出的覆盖程度。现金流支出包括：长期资产投资净支出、债务还款净支出和股利分配净支出。该指标越高，说明经营活动现金净流入对各项现金流支出的覆盖程度就越高，使得公司在进行投资支出、债务偿还和股利分配上的灵活性就更大，拥有更大的战略实施空间。

由于美的集团近几年中都处于债务偿还状态，同时其长期资产投资净支出都要高于格力电器，导致其在该指标上一直低于格力电器。

净利润质量，代表了权责发生制下的净利润中包含的收付实现制下经营活动现金净含量水平。该指标越高，说明公司的净利润与现金流的同步性越高，公司调节利润的可能性越低。

两家公司在该指标上都处于非常健康的状态，但如果我们剔除掉营运资本对营运现金流的影响，只考察营运资本投资前的经营现金流量与净利润的比例的话，美的集团要好于格力电器。这说明格力电器在间接法现金流量表中的"非现金调节项目"对现金流产生了调节的效用，从盈利数据的可信程度上要低于美的集团。

10.6 结论与展望

在前面的4节中，我们沿着4条财务分析主线，对两家公司的成长性、盈利性、现金存量和现金流量进行了全面、详尽的分解，从各个侧面展示了两家优秀公司内在的特点和差异，反映出了二者在企业战略路径上的不同。

格力电器，中国空调市场的"老大"，长久以来按照单一空调产品的战略进行布局和发展，取得了极大的成功。依靠单一空调产品的资源集中优势和市场行业地位，格力在近几年保持着快速的销售增长势头。其凭借对供应链上下游的强大控制力，能够实现经济的产业模式、高营运效率的制造基地，保持着自身稳定的高毛利率水平。同时，公司保持着良好的资产负债结构，拥有着令人羡慕的现金流水平，也给股东带来丰厚的投资回报。

美的集团，中国白色家电市场的领军企业，拥有白色家电业内全产品系战略布局。依靠稳定的产品多元化组合优势，美的保持着稳定的销售增长势头。

凭借强大的研发能力、优秀的制造能力和成本管控能力，美的保证了在低毛利率的前提下拥有较高的营业利润水平。与此同时，公司也一样保持着很好的资产负债结构和不错的现金流水平。

不同的产品和市场战略，在各条分析主线上反映出不同的结果和数据。

- 第一，格力电器由于聚焦于单一产品战略，所以在销售投资比上，相对于美的集团占有相对优势：相同的投资能够创造出更高的销售收入。相对于美的多元产品的分散布局，这是格力资源集中于单一产品的优势体现。
- 第二，在销售增量与投资比指标上，格力电器弱于美的集团，这也体现了经济学中的"边际效应递减趋势"。也就是说，随着空调产业的逐渐成熟，继续在这一行业中加大投资带来的回报将呈递减的趋势。这时，美的集团的多元化优势就显现出来了。多元产品都有各自不同的发展阶段和发展周期，这些周期的波动会在产品组合内部相互抵消，最终使得公司在整体上保持平稳增长。
- 第三，在抵抗外部行业环境风险上，美的集团的多元化产品战略体现出了很强的优势。在2015年空调行业不景气的情况下，美的集团依靠其他白色家电产品保证了其稳定的销售收入。相比之下，采用单一产品战略的格力电器在抵御外界风险上则要脆弱得多，2015年销售收入遭遇了大幅下滑，影响了业务的稳定性。
- 第四，供应链上下游的控制力强弱，这对于制造业企业是一项很关键的因素。它不仅影响了供应商的材料采购价格和对客户销售产品价格的水平，还直接影响到应收账款、应付账款和存货的周转速度。因此，对供应链的控制力对企业的盈利能力和现金流水平都具有非常重大的影响。在这方面，格力电器凭借空调市场的话语权，牢牢把持着供应链环节，从毛利率和营运资本上，为公司创造了极大的价值和战略空间。相比之下，多元化产品战略的美的就稍显逊色，因此在毛利率水平、营运资本效率上都弱于格力电器。
- 第五，长期资产的周转效率是公司日常营运管理水平的体现，好的营运管理能够让公司更高效地利用有限的资源，发挥更大的价值。比如，在有限的土地和厂房空间内，合理的布局安排可以发挥出更大的产能和更顺畅的物流运转；再比如，高效的生产管理、物流管理和质量管理，能够保证7×24小时最大限度地发挥固定资产设备的价值，在单位时间内创造出更多的产品和收入。从前文分析中可以看出，美的集团的长期资产周转效率明显高于格力电器，这说明在日常营运管理中，美的管理水平更高、更有效，代表了更先进的生产力水平。

"你能看到多久的过去，便能预见多远的未来"，丘吉尔的这句经典语句用在财务领域也是再恰当不过了。通过对两家公司历史财务情况的梳理，我们基本上看清了两家公司不同的战略布局，以及在各个方面的运营状况。基于这些数据事实，我们能够对两家企业的未来提供决策支持和参考，以帮助企业最大化自己的优势和价值，规避自己的劣势和风险，以不断地为企业创造更大的价值。

美的，从跟随者到引领者的转变

美的集团的白色家电产品组合集中于中低毛利率领域，这源于它的行业跟随者策略。在其所涉及的各个产品领域的市场中，美的都是排名第二、第三的状态，缺乏一枝独秀的领军产品。

为什么领军产品很重要呢？

因为高毛利和高现金流都是主要的核心产品创造的。通过打造核心产品，不仅能给企业带来更高的业绩水平，还能帮助企业打通上下游供应链、打通销售渠道，甚至建立更高的品牌知名度和影响力。所以，美的集团需要寻找自己的下一个引爆点。

格力，扭转一枝独秀的局面

格力电器的战略与美的正好相反，格力的困境在于急需多元化自己的产品组合，以改变当前空调独秀的局面。空调产品，已然成为格力的现金牛，但格力的未来之星，至今却还没找到。面对空调行业的环境冲击、投资效率逐渐降低的局面，格力电器必须努力挖掘新的产品组合，与当前空调产品相互协同、相互补充，形成发展的合力。

第3篇

财务岗位的进阶和突破策略

在本书的第3篇将重点讲解财务人员在前三个五年职业生涯中，所涉及的各个财务岗位的进阶与突破策略。

财务工作者很难经历全部的财务模块，对自己不熟悉的模块工作内容都是未知的迷惘。我们在本篇中会重点介绍各个模块的内容、逻辑以及从事这些模块的进阶策略和重点。

我们会按照三个五年阶段给大家讲解下述若干财务岗位的核心要点。

第一个五年——财务执行力阶段：基础性财务工作阶段。包括的岗位：出纳、应收账款会计、应付账款会计、固定资产会计、费用会计。

第二个五年——财务领导力阶段：进阶性财务工作阶段。包括的岗位：总账主管、财务分析、预算管理、成本管理、税务管理。

第三个五年——财务决策力阶段：战略性财务工作阶段。包括的岗位：财务总监（经理）、投资（项目）总监、首席财务官。

学习职业进阶的策略和方法，是为了找到一条适合自己的职业进阶之路（参见下页的图示），能够在少走弯路的前提下，尽快实现自己的职业目标，爬升到职业金字塔的塔尖！

图11.1　财务职业生涯轨迹图

第11章
财务执行力

> **时间坐标**：入行的第一个五年。
>
> **工作岗位**：出纳、应付账款会计、应收账款会计、固定资产会计、费用会计
>
> **关键目标**：迅速熟悉上述五个财务岗位的工作角色，达到精通的程度。通过基础阶段的磨炼，找准自己的定位和优势所在，进一步明确未来阶段发展的方向，从而不断调整自己的战略目标。
>
> **目标解析**：迅速熟悉工作岗位并不是说你一定要全部五个模块岗位都经历一番。相信很多人的职业开端已经不是从出纳做起了，特别是对研究生毕业的财务人员而言，他们中大多数可能都完全逾越了上述基础模块的阶段，而直接从财务分析类的相关岗位起步，而财务总监也并非每个模块都要精通。在基础阶段，大家需要根据自己的特点和目标对模块职能有所取舍，上述五个基础模块中如果有两到三个模块的工作经验，会为你未来职业生涯打下坚实基础。

11.1 出纳与资金管理

第一个基础岗位：出纳（又称作资金管理/资金分析），它不仅是企业对外业务联系的窗口与触角，同时也是企业对内资金分析与管理的中枢。

11.1.1 企业的对外窗口

出纳这个职能很基础，但很重要，它是与外部机构接触最多的一个岗位，能让刚刚步入财务岗位的从业人员快速熟悉企业外部环境，了解在企业的日常

财务工作中，需要与哪些外界机构打交道。

银行、外汇管理局、经济发展局、对外经济贸易局、税务局、工商局、财政局甚至海关等这些机构，都有可能与企业发生业务上的接触。

下面举几个例子。比如收付款业务对应的是银行，但如果是收付非贸易项目下的外汇业务，就可能需要外汇管理局、对外经济贸易局的介入。又比如融资借款业务，特别是外币融资借款业务，需要外汇管理局、经济发展局、对外经济贸易局、境内外银行四者的参与。如果又涉及人民币外债业务，那么可能还要牵涉一道外汇套期保值的金融中介业务。

再比如企业增资业务，需要经济发展局、对外经济贸易局的批准，如果涉及外资股东的增资则还要外汇管理局审批。如果企业涉及境外并购、投融资业务，那么就需要上升到商务部、国家发展和改革委员会等部门的审核等。

因此，出纳人员需要与外界很多部门打交道，在办事过程中顺便了解相关法律条例、相关人事关系，一来二去也就都熟悉了。

有过这种基层经验，对企业经济业务所需涉及的各种机关单位、政府部门，都能够做到了然于胸。对于以后无论做到什么位置、做什么业务、面对何种决策，心中都能清楚明白需要哪些政府部门的批准、大概需要的时间周期，以及相关的审批流程、审批难度等。这些经验会给你的谈判、决策带来巨大的帮助。

举一个简单的例子，上市公司做项目的定向增发，往往需要各个政府部门开具公司的"合规证明"。每个政府部门开具证明的时间是不同的，有的需要5个工作日，有的则要20个工作日。所以在安排定向增发项目时间计划的时候，如果能知道这些基础的、有价值的信息，对你的项目顺利推进将会有很大帮助。

所以一定要珍惜这难能可贵的出纳工作时间，因为以后你再也没有机会重来这段难得的经历了。

11.1.2 公司资金管理的核心

能够将资金管理的职能发挥好，是出纳岗位的另一个重要加分项。大型企业会把资金管理和出纳岗位分开，由资金管理岗位人员专门负责管理和预测现金流、投资短期理财产品和融资等工作。资金管理这个角色的职责主要如下所述。

第一，及时、准确地分析企业的现金状况、各个银行余额情况、贷款融资情况、主要理财产品投资情况、银行汇票情况等，并每天编制报告进行统计分析。不仅自己要做到心中有数，也要让管理层准确知道每天的资金变化情况，以便随时进行决策变更。向管理层的汇报频率一般为子公司层面每天一稿，集团合并层面每周一稿。

第二，编制月度的现金流量预测报表。汇总应收账款会计、应付账款会计、费用会计和固定资产会计的月度（一般是1~3个月滚动）滚动现金流预测报表，编制企业整体的营运与投资现金流预测报告。及时向管理层提示可能出现的现金流盈余或不足的风险，便于管理层提前进行投融资管理。这个职能将在本章后面介绍应付账款会计、应收账款会计时详细展开讲解。

第三，与应收、应付账款会计共同形成对供应链的稽核机制。出纳岗位人员根据日常现金和银行收入、支付情况，编制收付款凭证，此凭证必须与供应商、客户逐一匹配，不能直接计入损益表科目。其中的原因在于：出纳只是付款终端的最后一个环节，需要和应付账款会计互相稽核，确保相互制约。全部付款的发起、审批、核对都在出纳之前的环节完成，出纳作为负责资金管控的重要人员，仅仅允许拥有"执行"命令的权利。至于付款金额、付款时间、付款方式等其他信息，出纳都没有任何决定权。

除了在审批环节实现上述种种控制之外，在ERP的会计核算层面，也必须对出纳人员的记账进行限制。

举一个例子，公司用银行存款支付了一笔办公费用给AB公司，针对该支付应付账款环节，如果出纳人员记账为：

借：办公费用；贷：银行存款

这样记账就是错误的。因为从系统中，无法找到这笔办公费用支付是否属实的依据。如果出纳多付或少付了，系统都无从追溯。

为了解决这个问题，需要在付款环节之前，在供应商向本公司提供发票的时候，就由应付账款会计根据发票和订单，在ERP系统中输入这笔应付账款的发起凭证：

借：办公费用；贷：应付账款-AB公司

然后出纳人员在完成付款以后，应记入正确的会计分录：

借：应付账款-AB公司；贷：银行存款

这样，负责应付账款的人员就能够在系统中找到这笔AB公司应付账款的借方数字，从而与其早先记入贷方的金额进行核对，在一致的情况下完成系统的核销工作，这笔付款才算正确完成。

对于收款环节，也要遵循同样的流程，需要应收账款会计与出纳共同完成，互相稽核。

出纳以及资金管理这类职位，一般是适合从应届毕业生做起的。如果公司业务发展迅速，这个岗位就会以轮岗的形式存在，每年都招募新人做出纳，一年后转岗到其他岗位。如果公司是规模很大的外资企业，发展稳定、分工很细，出纳和资金管理职位的人员也会相对稳定，轮岗的频率可能不会那么高。

11.2 采购、物流和销售环节的监控与核算：应付账款和应收账款会计

11.2.1 供应链的两大核算基础

应付账款会计（AP，Account Payable）负责核算和监控整个供应链的前半条线：包括全部的采购环节和物流职能的材料入库环节。

除了完成基础的应付会计工作外，这个岗位有几个加分项，包括：

- 付款预测报告的滚动更新，以统计资金未来使用量。
- 进行周转天数的测算，以监督采购部门的供应商管理绩效。应付账款是企业营运资本的重要来源，对应付账款进行管理和预测是非常关键的一个环节。应付账款周转天数这个指标，是一个评估采购部门很好的管理KPI基准。
- 对采购环节的供应商进行监督与管理。采购部门的重要原始凭证，如合同、采购订单、入库单、供应商发票等都会成为应付账款会计的审核对

象。特别是对合同、重要订单条款的审查，是供应商管理的一个重点，也是年度应对审计检查的重点。

应收账款会计（AR，Account Receivable）负责核算与控制供应链的后半条线，包括物流职能的存货出库环节和全部销售环节，因此在很多公司被称为销售会计。现在很多ERP系统对于不同的收入确认情况都在后台做了设置，一旦触发了收入确认的条件，系统就能自动完成会计凭证的录入。

比如，仓库完成了出库环节后，库管员扫描条码后，系统自动记录存货的移动，同时ERP的财务模块也会自动生成应收账款和销售收入的确认凭证，并结转存货的出库和营业成本的凭证。

可以说，在很多大中型企业中，上述环节已经基本无须财务人员进行手工输入了。应收账款会计的核算工作量已经被大大降低。因此，很多公司已经将应收账款会计职位取消，转为财务计划与分析（FP&A，Financial Plan and Analysis）、销售分析或销售助理等职位，负责下面若干几项分析与统计相关工作，包括：

- 应收账款现金流预测报告的编制。根据客户约定的回款周期，预测未来应收账款现金流入的时间，制作现金流预测报告。
- 客户回款的管理与追踪，月末余额稽核对账，并进行应收账款周转天数的测算，监督销售部门的客户管理绩效，监督回款的效率。
- 存货管理工作，包括存货盘点和报废清理，存货跌价准备的评估，退货换货以及客户质量索赔等。
- 收入分析。针对销售情况，按照产品、客户细分进行收入情况分析，并与成本会计制作的成本分析报告结合，形成完整的按照产品和客户细分的销售、成本及毛利分析报告。

上面所讲的应付账款、应收账款职能，再加上后面将介绍的成本会计职能，三个模块拼起来就是整条供应链流转的财务核算流程。其中，应付账款和应收账款分别在供应链的前后两端，中间夹着一个成本会计。这三个职能一起决定了存货成本和营业成本这两个重要数据的全部核算过程和结果，图11.1清楚地反映了供应链财务核算对于财务报表的重要性。

涉及科目	存货、应付账款 银行存款	存货	营业成本、营业收入 存货、应收账款 银行存款
供应链流程	原材料采购入库	原材料出库 > 生产订单 生产订单完工 > 产成品入库	产成品销售入库
会计职能	应付账款会计	成本核算会计	应收账款会计

图11.1 供应链核算与会计科目关系图

首先，供应链财务核算决定了营运资本的水平。存货+应收账款-应付账款=营运资本需求，这个等式中的营运资本需求，反映了企业在资本结构中日常营运资本所需要占用的资金份额。一般而言，在其他情况不变的情况下，营运资本需求金额越小，说明企业营运的效率越高，说明供应链对资金的占用程度越低，说明企业的资金使用效率越高，最终也就意味着企业融资压力越小。

其次，供应链财务核算对于财务报表的第二个重要性，就是它们共同决定了企业的毛利水平。应收账款会计通过销售核算，确定了营业收入和营业成本这两个损益表中影响力最大的科目，同时也就决定了企业的毛利水平。后续的很多财务分析职能，也都是在收入、成本的基础上做更深入的工作。

11.2.2 决定营运资本需求的关键

供应链财务核算决定了企业的营运资本需求水平，也间接决定了企业最终的资金需求量。为了研究和管理营运资本需求，需要对资产负债表进行调整，制作管理资产负债表。这样就能清晰地看出营运资本需求在资本结构中的重要地位，如图11.2所示。

标准资产负债表		管理资产负债表	
总资产	负债和权益	资本运用	资本来源
货币资金	短期借款	货币资金	短期借款
流动资产	流动负债	营运资本需求	长期资本
应收账款	应付账款	应收账款	长期借款
存货	长期借款	存货	所有者权益
固定资产净值	所有者权益	减：应付账款	
		固定资产净值	

图11.2 标准资产负债表与管理资产负债表对比图

在管理资产负债表中，左边代表企业的资本运用，右边代表企业的资本来源。

对于资本来源，我们按照期限可分为两方面：长期资本和短期资本。短期资本一般都是流动性融资或者循环贷款，长期资本包括长期借款和所有者权益。上述若干部分资金加总，构成了企业日常营运的基础血液。

对于资本运用，管理层拿到股东和债权人提供的资金后，先去购置设备、厂房、专有技术等固定资产、无形资产等长期资产，以作为企业长期发展业务的基础。所以这部分长期资产代表了资金运用的长期去向。

第二部分则是日常生产营运需要的资金支持，比如企业需要提前购买原材料、支付员工工资、支付房租水电等这些成本，接着再通过设备的加工制造，最终销售给客户。经过应收账款的等待期，最终收到回款，完成营运流程现金流的支出、回收全过程。这部分就是资金运用的营运资本需求。

如图11.3所示，这个循环在企业的营运阶段不断重复，周而复始地运转，最终将产生一个现金流差额。也就是日常营运的无限循环，将企业对营运阶段所需现金流保持在一个相对稳定的水平，这个营运阶段所需的现金流水平就是营运资本需求。在管理资产负债表上，它代表了第二部分资金的运用去向。

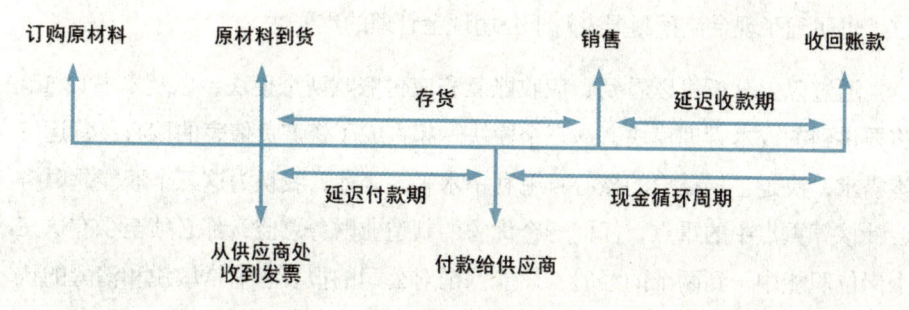

图11.3 营运资本循环流程图

上述两部分长期和营运所需资金加总后，小于资本来源的部分形成了暂时的盈余，即货币资金。所以资产负债表中现金项目的本质是：资金投入大于资金使用部分而形成的暂时的资金结余。

通过以上分析，我们也看清楚了资产负债表最本质的作用：资本结构的清晰表达。我们知道，在决定资本结构时，最重要也是最简单的决策原则就是期限配比原则。即，长期资本来源配比长期资本运用，短期资本来源配比短期资本运用。固定资产、无形资产这种长期投资毋庸置疑属于长期资本运用，是一定需要长期资本来源支持的部分。但营运资本需求的性质是属于长期还是短期，取决于管理层的判断和对风险的控制程度，一般简单的策略是分清楚营运资本需求中的波动成分和非波动成分，如图11.4所示。

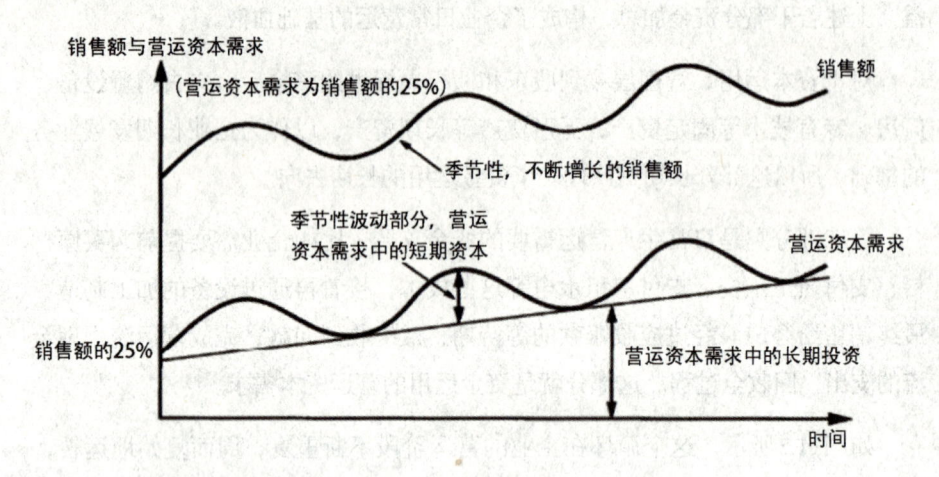

图11.4 营运资本与销售额逻辑关系图

以上对营运资本部分的内容展开，目的是为了能更加清楚地展示应收账款、应付账款这两个职能对公司现金流、资本结构战略的重要影响和重要地位，也明确了现金流预测报表对于公司现金管理的重要性。

通过以上分析可以看到，应收账款和应付账款两个模块，以及本书12.5节将要讲到的成本管理模块，这三个模块一起构成了资产负债表的核心：营运资本需求；决定了损益表的核心：毛利率水平。因此，我认为这三个职能是财务会计核算重点中的重点，任何一个优秀的制造业财务总监，都必须至少有这三个岗位职能中一到两个的经验，才能保证对公司的报表有非常敏锐和清醒的认识。

从职业发展角度来看，应付账款涉及的日常会计操作比应收账款更多，财务人员可以通过录入不同供应商发票、查阅合同与采购订单等环节，积累基本的财务操作经验并加深对原始凭证的直观理解。而应收账款环节在起步阶段涉及的基础会计核算和凭证工作不多，取而代之的是有较多分析性、沟通性和管控类的工作职能。两个模块各有侧重，能够满足不同偏好的人员进行选择。

很多财务本科生都是从应付账款会计作为职业生涯的起点的，了解了最基础的财务知识，然后做应收账款会计、总账会计一步一步向上发展。从应收账款会计起步也是不错的选择，未来可以做应付账款会计，并向总账会计进阶。也可以通过做事业部的财务计划与分析岗位专职做财务分析的角色，届时再根据情况转岗总账会计，这也都是不错的选择方向。

总之，建议大家不需要在基础模块的起步阶段过于纠结是选A还是选B。因为都是重要的基础模块，并不存在本质的差别，也不是像高二文理分科那么重大的分水岭，对未来路径选择的影响没有你想象中的那么大。我个人的职业生涯，是从摩托罗拉财务共享中心的应付账款会计实习生起步的，对我而言那是一段非常宝贵和难忘的经历。

11.3　企业资产的管理者、投资预算使用的监督者：固定资产和无形资产会计

资产负债表中的资产项目包括流动资产、固定资产和无形资产。流动资产是在企业运营周期中使用的资产，周转速度很快。固定资产和无形资产是指企业拥有的设施和企业的生产能力，这些生产能力和设备能够帮助企业完成运营周转，会在多个会计期间内持续产生经济效益。

固定资产和无形资产会计是企业长期资产的管理者和投资预算使用的监督者。他们的工作目标是确保固定资产的价值账实相符，监督投资预算的使用。工作内容相对其他财务模块较为独立，看似不过是固定资产的记账与月度折旧的简单工作，但实际上作为公司资产的唯一专业管理者，固定资产会计要做到账实相符这四个字是需要动一番脑筋的。这个岗位的加分项主要包括以下几项。

第一，固定资产确认和付款的关键因素把握。固定资产的购置成本应该包含一些内容的确认，比如购买价格、进口关税、运费、安装服务费等。同时包括固定资产确实时点的认定，比如从在建工程转入固定资产的时点判断，何时达到预定使用状态，等等。

上述这些会计处理的判断，都属于基本的财务会计要素处理范畴。

第二，在建工程的成本归集和确认，包括一些支出的资本化处理与费用化处理的差异。在建工程的建造成本可以划分为不同的部分，按照不同的精确度来计量和追溯：

- 原材料和零部件的成本。

- 直接用于生产建造该在建工程的人工成本。
- 分摊费用，包括房租、水电能源等。
- 利息费用资本化。

上述这些在建工程成本归集与确认的处理，也属于基本的财务会计要素处理范畴。

第三，将资产责任落实到部门、落实到个人并及时盘点抽查，是资产完整性、真实性的保障关键。根据资产的具体负责部门或使用部门，将公司资产全部一一落实到具体部门和对应的负责人，按照一定的频率定期或不定期对这些资产进行抽查管理，确保资产的安全、完整、真实反映账面价值。

第四，能够对投资预算与决算进行有效控制和分析。固定资产会计对企业管理和控制的重要职能体现就在于对投资预算的管理、控制和分析上。根据公司各个部门的全年投资预算，固定资产会计不仅要在投资实际发生的事前对照预算内容履行审核的职能，还要在事后对投资进度和状态进行控制分析。如果出现早于或迟于投资预算的情形发生，要及时做出预警，因为这意味着公司的现金流的安排与管理计划也要随之进行调整。

第五，制作月度资产分析报表，主要包括如下内容。

- 本月新增固定资产、无形资产清单统计。
- 本月折旧、摊销完全的和处置的固定资产、无形资产清单。
- 本月后续发生成本支出的固定资产清单，包括升级和修缮等。

第六，需要分析一些重要的固定资产数据，包括如下几项。

（1）资本密集比率指标，投资与收入有着直接的密切关系，通过投资可以直接扩张企业产能，从而提升企业的销售收入和市场占有率。通过分析销售收入的增量与每年投资支出的比例水平，可以分析和判断企业每1元的新增投资额所产生的新增销售收入的金额是多少。通过这个比例关系，可以分析出企业每年的新增投资额对其销售收入的贡献率大小，从而判断出企业投资效率的高低。

$$销售投资比 = 销售收入/长期资产净额 \quad (11.1)$$

$$销售收入变动与投资比 = 销售收入变动/上一年度投资支出总额 \quad (11.2)$$

当年投资销售比 = 当年投资支出总额/当年销售收入总额（11.3）

公式11.1代表销售收入与长期资产的比例系数，表示公司目前的长期资产总量的投资充足水平。该指标越高，说明单位水平的长期资产带来的销售收入越高，表示公司对长期资产的使用越有效率。另一方面也说明公司对长期资产的投资力度不大，过度挖掘长期资产在当前的使用效率，可能会制约公司未来的增长潜力。

公式11.2表示销售收入变动与上一年度投资支出总额的比例。之所以用上一年度的投资支出总额作为分母，是因为对于大多数企业而言，投资支出真正产生对收入的正向影响往往都有迟滞效应，即从支付投资现金、建设、试运营到正式批量生产制造产品，往往需要较长的一段时间。所以平均来看，企业当年的投资支出仅在第二年才会产生销售收入的增量效应，故将销售收入变动与上一年度的投资支出进行比较。当然，在进行特定行业、企业的分析时还应根据具体情况进行调整。

公式11.3表示当年投资支出总额占当年销售收入金额的百分比，体现出企业会从当年的销售收入中拿出多少比重放到下一年的投资当中，这个公式也是不同企业横向之间比较投资强度的一个常用指标。

（2）投资充足率指标，投资充足率是比较企业投资支出与当前长期资产净额的关系指标，通过这一指标的分析，可以判断企业当前投资的支出水平是否充足。

投资/折旧摊销 = 当年投资支出总额/当年折旧与摊销费用总额（11.4）

长期资产净额/折旧摊销 = 长期资产合计净额/当年折旧与摊销费用总额（11.5）

投资与长期资产净额比 = 企业当期的投资总额/企业长期资产合计净额（11.6）

公式11.4将企业当年投资支出金额和当年固定资产折旧与无形资产摊销的费用金额进行比较，考察企业的投资是否足以覆盖企业当年的折旧摊销费用。对企业而言，折旧和摊销费用本质上是长期资产在使用当期的一种损耗的计量。为了持续维持企业当前销售收入水平，企业的投资支出应至少可以覆盖这种长期资产在当期摊销折旧的损耗支出。如果企业的投资超过了当期的损耗，说明企业还在扩张产能，意味着企业未来的长期资产产能和销售额会超越目前的销售水平；如果企业的投资没有达到当期的损耗水平，则可能意味着企业未来的产能和销售增长势头堪忧。

公式11.5将企业当前的累计长期资产净额与当年的折旧摊销费用进行比较，考察企业在当前的摊销和折旧水平下，长期资产净值在未来的平均使用寿命年限。在折旧方法和折旧年限相同的情况下，该比率越高说明企业未来可以使用当前长期资产的年限就越多、企业的长期资产就越新、企业长期资产设备更新换代的需求程度也就越低。

公式11.6通过计算企业当期投资支出占当前长期资产净额的比重来考察投资支出的力度。

这些重要的资产分析数据放在分析月报中，可以给管理层最直接的关键信息，让其判断目前整体的资产状态和投资情况，以进行决策支持。

在财务职业发展上，固定资产会计这个岗位和应收、应付账款会计有所不同，它在会计核算职能上保持了一个相对独立的地位。在工作难度上，它并没有应收、应付账款会计那么复杂，不确定因素较小。但它却对工作的细心和耐心程度要求非常高，属于不同的工作技能范畴。如果想追求安稳的工作状态，可以长期从事此岗位。

如果从这个模块作为职业的起步，那么下一步需要选择应收、应付账款会计，巩固对供应链财务核算的理解。这些起步阶段的职业顺序对于整个财务职业生涯发展没有实质性影响。

11.4 企业费用的记录者、费用预算使用情况的监督者：费用会计

费用会计是企业费用的记录者、费用预算使用情况的监督者。与监督内控相关的职能，基本上都和预算挂钩。费用会计和固定资产会计就是企业的两大护法：一个负责期间费用消耗的记录、监督和管理；一个负责资本投资的记录、监督和管理，是财务部门内部两个很重要且有力的管控工具。

费用核算的职能使得企业能够对企业消耗的费用进行事先、事中、事后三

段管控。这个岗位的加分项包括如下几项。

第一，事先审批，实现合规合法。以预算为纲，对部门的各种费用申请进行初审，保证各项费用事出有因。这属于费用会计财务审核职能。很多企业会另外设立一个独立岗位负责审核，与记账分开。

第二，事中控制，实现真实可靠。在费用发生后对发票进行稽核、审查，保证各项费用真实、合规。这属于费用会计财务核算职能。

第三，事后分析，实现管控目的。编制各个部门、事业部的月度、年度费用差异分析报告，找出差异和问题，解释差异、解决问题。作为费用预算执行情况的监督者，费用会计在企业中起到了举足轻重的作用。

第四，协助各部门进行年度费用预算编制和汇总。

第五，如果将费用数据与业务指标相结合进行分析，可能会产生更有针对性的结论。比如在分析销售费用的时候，可以将销售费用发生额与新项目收入金额进行比较，分析出每1元新项目的收入订单需要花费多少销售费用。

在职业发展上，固定资产会计和费用会计这两个职位都与企业预算结合，兼具了会计核算和内部控制的职能，可以作为应付账款或应收账款之后的下一个职业发展模块选项，也可以作为起步选项，先后顺序是无所谓的。通过这两个模块的熟悉和锻炼，不仅可以对资产、费用有深入认识，同时也对预算、控制有一个初步感觉。

在很多大型公司中，上述类似财务分析的角色职能都会被单独分立出来，成为财务分析的岗位，进行投资、销售、费用分析工作。虽然是财务分析的职位，但我们从业人员要做到心里有数，这些工作在职能上仍属于基础会计工作阶段的职能。

> 💡 **职业意见**
>
> 通过本章的介绍，大家已对这五个基础财务模块有了基本的了解。如果进行分类，出纳、应收账款会计、应付账款会计这三个岗位都属于与营运供应链相关的财务核算范畴。资金管理会计、固定资产会计、费用会计岗位则

属于与预算相关的、控制类财务核算职能。

在职业发展过程中，以上每一个职能都可以作为职业的起点。比如应收账款会计或应付账款会计这种供应链财务核算模块二选一，做两三年，然后再选固定资产会计或费用会计这种资产、费用类控制核算模块二选一，做两三年。完成了基础阶段的基本功训练，就可以准备进入下一阶段了，下一工作阶段才是决定职业方向的第一个分水岭。

第12章
财务领导力

> 时间坐标：入行的第二个五年。
>
> 工作岗位：总账主管、财务计划与分析、预算管理、税务管理、成本管理。
>
> 关键目标：锁定适合自己的职业发展路径，迅速积累行业经验，尽快提升自身知识储备。
>
> 目标解析：发展顺利的话，在职业生涯的第二个五年，会进入主管阶段，也是职业生涯发展的一个重要分水岭。正是在这个阶段，我们与同行、同学才真正拉开了差距。因此，能否在这五年的关键时期尽快提升自己的知识结构、积累财务行业经验、选对未来的发展路径，直接决定着财务从业人员未来职业生涯的走向，很多优秀的财务人员就是因为在第二个五年中选错了职位或者进错了公司而走了弯路，浪费了时间。

12.1 总账主管

总账职能是衔接会计各模块核算与财务报表编制的关键桥梁，是会计基础阶段五大模块的集合。在这个职能阶段，总账主管的日常工作暂时脱离了所谓"枯燥"的重复性劳动，也脱离了与第一线业务部门的接触环节。日常工作完全建立在以上五大会计模块数据之上，是对基础数据的整合、稽核汇总。因此，总账主管需要对每个模块的数字输出有很好的直觉。所谓直觉，就是知道以哪些高效的方法和逻辑对这些模块的合理性进行验证，从而找到可能存在的漏洞和问题。

基于以上工作职能的特点，在总账会计阶段的工作输出时，特别是各种报告、邮件、财务报表的输出，从工作质量和技巧上要注意三个核心原则：**数据的可追溯性（有数据链接）、数据的可解释性（有原始证据）、数据的可理解性（有层次重点）**。

第一，数据的可追溯性，这是针对数据源头的质量要求而设定的。总账主管所负责的会计处理、报表编制大都缺乏直接的原始凭证，比如一些月末的调整凭证、报表准则差异的调整凭证、合并报表时的抵消分录等，都没有原始的发票、合同这类凭证支持，所以总账主管在调整账务时，务必需要保存好调整数据的可追溯性。这不仅可以应对审计、税务的检查，更是后续管理、查找差异或错误的根本来源。

第二，数据的可解释性，这是针对数据生产者本身所要求的。总账主管对所做出的报表、调整分录要能够进行合理解释。比如对于一些期初期末余额变动大的科目、对于复杂递延所得税的计算和计提等，这些复杂的会计分录都要做到能够清晰解释，知其然且知其所以然。

第三，数据的可理解性，这是针对使用数据的第三方而言的。总账主管所呈现给管理层的报表、数据报告不能过于复杂，要做到重点突出、一目了然。所以很多时候总账主管需要将汇报时所呈现的报告进行筛选和加工，突出问题和重点，做到对决策有用。

在注意以上工作原则的基础上，总账主管还应确认好以下主要工作事项。

1.重视财务会议的作用，这是向下管理的有效方式。

总账主管作为各个基础会计模块的终结者，最直观有效审核各个模块工作绩效的管理方式，就是召开会计模块的审阅会议。每个会计模块的负责人针对各自模块的工作内容，定期按照固定格式以会议形式进行汇报。总账主管可以在会议上提问，并充分讨论，找出问题，并寻求相应的解决方案。

通过会议，每个会计模块的负责人结合财务报表，对各个科目的相关明细进行检查分析，对一些异常变动的科目拉出清单，逐条梳理，查找潜在问题和风险。比如应付账款模块的负责人汇报时，就应该将应付账款余额明细一一列出，按照供应商类别、付款期限、逾期与否等进行分类分析。对于有问题的供应商和付款，要特别标注进行原因解释。

一般而言，会计会议的周期应保持在每个月两次。一次是在结账之前，一次是在结账之后。结账前的检查，是为了发现科目中存在的错误或问题，避免结账时报表中出现错误信息。结账后检查，是为了检查结账后是否还有遗留错误，以及检查前面遗留问题的解决状态。

2. 重视向上汇报的沟通方式，这是向上管理的有效方式。

总账主管对财务总监或财务经理的汇报，主要集中在报表和会计的技术层面，由于技术细节往往过于复杂，很多内容财务总监也并不熟悉，因此在汇报时，总账主管应该注意方式方法。要以结果为导向，注重问题和原因，忽略技术过程。在结账后向财务总监汇报本期报表的时候，总账主管首先要抓住重点科目讲结论。

比如可以这样汇报工作：

"本月销售收入较预算增长12%，相关成本费用基本上同比例增长，只有销售费用降低了5%，所得税费用降低了8%。"——**先说论点，聚焦重点问题。**

"销售费用降低的原因是上个月预提的运输费用较多，实际发生较低，我们在本月做了冲销。所得税费用降低是因为递延所得税的调整造成的。"——**再说论据，回答问题原因，但是不做技术展开。**

具体是什么原因造成运费发生较低、具体是哪些项目导致递延所得税计提降低了所得税费用，在这里不做展开。

不做展开的原因有两个：首先，总账主管的主要工作是制作报表，而不是解释报表中具体费用增加或减少的原因，这是财务计划与分析岗位的工作；其次，财务总监不需要知道这么深入的内容，即便你知道答案，也不应一次给上级汇报太多信息。信息量太大，就等于没有信息，会失去汇报的重点，领导不容易记住。

财务总监拿到这两个重要信息后，如果还有需要，会分别询问财务分析人员和税务会计，让他们从专业角度负责解释。这样，你的汇报就已经完成并达到目的了。

在公司层面，总账主管就是财务报表的直接生成者。而在集团层面，这一职能角色的执行者是合并报表主管。因为集团层面需要对多家子公司的财务报表进行合并，所以这个岗位的角色职能就显得非常重要。在很多集团中，合并报表主管往往兼具合并报表和财务分析双重工作。因此，这个岗位需要对准则非常熟悉，对合并报表技巧非常精通。一般大型集团的这个岗位都是由具有会计师事务所从业经验的人员来担当。

从职业发展来看，总账会计是财务职能从基础走向管理的第一步：在流程化、重复性的会计基础工作阶段后，这个职能开始融入了一些具备不确定性、艺术性的工作职责成分，更注重工作节奏和数据结果的表达输出。大家要明白，日常财务工作面对的不确定性越强，代表了财务执业阶段的等级就越高。

总账工作肩负了对财务五大基础模块的工作输出进行复核的责任，并对最终的输出结果——"财务报表"负责。基于这种原因，在很多中小型公司中，总账会计往往会成为以上模块会计人员的主管，从而锻炼了管理能力。而在很多中大型企业中，报表或合并报表团队和会计核算团队会分开，各自独立向财务经理汇报。

总账岗位不仅需要从业人员熟悉会计准则，而且还要熟悉审计思路。熟悉会计准则，是因为需要精确地做各种调整分录。熟悉审计思路，是因为总账会计是应对审计的主力人员。基于这两点要求，总账主管或报表主管是在四大会计师事务所工作四五年的员工跳槽的一个主要归宿。在技术上，总账主管这个岗位需要具备扎实的会计理论功底，因此拥有一张CPA证书会极大地增强总账主管自身的岗位竞争力。

对于从基础阶段上来的财务人员而言，总账工作是一个非常好的向未来中层管理者进阶的职能平台。因为它以供应链财务核算的终结者角色出现在会计核算的末端，以生成财务报表的形式体现出总账职能对于企业财务的重要性水平。有了基础阶段的应付账款或应收账款职能之一，加上固定资产会计或费用会计职能之一，在主管阶段又积累了总账主管的工作经验，作为供应链财务的结尾，可以说是很标准的财务经理或会计经理的晋升之路。

如果自身最终职业发展的目标定位在上市公司的CFO，并且想要真正在市场上具备很强的竞争力，那么具有总账主管或者财务报表主管这块职能是不可或缺的。

12.2 财务计划与分析

12.2.1 财务计划与分析的角色与特点

财务计划与分析，是企业营运管理中的重要角色，它属于管理会计模块范畴，其日常工作范围包括以下几项：

第一，根据企业特点和企业管理层的要求定期按业务单元、地域分布、产品线等维度分析企业的实际经营成果、对比预算、滚动预测和实际经营成果的差异，找出问题、分析原因、得出结论和改进方案。

第二，根据现有财务和业务数据编制并及时更新公司的预算和滚动预测数据。根据公司要求，对预算和滚动预测进行各种拆分、组合，分别形成集团级别、公司级别、事业部、业务单元、地域分布和产品线等各种类型的预算报告。

第三，根据管理层的营运需求，为特定的管理决策提供支持，比如常见的本量利分析、产品定价分析、外包还是自制分析等。

比如一些企业中事业部的费用分析会计和投资分析会计，大都属于FP&A的初级职位，这些职位担负着企业或事业部内的费用与投资分析、汇总与汇报工作，监控企业费用和投资的耗用情况。

做到中级职位以后，财务分析与计划人员就会参与企业或事业部的预算制订、差异数据分析和原因查找等工作，需要和其他部门一起找差异、找原因。

财务计划与分析角色做到经理岗位后，大概分为两种职业方向：一种是公司某个事业部的财务计划和分析经理，全面负责一个事业部的各种成本、费用、收入和投资情况分析。另一种是公司某个职能领域的财务分析经理，比如销售职能方面的财务计划和分析经理，负责产品毛利、成本方面的分析工作。

下面来介绍这类职位的几个特点。

1. 财务分析是企业营运、绩效管理和企业估值的基础。对财务分析而言，财务会计的基础越扎实、经验越丰富，分析的效果就越好，职业竞争力也越强。

财务核算经验越丰富，越能知道数据的生成过程、调整分录的逻辑、报表汇总的流程、各准则间的差异，也就越能更快更有效地进行分析。当然，这个职位也可以从基层做起，逐步做到财务计划与分析经理岗位，但这样的话会有缺陷，我们后面会讲到。

2. 财务分析是依行业不同而不同的。不同行业差别巨大，所以没有统一的分析方法来涵盖所有行业。比如金融业是高负债率行业，食品饮料业是低负债率行业。网络IT公司是轻资产，制造业大多是重资产，等等。所以分析方法往往需要随"行业"而异。

3. 在企业估值时，对一份企业公开披露的完整财务报告或审计报告，经过一定程度的财务分析，是能够挖掘出企业的经营特点、优势、劣势及基本的商业模式的。比如汽车制造公司的库存周转率很高，因为其大多采用了JIT[1]的商业模式。比如重型机械制造商的坏账准备都较高，是因为他们大多采用融资租赁的商业模式。有的公司靠高毛利生存，有的公司靠高杠杆生存，有的公司靠高速的资产周转率生存，各有各的利润模式和经营特点。做股权投资、企业并购时，都可以通过尽职调查和财务分析，来评估企业价值、筛选投资企业，所以财务分析也是投资的核心工具。

4. 财务分析的基础是利用会计核算的结果，也就是数据和财务报表。所以财务分析的有效性取决于会计核算数据本身的质量。如果会计核算系统足够强大，核算足够深入，细节足够完善，数据量足够大、数据颗粒度足够细，那么财务分析就也可以相应地做到深入、细致。如果会计核算本身质量很差，前后期会计准则不一致，缺乏可比性，错漏百出的同时缺乏精细化核算的深度，那财务分析的基础就不好了。没有好基础，也就不可能有好的财务分析输出。

5. 由于很多大中型企业的财务分析职能细分得非常深入，所以就造成了财务分析对系统过度依赖。大家可以想象，没有一个强大的系统将这些细小职能的财务分析数据进行分配、汇总，就不可能把财务分析工作做得这么细致、深入。所以这就导致了两个问题：

1）系统太强大，人的价值往往依赖于系统和流程而存在，脱离了这个体系，人的价值就大打折扣。

2）系统太强大，财务分析的问题又非常琐碎，会使基层财务计划与分析工作职能太细小，而要有全局的财务分析观，则需要漫长的时间。

---

[1] JIT是Just In Time的缩写，代表了制造生产过程中无库存的生产模式。

下面，我们来看一下财务分析的使用主体的特点，不同使用主体关注的报告要点也不同。

第一，债权人的关注重点，从高到低依次是：资本结构>流动性>成长性。

- 资本结构显示了当前时点的企业债务风险。
- 流动性显示了企业在当前资本结构的条件下，现金流处于一种怎样的水平。这种水平将导致资本结构朝什么趋势变化，以此推断未来一段时间内企业可能存在的违约风险概率。
- 成长性考察未来和企业进一步长期合作可能达到的规模和程度。

第二，投资人的关注重点，从高到低依次是：成长性>盈利性>流动性。

- 投资人最看重未来的收益是否会让他现在的投资增值，所以成长性和未来发展的产业空间是其最关注的，这与企业战略紧密相关。
- 其次是盈利性，毛利率的高低决定了企业的门槛和投资人的"护城河"。
- 最后是流动性，保证前两者的基础上，有足够的现金流能确保投资人适时通过分红等方式回收投资。

第三，管理层的关注重点则是：营运绩效的预算达成情况。

由于现代企业管理架构中的委托代理机制，导致投资者与管理层分离，使得二者的关注点会各有侧重。投资人依靠预算指标、KPI绩效考核和经理人激励机制来形成对管理层的监管和钳制，这也就导致管理层最关心营运绩效的KPI达成情况，因为这与他们的最终奖金直接挂钩。

无论三个主体的关注重点如何，都需要财务分析这个岗位提供最基础的分析输出结果，作为各自的决策依据。

12.2.2 营运财务分析与控制的流程和应用

以营运绩效分析为目的的财务分析主要是根据财务报表中的数据，结合企业经济业务进行数据分析，并将分析结果"不带感情色彩和倾向性"地进行总结汇报。对于在分析过程中发现的问题如实反映，并查找原因、提出方案、协助解决。因此，营运财务分析的工作流程一般是：汇总数据、深入分析、发现问题、查找原因、制订计划、解决问题。

有的营运财务分析是汇报给财务经理的，有的则是直接汇报给各个事业部的负责人或部门负责人的，这都取决于公司的管理结构。基本的费用分析、预算差异比较这里就不多说了，这些职能在有的中小型公司是由基础阶段的会计负责完成的，在大中型企业中，如果进行事业部细分，就由各自事业部的财务计划与分析来负责。这类分析模块化、流程化、系统化，自下而上，层层汇总，最终由事业部或者公司的财务计划与分析的总负责人汇总各个细分模块的财务分析报告，形成公司或事业部整体层面的分析报告。

根据公司层面财务分析的基本思路和策略，营运财务分析需要四个层次逐级深入的分析流程，如下所述。

第一个层次，通过数据表象找到问题。

举一个例子，假设通过基本的预算比较和财务分析数据发现，本月的存货周转天数较去年同期相比上升了30%。财务分析人员经过对各个库存产品分类进行深入分析后发现，原材料存货周转天数上升是主要原因：原材料的周转天数上升了50%。再深入事业部的产品分类分析发现，主要原因是A和B两种产品的原材料周转天数上升导致整体存货周转变慢。

至此，财务分析的第一阶段工作算是基本完成，初步找到了问题所在：即某个事业部的两个产品A和B的原材料存货大幅上升，是导致公司存货较去年同期上升30%的主因。

第二个层次，将问题追溯回供应链。

财务分析人员将发现的问题汇报给财务计划与分析经理或事业部的负责人，经过他们的协调，召集销售部门、物流部门、采购部门一起开会讨论。假设各部门的意见汇总如下。

销售部门的观点是： A和B两种产品是今年推出的新产品，而且都是针对北美的大客户市场。这块业务非常难得，因此我们很重视对客户交货的及时性，必须保证对客户需求的快速反应，要在3天内完成向客户交货，才能超越我们的竞争对手。对于我们销售部门来讲，客户满意度是我们的使命，也是我们最重要的KPI，所以绝不会在这方面让步。

物流部门的观点是： 由于空运成本是海运的5~8倍，因此我们首选是通过海运的方式为客户进行产品运输。这样在运输时间上，海运就要比空运多出30天的时间，因此就必须准备至少50天的安全库存来满足销售部门随时发货的需求。及时供货是我们物流部门重要的KPI考核指标，我们对这方面一直非常重视。

采购部门的观点是： 采购方面需要最小订货量的支持。每次订单量的大小将直接决定我们可以获得的采购价格优惠幅度，采购价格的优惠幅度是我们年度KPI的重要指标，所以我们必定会力求在价格方面获得最大折扣。因此我们每批都是预订至少60天的量来获得5%的折扣，这是一个非常划算的价格，是我们部门共同努力很久才得到的。

大家可以通过上述模拟会议的讨论看出，企业经营管理的日常活动是多么复杂。并不是说我们通过财务分析发现了问题，就一定能够找到解决方法。很多时候，答案隐藏在供应链上各个环节因果相互作用、互相妥协的背后，简单的一个表象，往往是各个部门背后利益相互较量的结果。

回忆本书在职业目标章节中所述，在第三个五年中，我们最重要的职业战略目标是什么？是联盟。因为这个时候，你的财务分析主管发现问题了，作为经理或者财务总监，必须有能力、有资源去联盟和协调各部门的利益来解决问题，体现领导者的能力和价值。

在这个时候，作为财务分析人员应该怎么应对？此时将进入第三个层次。

第三个层次，发现问题根源并制订后续工作计划。

首先，财务分析人员总结各个部门的反馈意见。

- 销售部门：要保证3天内向客户交货的及时性，应对激烈的市场竞争。
- 物流部门：要保证50天的安全库存，否则就要空运，运费成本增加5~8倍。
- 采购部门：要保证60天的最小订货量，否则就没有5%这么高的折扣。

第二，分析供应链中各部门的意见，提炼核心论点。

- 在供应链前端的采购部门，为了获取最大限度的销售折扣，而采购了大量的原材料进入存货。
- 供应链中间的物流部门，为了节省运费，要求必须准备60天的安全库存产品和原材料，导致原材料和成品都大幅增加。
- 供应链末端的销售部门，向客户保证了3天的交货期，这给采购、物流、生产带来巨大压力，但是在客户应收账款回款上并没有相应的改善。

综合上述情况，最终导致A和B产品的原材料周转天数极大上升，提高了企业营运资本需求，增加了资金的占用水平。

第三，总结问题的根源。

在不能如期交货给公司带来客户流失的前提下，各个部门都从最谨慎的角度出发，力保自己的KPI，而最终导致了公司的存货周转上升、营运资本需求上升的局面。

第四，确定后续行动任务方案。

总结分析后，财务分析人员必须深入进行分析调查，确定各部门负责的后续任务。

- 销售部门应确认，在满足3天内向客户交货的情况下，能否加速应收账款的回款速度。
- 销售部门针对下述情况进行模拟：物流部门只保留30天、40天两种安全库存的情况下，公司不能如期交货的概率分别是多少。
- 财务分析人员针对下述情况进行模拟：物流部门只保留30天、40天两种安全库存的情况下，公司可降低的库存成本分别是多少。
- 财务分析人员针对下述情况进行模拟：物流部门使用空运运输100%、75%、50%、25%的原材料，4种情况下产生超额的运费成本分别是多少？节省的库存金额又分别是多少？
- 采购部门去寻求新的原材料报价，按照30天、40天、50天最小订货量条件，分别统计折扣额度。

第四个层次，收集后续反馈信息，制订解决方案。

一周之后，各部门汇总信息和财务分析部门的模拟结果如下，假设资金年化成本为6%：

- 客户同意将应收账款期限缩短10天。
  - 在物流部门保有30天和40天安全库存的条件下，不能满足3天内交货的概率分别为2.7%和1.25%，分别可以减少存货金额7000万元和4000万元，资金的年化机会成本节省约420万元和240万元。
  - 在物流部门对75%、50%、25%的原材料使用空运的条件下，超额的运费成本分别是1500万元、1200万元、900万元，节省的库存材料金额分别是2.2亿元、1.5亿元、0.9亿元，资金的年化机会成本节省大约是1320万元、900万元、540万元。
  - 采购部门在30天、40天和50天最小订货量条件下，最新的价格折扣额度分别是4%、4.5%、4.75%，较5%折扣多支付材料成本金额为1000万元、500万元、250万元，节省库存材料金额为1.2亿元、0.9亿元、0.6亿元，节约资金年化机会成本大约是720万元、540万元、360万元。

根据以上信息反馈，财务分析主管与财务总监讨论后，推出以下三套解决方案。

- 安全库存降低至30天，75%原材料采用空运，使用30天的最小订货量，最终将导致成本上升：1500万+1000万=2500万元，但可以节约营运资本资金占用金额：4.1亿元，年化机会成本节约2460万元，综合费用超支：40万元。
- 安全库存降低至40天，50%原材料采用空运，使用40天的最小订货量，最终将导致成本上升：1200万+500万=1700万元，但可以节约营运资本资金占用金额：0.4+1.5+0.9=2.8亿元，年化机会成本节约240+900+540=1680万元，综合费用超支：20万元。
- 安全库存降低至40天，25%原材料采用空运，使用50天的最小订货量，最终将导致成本上升：900万+250万=1150万元，但可以节约营运资本资金占用金额：0.4+0.9+0.6=1.9亿元，年化机会成本节约240+540+360=1140万元，综合费用超支10万元。

推出上述解决方案后，就进入了问题解决的最后一个环节。

第五个层次，决策选择，从供应链分析上升到企业决策支持。

针对上述备选方案，由财务计划与分析经理或财务总监与事业部负责人（或总经理）协调各部门负责人进行综合考虑、分析、协商，甚至是争论、讨价还价，然后根据企业战略和预算计划，选出最符合企业利益的方案。可能是三套中的任何一个。

这部分决策内容已经上升到财务决策力的范畴，我们会在后面的章节展开讨论。以上就是财务分析在营运分析中所发挥的作用，以及相关工作的基本流程。

12.2.3 职业发展建议

最后，从职业发展来看，我把财务计划与分析职位按照职能不同分为以下两种。

1. **财务分析职能**：这种职能分布在大型跨国企业中比较常见。这些企业由于体量庞大，需要对费用、成本按照事业部或者部门进行非常细致的分析。这些流程化的、如"螺丝钉"般的财务分析，并不需要操作者本身具备太深厚的会计基础。

同时，该职能下职业晋升的路径也相对简单、明确，遵循着初级、高级最终做到经理的升迁方式。这类职位大都集中于跨国企业中国总部或者是大型结算中心。

很多海外留学归来的人员或是研究生毕业的人员不愿做基层的会计工作，大都被吸引到这种财务分析职能的岗位上。这种职位的优点在于，可以不从烦琐、重复的会计核算基础工作做起，但缺点是，在工作早期不能深入接触企业供应链，不能深入理解财务核算和财务报表的编制。

如果已经做到了财务计划与分析的初级阶段，那么未来的职业发展就面临两种选择。第一，在财务计划与分析的岗位上一直做下去，最终做到财务分析经理或总监级别，这样就需要一直保持在一个相似的体系环境内。离开了这个环境，离开了熟悉的系统，你的价值就会大打折扣。第二，在具有3~5年经验的时候找机会转到财务核算岗位上，比如总账主管。如果这时能有CPA的证书做基础，那就比较容易转岗了。总账会计做3年左右，熟悉了供应链财务核算和报表编制的基本实务，自己未来的上升通道也就打开了，选择面就很宽了。

2. 集团总部层面的财务分析与控制总监职能：这也是对经验水平要求最高的财务计划与分析职位。作为集团总部，需要对下属各个战略事业部进行监控管理。所以在集团层面会设置各个战略事业部的财务内控负责人，确保各个事业部的运行正常、符合战略方向、参与决策并及时发现潜在问题、审核预算和月度业绩运行情况等。这种类型的财务控制人员一般都是企业内部培养或从同行业招募的，至少有主管级别或以上管理经验。

从职业发展来看，财务分析职能是一个非常好的职能。但是它不适合初级财务人员长期参与。没有会计核算和工厂财务管理的经验做基础，这个职位的发展是有瓶颈的。有很多在外资企业做财务分析的人员，做到所谓的经理或总监职位后就遇到了"天花板"，跳槽也没有更好的选择，只能在财务分析这个相对狭窄的领域内生存。

最后，需要提醒大家三点。第一，这里所涉及的财务计划与分析角色，主要是从企业内部管理而言的控制和分析视角，以提高企业自身运营效率和收益为目的，与外部估值视角的财务分析角色完全不同。第二，我们注意到在很多企业中，财务计划与分析这个职位已经被推到一个非常广义的范畴。比如应收账款会计职能范围内的销售分析的职责，固定资产会计职能范围内的投资分析的职责，费用会计职能范围内的费用分析的职责等，从广义上看都可以称为"财务分析"职能。所以在很多大型企业中都可能以财务分析与控制岗位形式出现，企业只要涉及数据统计，或者与预算有差异比较需求的时候，都会以财务分析与控制这个岗位作为名目。第三，大家不要执着于职位名称本身。经理也好、总监也罢，相对于你"是"什么职位，更需要关注你"做"什么事情。能够提升你经验和价值的不是一个职位的名号，而是你真正做了哪些具体的工作，积累了哪些真实的经验。

12.3　预算管理——企业利益最大化下的各部门利益平衡

12.3.1　预算管理在企业中的角色与流程

预算管理是与财务计划与分析密切相关的另一方面，它除了数据工作之外，更多的是部门间的利益平衡与较量，需要更多的管理策略与智慧。很多中小企业根本不重视预算，认为预算没用，计划赶不上变化。他们自认为做企业需要不断地随市场变化而变，因为企业每天都在变，所以我们不需要预算。

实际上，没有预算就好像打仗之前不制订任何战术一样危险，会使公司缺失内部管理的基础和准绳，企业的一切管理会处于失控的状态。企业随着市场变来变去的结果，就像在战争中被敌人牵着鼻子走一样，最终处于迷茫的状态：不知道怎么打才能赢。

作为财务人员，判断一家企业的管理是否强大有效，就看它的预算体系是否严谨、强大就足够了。预算做到极致的企业，一定也是管理做到极致的企业。因为预算管理是财务管理核心中的核心，它是财务管理的基准，是财务人员的尚方宝剑，是CFO在企业内部当仁不让的处于仅次于CEO地位的根本原因。

预算管理是企业利益最大化条件下，分配有限资源、平衡各部门利益的一门学问。任何企业都有自己的发展战略，而预算就是企业战略的数据化体现。一个完整的预算体系，应该至少包括以下内容：

（1）企业未来5年的发展战略和方向。

（2）下一年度的详细预算报告编制以及各个部门的具体业绩目标设定。

（3）滚动的预测和对比报告。

在前面第6章中我们已经详细介绍了预算的基本思路，本章中将不再赘述。

这里我们通过两个例子，详细讲一下预算在企业控制力上的体现，看完了这两个例子，大家就明白为什么CFO在企业中的地位这么高。

12.3.2　预算管理案例之一：直接人工成本预算和管理

根据产能增长情况，生产部门每年会递交直接人工的人员预算，要求人力资源部门招聘更多的员工。如何科学地判断生产经理的要求是合理、恰当的呢？如何判断公司的员工是否真正处于紧缺或者冗余的状态呢？我们可以设计下面这套预算分析报告来进行决策判断。

报告A：人工产能情况分析报告

人工产能，是以员工数量、员工的工作时间和每单位产品耗费的人工时间这几个参数为基础，统计出的在既定员工人数下所能达到的产能产量上限，即：

产能产量上限 =（员工数量 × 员工工作时间）/ 每单位产品耗费的人工时间

如图12.1所示，横轴代表图例所属的日期，以周为单位，即2014年的第41周至第49周。纵轴代表的是产能所需时间，单位是小时，即某个工作中心全部产能产量所具备的人工小时数量。

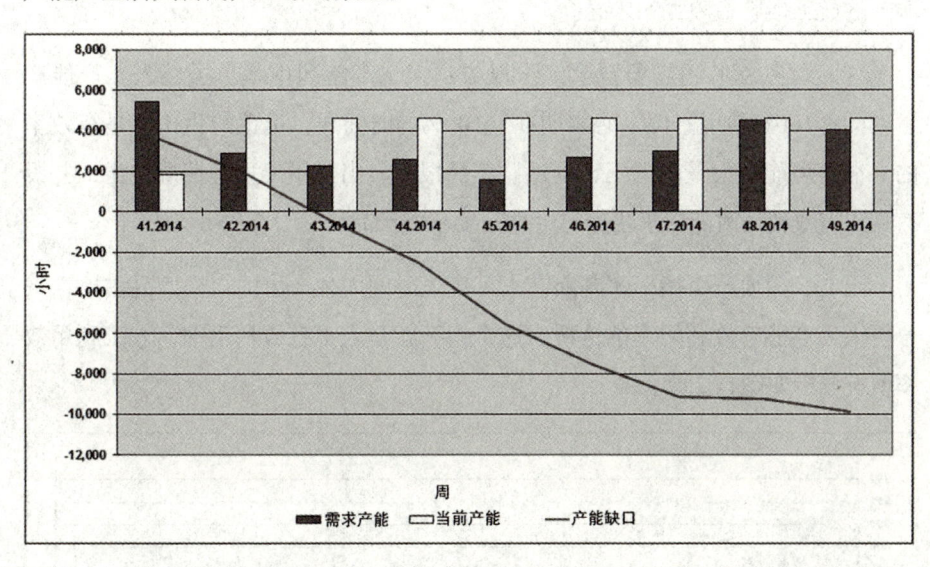

图12.1 人工产能情况分析图

每组柱图中左侧的柱图表示公司根据客户的需求在未来几周安排的生产计划产能所需的人工产能时间，每组柱图中右侧的柱图表示公司当前人工的实际产能时间。曲线表示两个时间的差异，代表了人工产能缺口的小时数量。这个缺口可以靠既定人数的员工通过加班来弥补，也可以通过既定工作时间下增加员工数量的方式来弥补。

- 当公司目前的实际产能大于预算产能时，产能缺口为负数，曲线向下倾斜，表示公司人工产能有富余，仍有能力接受订单或需要裁员。

- 当公司目前实际产能小于预算产能时，产能缺口为正数，曲线向上倾斜，表示公司人工产能不足，需要增加新员工补充或应安排加班。

根据图12.1我们看出，在第41周时，左侧柱图代表的预算产能大于公司当前实际产能，需要人工人数的补充。从第42周开始，左侧柱图代表的预算产能小于实际产能，开始出现冗余的人工。

但仅靠这一张分析图，可能无法最终判断生产部门是否需要增加或减少员工，我们需要继续来看下面的第二份报告。

报告B：人工有效利用率情况分析报告

假设人工产能产量时间都已经100%充分利用的时候，是否我们就能够批准额外的员工招聘名额呢？未必。

这时财务总监还需要看第二份报告：人工产能利用率。虽然人工产能产量时间都100%利用，但未必表明在这100%的时间内，员工的生产都是有效率的。很有可能有大量的返工、延迟、产品报废、出工不出力等情况发生，并没有真正有效利用时间，来生产符合质量要求的产品。

因此，需要一个指标来判断在人工产能时间内生产出的合格产品占比，来分析人工产能有效利用率的情况。这个指标就是人工有效利用率，人工利用效率情况分析如图12.2所示。

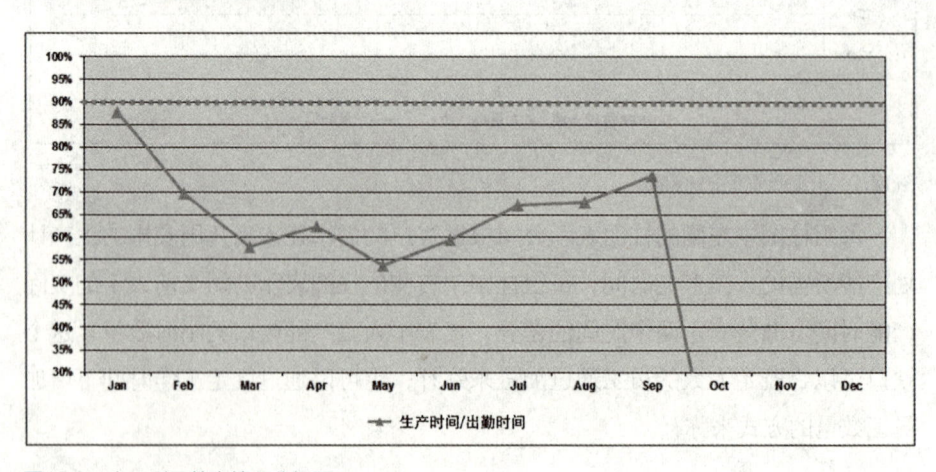

图12.2 人工利用效率情况分析图

在图12.2中，横轴代表时间，单位是月份，即全年的12个月。纵轴代表人工有效利用率，其计算公式是这样的：

$$人工有效利用率 = 有效人工生产时间 / 人工实际出勤时间$$

其中，

$$有效人工生产时间 = 合格产品生产的最终数量 \times 单位产品生产所需的人工时间$$

这样，通过这个公式就能反映出员工实际产出的合格产品所需时间占其出勤时间的比例，通过这个比率就能反映出人工的实际工作是否有效率、是否有改进的空间。

通过图12.2可以看出，人工有效利用率基本上在55%~80%之间，说明生产部门的员工管理效率出现较大问题，这时财务总监就必须要求生产部门在首先提高效率的基础上，再根据情况决定是否招聘额外员工弥补人工产能产量时间不足的缺口。

通过这两份报告，大家就能较为直观地感觉到，为什么CFO在公司的地位如此重要。因为预算的管控本质上就是对企业有限资源的分配权，每个部门都力图从部门利益出发，分配到最大的那块资源蛋糕。但是CFO作为企业资源的管理者和监督者，必须依靠数据和分析报告，更高效地分配资源。这既是权力的体现，也是价值的体现，最终他可以影响各个部门的预算分配，也会影响企业的绩效，体现了强大的控制力和决策力。

12.3.3 预算管理案例之二：投资预算管理与控制

我们接着看下面这个投资预算的决策案例。一般每隔一段时间，比如说一年，生产部门、项目部门等会根据产能需要，提出增加投资的需求，包括设备机器、厂房等诸多方面。这时，作为预算管理的负责人进行判断决策的依据是什么呢？我们来看下面这两份报告。

报告A：设备产能情况分析报告

设备产能利用情况如图12.3所示。

图12.3中所示的横轴代表日期，以周为单位，即如图所示的2014年的第41周至第49周。纵轴代表的是设备产能的时间，单位是小时，即某个工作中心全部设备产能所具备的小时数量。

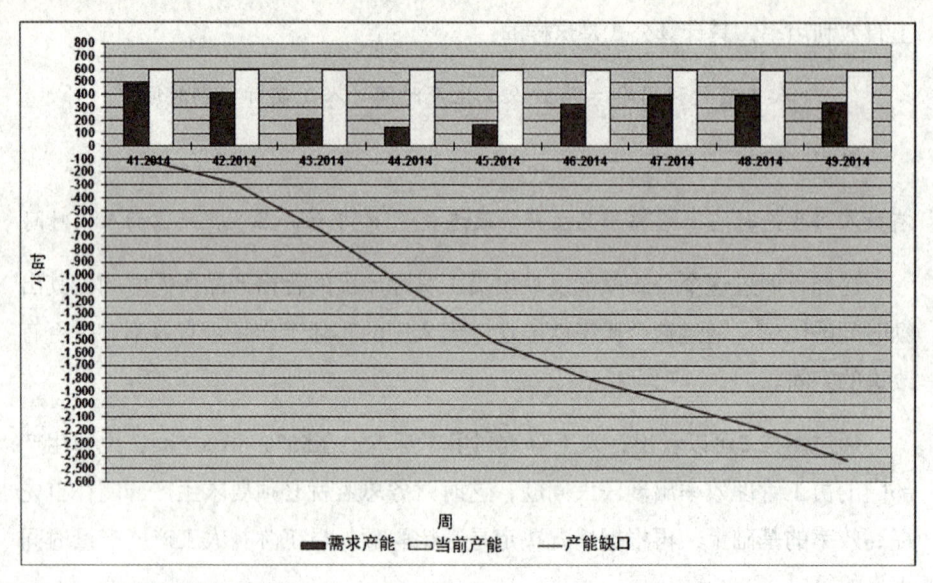

图12.3 设备产能利用情况分析图

每组柱图中的左侧柱图表示公司根据客户的需求在未来几周将安排的预算产能所需的产能时间，每组柱图中的右侧柱图表示公司当前设备的实际产能时间。

曲线表示两个时间的差异，代表了产能缺口。当实际产能大于预算产能时，产能缺口为负数，曲线向下倾斜，表示公司产能有富余，机器设备的利用率不足，仍有能力接受新生产订单。当实际产能小于预算产能时，产能缺口为正数，曲线向上倾斜，表示公司产能不足，需要提高生产效率或增加投资补充。

通过图12.3，财务总监可以迅速了解目前的产能基本状况。但判断是否要增加投资，还需要第二张分析图的配合。

报告B：设备有效利用率情况分析报告

假设设备产能都已经100%充分利用，是否说明就能够批准额外的投资扩张产能呢？未必。与人工产能产量情况类似，这时财务总监还需要看第二张图：设备利用效率。

虽然设备产能的时间100%被利用，但未必表明在这100%的时间内，设备生产都是有效的。也可能有大量的返工、延迟、报废、维修等情况发生，没有100%真正地有效利用时间，来生产符合质量要求的产品。因此，需要有一个指标来判断在设备产能时间内生产出的合格产品占比，来分析设备有效利用率的情况，如图12.4所示。

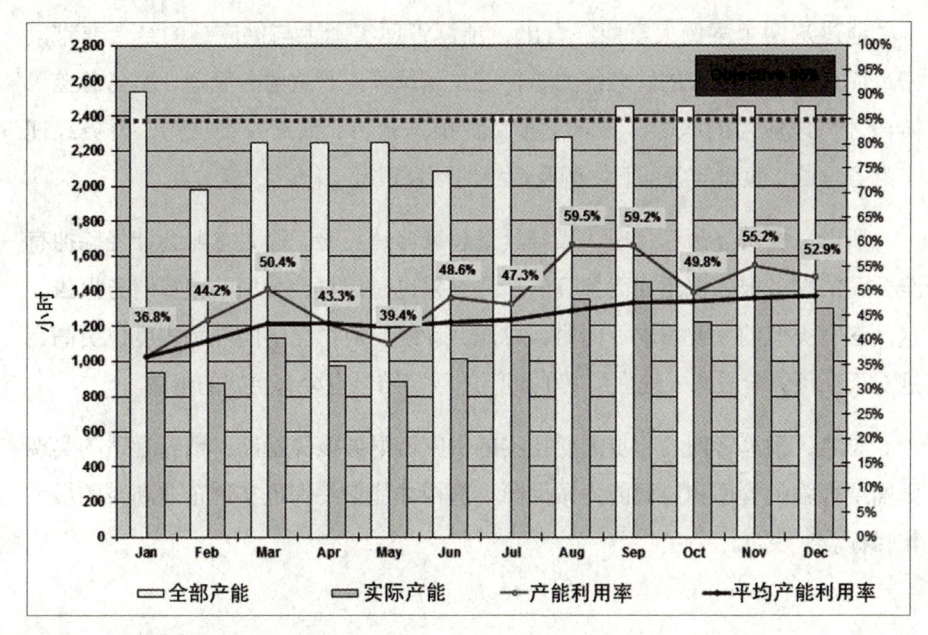

图12.4 设备利用效率情况分析图

如图12.4所示，横轴代表日期，单位是月份，表示了全年的12个月。纵轴左侧主轴代表时间，单位是小时。纵轴右侧附轴代表设备利用效率，单位为百分比。

每组柱图中的左侧柱图代表该工作中心中生产设备的实际全部产能，单位是小时数量。每组柱图中的右侧柱图代表该工作中心每月实际生产出的合格产品所占的设备小时数量。

通过两个柱图的对比就可以看出，生产部门实际生产的合格产品所需设备时间占全部设备产能时间的比重，进而判断其对既定产能的真正有效利用水平。我们发现，这个比率在35%~60%之间，利用程度非常低。财务总监就可以据此判断生产部门的管理效率低下，应该首先提高生产效率，在此基础上，再判断是否应该投资更多的设备。

以上是预算管理方面的内容，财务总监通过预算管理这个有力的工具，紧紧抓住企业资源的分配决定权，体现了在企业当中绝对的控制力。这两个例子一个是人力资源的分配权、一个是投资现金的分配权，是企业中最重要的两块资源。

12.3.4 职业发展建议

通过这两个案例大家能够看出，预算管理实际上与供应链的结合非常紧密，而且体现了很强的管理能力，往往是到预算主管或财务经理（财务总监）阶段才可以应对的职能。预算主管负责预算编制、数据收集工作，财务经理（财务总监）负责与各部门协调及最终的预算审批工作。

所以，要做好预算管理，最好具备总账会计经验。因为总账会计经验拥有全公司的财务报表视角，而预算的最终结果也是出具全公司的预算财务报告，这两者有类似的专业需求。同时，总账会计经验对供应链的熟悉程度也更高，这对于在预算阶段深入地理解其他部门的数字结果也会有更好的帮助。

总之，预算管理的起步需要扎实的供应链财务核算基础，预算管理的实现则需要很强的管理和协调能力做保障，这样才能最终保证实现企业利益的最大化目标。

12.4 税务管理：最具备专家潜质的职位

中国税务环境不断发生变化，营业税改增值税的全面实施使得增值税不断深入经济运行的各个领域，资本市场的变幻、全球化经营的愈发复杂，都对企业的税务管理工作带来了全新的挑战。在很多企业中，税务管理正在由被动的税务计算、缴纳、合规的角色慢慢渗透到企业战略、经营、决策、资本运作等每一个环节中，主动地在事前进行税收筹划，实现企业商业模式创新，可帮助企业提升价值。

由于我国的税务政策具有复杂性、多变性和监管强度大的特点，企业中的税务职务较其他会计模块相对独立，且专业性门槛较高，需要税务人员不断根据最新的税务政策和法规持续地进行学习。因此税务人员是企业中的专家型人才，往往职位较为固定，同时因为沟通成本、熟悉程度等原因，税务局的公职人员也不喜欢企业频繁更换税务对口专员，所以税务会计可能是企业中轮岗程度最低的职位。资深的税务人才的市场竞争力非常高。

中小型企业会专设一个税务会计的岗位，特别是进出口相关的企业更是如此。大的企业集团会有专门的税务部门，并安排一位税务员工专门负责集团内外的税务事宜。

税务工作的重点和难点如下所述。

1. **各类税种的合规性管理**。看似与业务不相关联的税务工作也因此参与到业务安排中，比如涉及进出口的报关、退税等环节，是需要税务人员、物流人员、应收账款会计三者协同完成很多相关工作的。很多业务可行、会计可行的操作在税务上都不可行，这时就需要税务人员出面找出解决方案。由于税务政策基本上是年年变，所以财务、业务部门往往需要税务人员的配合指导才能合法合规地完成业务。

2. **集团内部转移定价安排的设定**。在企业集团对内的税务工作上，税务人员的主要工作就是制订关联方的转移定价方案。如果是跨国公司，这方案的复杂程度就会呈几何程度上升，大多需要外部咨询顾问的介入。

3. **综合税务筹划**。即如何安排各种税务的金额比重，实现现金流出最小的税负效应，包括各个税种之间和各个国家之间。税种之间涉及如何安排企业架构和业务设计，承担最低税率的税种。国家之间的筹划涉及转移定价的安排，它在很大程度上决定了企业集团的全球整体税负。最理想的方案一定是在全球范围内安排资源，寻找税负最低的国家留存最多的利润。但这是理想，现实中需要小心翼翼，因为关联方交易是各国海关、税务稽查审核的重点。

在职业发展方面，税务会计是一门技术含量高、专业化程度深、职业路径非常稳定的工作，比其他财务职能岗位都更要稳定。

选择这条职业发展道路，应该首选规模大、行业成熟、发展稳定的跨国企业，因为这类企业中涉及的业务最庞杂，涉税种类也就最多。同时由于发展稳定且成熟，其体系经验也往往规范健全，容易直接学到成熟的既定经验，减轻自己摸索的机会成本。或者选择直接进入四大会计师事务所的税务咨询部门，经历各种类型的企业、各种类型的税务咨询项目，短时间内丰富自己的税务经验，给未来跳到甲方打下基础。但要注意的是，四大会计师事务所的税务咨询细分领域较多，每个小组各司其职，有的负责国内税，有的负责关联交易，有的负责同期报告或所得税汇算清缴报告的制作提交等。在方向选择上，要注意与自身未来职业发展路径的匹配度，不要在一开始就把自己的路走窄了。

12.5　成本管理：产品成本核算与管理专家

谈到成本会计，财务的职能角色就完全不同了。前面所述的全部属于"财务会计"的范畴。在财务会计领域，可以说其主要和最终目的是满足对外披露的"合规性"要求，即确保财务数据的真实、准确、完整，最终符合企业会计准则披露的要求与规定。

成本会计是企业内部管理的范畴，是企业产品和项目成本核算的核心。它与财务会计、管理会计一并称为组成财务管理三大范畴的重要部分。它的根本目的和出发点，是满足企业内部管理与内控的需求，从营运绩效出发，审视企业产品与服务的成本构成，发现波动背后的规律和问题，找出改进增效的原因和方案。

成本会计可以分为产品成本核算与项目成本核算。

1. 产品成本核算

在实践方面，成本核算的流程随行业的不同而差别较大。特别是在制造业中，因为成本核算都是以产品的物料清单和工艺流程为基础进行成本体系的搭建，不同的产品由于工艺流程、物料清单的复杂程度不同而有较大的差别。所以行业经验对于一名成本会计会起到很重要的作用，这也使得成本会计对行业的依赖程度非常高。

成本会计岗位需要对供应链流程非常熟悉，因为其核算的数据都以供应链的流转为基础。比如材料成本来自于采购订单—收货入库—领料出库这个流程，不仅与采购订单价格相关，还与财务发票校验环节、运费、汇率变动、存货计价方法计算等密切相关。再比如工艺流程中包含的各种工作中心之间不同的标准费率水平以及不同的工序特点等，都需要成本会计做深入的了解甚至亲自进行费率的设定工作。

所以，一位好的成本会计应该是深入了解产品、工艺、工序流程，深入了解企业供应链运作的。成本会计核算的表象是对产品成本的计算，实质是对企业供应链运作效率的综合评价（毛利率水平反映了企业供应链的综合效率）。

成本会计的主要工作涉及如下几项。

- 标准成本费率的制订与更新。

- 产品成本差异分析：价差和量差——效率改进建议报告/问题报告。
- 成本相关的营运决策支持。

2. 项目成本核算

很多客户的项目需求并非是大批量生产的相同产品，而是定制类型的产品，这时就需要运用项目成本核算职能来应对。这里的项目包括模具、生产线设备、研发服务，诸如此类。

这类成本核算由于其定制化和不可重复的性质，所以需要按照另外一套成本核算的逻辑来进行。按照项目编号归集全部相关的人工、材料、制造成本。

项目成本核算的关键在于以下几点：

- 进度控制，根据成本归集情况，分析项目进度和进展情况。
- 实际成本与预算成本的比较，通过差异分析找出潜在问题。
- 营运绩效控制，通过对项目成本核算与毛利分析，统计和控制营运部门的KPI指标。

成本会计是制造业财务核算的中枢环节，对存货成本和营业成本这两个重要数据有决定性的影响。同时由于其对制造环节的深入了解，使得这个岗位在财务部门的技术含量非常高，竞争力非常强，是未来财务经理（总监）岗位强有力的竞争者。

关于成本核算差异分析的环节，我们在第6章已经做了详细介绍，这里就不展开了。

> 💡 **职业意见**
>
> 在职业发展过程中，成本会计和总账会计是从基础迈向主管阶段的两个不同方向的选择。成本会计走的是内部管控方面的专家路线，总账会计则走的是外部合规方面的报表编制与披露路线。对很多立志成为财务总监的人员来说，从这两个职位当中二选一几乎成为必然的选择。财务计划与分析职位，是一个了解企业管理会计模式的窗口，但由于其职业的固有限定性，使得有长远目标规划的人不宜长期从事此类职位。预算管理是企业中的中高级职位，适合具备一定管理经验的人员担任。税务管理岗位，则是一项技术含量高、专业化程度深、职业路径非常稳定的职业发展路径。

第13章

财务决策力

> 时间坐标：十年以上。
>
> 工作岗位：子公司财务总监、投资并购项目总监、集团CFO。
>
> 关键目标：建立全面的财务管理知识体系，培养在高度不确定环境中进行决策与管理的能力。
>
> 目标解析：在总监阶段，应着重构建全面的财务知识体系，并以此为基础，拓展自身在企业管理方面全方位的能力，朝着战略决策者的角色进行转变。同时，不断积累在行业各个领域内的关系和资源，以获得充足的高质量信息资源，从整体上降低面对决策时的不确定性风险。

13.1 子公司（工厂层面）财务总监

奋斗到财务总监之后，你便成为一家公司层面的最高财务负责人。你的汇报对象，也变成了集团的首席财务官（CFO）。

财务总监的日常工作可以分为以下两大块。

第一，公司营运层面的财务决策。

第二，集团财务指令的上传下达。

在公司职能上，财务总监在公司运营层面具有绝对的决策自主权。但是在财务流程上、制度上以及组织结构上，又要绝对服从于集团的指令以及CFO的领导，履行好集团财务战略执行者的使命。

在典型的职能型汇报的集团组织中，财务总监是要直接汇报给所属集团的

CFO、间接汇报给所在公司的总经理的。这样的职能架构，从本质上把财务职能和营运职能分割开来，成为总部监督子公司和工厂绩效的利器。这样的职能架构的优点很突出，就是加强集团中央集权对地方藩属的控制力度；但弊端也很明显，往往导致财务和营运两条线互不相交、相互制衡，这也给公司层面财务总监的日常工作带来了很大的挑战。

13.1.1 预算管理和差异分析

作为公司营运基层的最高财务管理者，财务总监最重要的职责还是在营运和业务层面。为了有效地履行责任、执行总部的财务监督者使命，坚决地执行集团确定的预算管理体系与政策，是财务总监最重要的工作内容。

预算管理和差异分析职能，是集团财务管理的根本依据和核心基准，是大型集团化公司、跨国公司进行全球统一化管理的重要手段。这也成为公司财务总监的一把尚方宝剑：经过董事会批准的预算报告是经过全部管理层认可和同意的唯一绩效考核指标，也是财务总监最有效的营运管理、评价和分析的武器与基准。所以，能否将预算管理体系按照集团的统一标准有效地在公司层面推进、完善，是基层财务总监需要解决的首要问题。

很多企业在转型期间，它们的营运职能部门对预算管理不重视，往往认为预算管理总是束手束脚，财务部门本身不懂业务却用预算来粗暴干涉营运的决策，制订条条框框来约束业务部门。这种想法在民营企业中更是普遍，这时就需要财务总监耐下心来，接受现实，不急于进行大刀阔斧式的改革。

首先，应该尊重业务部门提出的问题和抱怨，然后深入理解业务部门抱怨的根本原因，最终从原因中找到与业务部门共同的价值点和契合点，以求一起寻找解决方案。

下面通过一个作者亲历的真实案例，来学习财务总监如何找到这个契合点。

某公司销售总监David对销售预算的抵触情绪很大，他走到新任财务总监Chris的办公室，很强烈地抱怨道："预算往往做出来就过时了，市场是瞬息万变的，我们必须不断改变去适应市场，对销售人员来说预算做出来根本没有任何参考意义。现在是拿订单的关键时期，我们的销售人员要以客户第一，跑客户、跑市场才是我们的使命！让我们坐在办公室里敲这些过时的数字纯粹是浪费时间,没有参考价值!你们要求的预算,我们给不出来!"

公司新任的财务总监Chris深知该企业前几年预算管理做得很不彻底,由于推动公司预算管理的阻力很大,前任CFO对于年度预算编制也只能以完成任务为标准,很多数据往往到了预算编制截止日都拿不到,而只好由财务部门自己进行估算。最终拿出的预算报告,业务部门并不承认,导致预算管理形同虚设。

面对David犀利的抱怨,Chris很冷静,微笑地回答说:"David,很高兴你能这么坦率地跟我敞开心扉,来告诉我们你对预算的看法。说实话,我看了你们去年的预算报告,我跟你的想法是完全一样的,这样做预算真的是浪费时间!"

David本来已经准备好的继续反击的架势一下子就被浇灭了,他没想到Chris站到了他这一边,正在犹豫不知道说什么的时候,Chris又开口了,"所以这次我也想找你聊聊,但你总是太忙了,在办公室里根本看不到你。今天正好借这个机会,我们一起探讨一下,看看怎样做这份预算对你们销售人员有帮助。"

David听出了Chris的意思,看来这份预算还是要做的,他回答道:"那你有什么想法?"

"我看了销售部门去年的年终绩效考核,您对Nick的评价是全部门最高的,是因为他去年拿到的新订单量最大吧?"Chris问道。

"那当然了,我们销售人员的考核从来都是拿业绩说话,我也绝对做到一碗水端平。"David很自信地回答道。

"总量上看,Nick的确是最多的。但是如果仔细分析一下,可能并非如此,"Chris把电脑显示器转给David,打开了一份文件,"David,你来看看我们做的这份分析报告,Nick虽然拿下了全公司最高的新订单量,总额超过10亿元的销售额,但存在三个问题:首先,它这10亿元订单的平均毛利水平是所有销售人员中最低的,只有20%左右;其次,他向客户承诺了年均降价幅度5%,这样3年以后在这个产品上我们基本上就无利可图了;第三,我们公司的大部分机器产能都要用来做这个项目的产品,这导致我们将Tom签下的1亿元的高毛利订单忍痛外包出去,变成了低毛利订单。你看看,这10亿元订单量虽大,但质不高，给公司带来的价值有限。未来5年给公司带来的现金流净流入，代入我们的公司价值模型公式中去看的话，反而会导致公司未来价值降低。"

逻辑严谨、数据充实、众多图表一目了然，当事实摆在眼前，David哑口无言，完全转变了态度，向Chris求教道："Chris，你这个分析确实好，能不能发给我研究研究？给我讲讲怎么做出来的？"

"当然没问题，但做好这个分析的一个重要前提条件就是我们的销售预算必须准确、完整，要让每个销售人员对应客户、产品、事业部做到非常精细的水平，这样我们拥有了很好的数据基础，再做任何对比分析、业绩评估就如鱼得水了。"

"我举双手支持，有了这套分析工具，我管理起来就更科学、更明确了。"David满意地笑着，拍了拍Chris的肩膀。

财务与业务的对立情绪，最终以"创造价值、满足需求"为突破口，实现了互相理解、尊重和合作。财务总监在与业务部门进行沟通时，尤其要注意摆正位置，政策的执行、流程的推动，都要以对业务部门有利、有用，对企业有价值为标准，这样才有利于工作的开展和推进。

第二，决策支持职能。正如我们在第6章中讲到的，在详细的营运差异分析之后，便是管理会计中决策支持职能的体现，在公司供应链的各个环节，财务总监都将发挥重要的职能。

在采购环节，在与供应商确定合同中的重要条款时，需要财务总监参与确认，比如付款方式、付款币种、付款周期、退换货条件、运费关税的承担方式，如果是设备采购还涉及设备安装调试确认环节等。因为这些重要条款都会涉及资金安排与管理、采购材料成本计算和固定资产确认的时点问题，这都会影响财务数据的准确程度和财务预算的匹配程度，因此都需要财务总监和采购部门一起确认和决定。

特别需要注意的是，在确定采购价格的时候，如果涉及外币价格和外币付款，则更需要财务总监的参与。从公司的营运层面出发，如果供应商的付款可以与客户的收款在货币上实现自然对冲，是最有效也是成本最低的一种规避汇率风险的方式。因此财务总监往往要在年度预算的时候，就确认好公司各种外币的敞口，针对敞口选择规避汇率波动的金融工具，并根据供应商的采购量大小，对采购支付币种进行确定。

在物流环节，由于物流的库存周转是企业营运资本的主要占用方，因此对于物流部门制订的安全库存计划也要参与决策。一般而言，根据公司所处行业和物料运输方式不同，企业都要有一定程度的安全库存，这既包括原材料又包括一定量的产成品的安全库存。

一般而言，物流部门为了保证自己部门的绩效考核指标（KPI）达标，往往会放大风险，从而过于保守地判断供应链上的安全储备量，从而导致公司存货储备量居高不下，对营运资本资金占用形成较大压力。财务总监的介入，可以从公司整体角度进行安全库存分析。首先，借助销售部门的数据和预测，判断客户端需求量的波动程度，确定对安全库存的基本影响。其次，根据采购部门与供应商的信息，确定原材料供应是否存在瓶颈效应，排除原材料在供应商处的波动风险。最后，根据物流运输周期、供应商供应波动风险、客户需求波动风险综合考量后，确定物流部门的安全库存量，使其从公司整体角度实现利益和价值最大化。

在销售项目环节，财务总监需要把控好产能利用与盈利能力提升这两者的平衡。从预算出发，根据公司现有业务计算出公司剩余产能；根据当前投资预算水平，计算出未来不同阶段可能实现的产能扩张水平；根据当前和未来的剩余产能水平，预测出公司未来的盈利能力水平，即毛利率水平，并以此作为标准，来衡量销售项目部门对于新订单的定价水平。通过销售项目的定价环节，帮助企业锁定未来的盈利能力水平和保证对产能的最大限度的利用。

在研发职能上，要根据研发部门针对各个项目在各个阶段的预算情况，定期为研发部门提供项目核算的费用与投资清单，帮助研发部门掌控项目成本和进度。同时，财务职能还要利用好对研发的税务支持政策，积极利用高新技术企业在所得税上的优惠政策，配合研发部门来准备各种资料，以符合税收优惠的标准。

最后，针对公司各个部门的费用及投资情况，做好月度的及时归纳总结，追踪预算的使用和实际的差异对比情况，做到与各个部门负责人的及时沟通。

总之，营运分析与决策，是公司财务总监主要的核心价值所在。基层财务总监作为公司日常营运管理的最高财务指挥官，必须在营运决策上发挥自身的财务价值和决策作用，确保公司营运决策中的财务成分得到正确的发挥，对公司价值做到有效的提升，这样才能保证与业务的融合统一。

13.1.2 营运层面的产品决策支持

财务总监不仅要着眼于上述供应链的效率提升与优化工作，还要把精力聚焦于企业的产品和服务上。产品和服务是企业得以存续和发展的基础，以产品为焦点，提升运营的质量，这也是基层财务总监的管理重点。对产品收益的管理，就是将各项目、产品系的收益成本状况分析精准，作为业务决策的参考依据。

一般而言，一个产品从孵化到进入市场的过程大体可以分为三个阶段：产品规划、产品研发试制和产品批量生产。转变为财务视角的话，整个产品的生命周期可以分为下面三部分工作内容。

1. 预算的确定：从产品规划开始设计到最终批准，是一个产品预算从粗放，到细化，再到优化和核准的过程。也是一个不断探索、评估产品的投资前景，进行投资回报分析的过程。

2. 预算的执行：从项目启动到产品最终量产，在这个漫长的过程中，与项目产品相关的费用与投资就在不断产生消耗，作为项目预算管理的财务团队需要实时监控项目的进展和预算的执行情况。

3. 收益的产生：产品上市后，就开始为公司不断地创造收益了。产品卖得越多越快，积累收益的速度相应也就越快。因此，从产品全生命周期的角度，可以建立如图13.1所示的类似的财务预测模型。

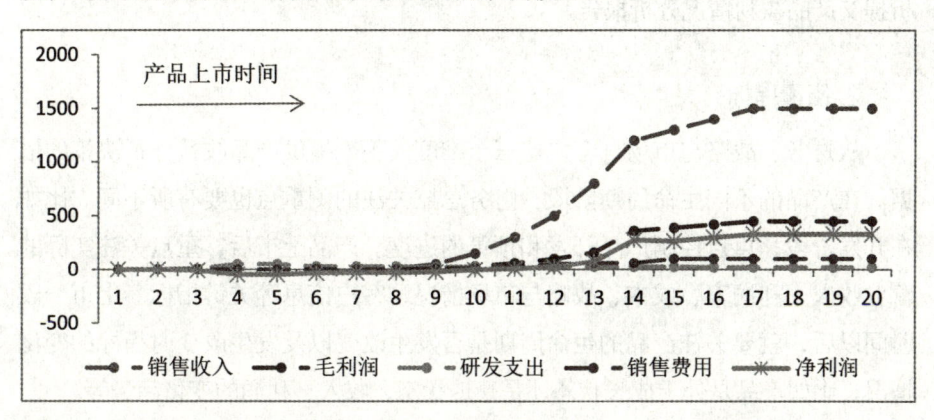

图13.1 产品上市时间与收入、支出和利润的关系图

在这个环节中，有两个非常重要的营运假设指标，财务总监尤其需要关注。

- TTM（Time to Market）：产品从立项到首次上市的时间，它体现了产品开发的周期，可以与同行业内竞争对手进行比较，对公司整体开发体系运作的效率进行评价分析。
- TTP（Time to Profit）：产品从立项开始到首次达到盈亏平衡点的时间，它是从投资的角度体现资金回收的周期，反映的是产品开发投资的效益。

因此，在产品上市后，对产品在市场上的表现进行持续监控和分析，并据此制订相关的决策，对于实现产品的收益目标至关重要。比如财务总监可以清楚地知道哪些产品收益好，哪些产品收益不好。对于收益不好的，是否存在改善的空间？如果没有改善的空间，是要放弃还是外包，需要采取何种扭转决策？

财务总监在具体跟踪和管理产品收益时，可以采取如下管理框架。

1. 组织结构

安排财务团队进行产品收益管理，需要重视两个阶段的管理：一个在项目前期开发阶段，一个在产品批量制造阶段。在开发阶段，前期项目成本核算人员负责收集、分析和预测与产品项目相关的信息，完成最终的定价决策支持工作。在产品上市以后，由产品成本会计负责根据销售和生产数据，通过整理分析提交产品盈利情况分析报告。

2. 衡量指标

从财务、战略与市场、客户这三个维度入手来提供产品收益分析决策的依据。在产品的不同生命周期阶段，财务总监关注的侧重点也要有所不同。比如在开发阶段，重点控制产品开发和预算的进度。产品上市后，重点关注实际的营业收入、利润率、成本、战略与市场情况、客户信息等关键指标。上市一段时间以后，就要关注产品的生命周期是否发生改变以及发生改变时指标的变化情况，比如产品是处于成长状态还是衰退状态，收入、利润的变化趋势等。

3. 决策机制

在产品的开发阶段，通常在项目进展的不同里程碑阶段分析和控制项目预算与实际的差异情况。在产品上市后，可以按月度、季度定期审阅所有在售产品的收益信息。公司管理层可根据不同的产品线、产品定位、财务管理原则以及产品在生命周期中的状态，分别从财务、战略、客户这三个维度设置标准，一旦某些产品在某些维度不能满足要求，将需要重点关注。

4. 管理举措

管理层需要结合公司的业务战略、产品所述的阶段和状态、当前的市场环境等因素，对不同类型的产品制订不同的管理举措。比如对于正在开发中的产品，可以调整产品的定位或者中途停止产品开发。对于已经上市的产品，可借助生命周期状态和各种财务指标表现情况，视情形对具体产品采取相应的战略举措，比如重新定价、更新渠道甚至退市等。

最后，在实施以产品为核心的收益管理时，还需要结合企业自身情况，考虑下述三个因素。

第一，产品和产品系。有的企业开发产品是以单个产品的形态开展的，有的企业或行业则是以产品系列开发的。因此在进行产品收益管理时，应该从企业实际情况出发，以财务核算能够实现的数据最小颗粒度为单位进行分析与管理。

第二，费用的分摊。在产品的成本中，有很多是分摊成本。比如管理费用、工厂设备、设备折旧等。企业通常都有自己的财务分摊原则，在使用上要保持一贯性原则，避免未来纵向数据缺乏比较基础。

第三，业务指标的标准。在进行产品收益管理时，需要企业设置不同的标准，比如在新产品开发中，毛利率低于多少的不能开发。在上市产品中，每月销量低于多少的产品应该引导下市、停止接单等。早期这些类似的指标可能并不完全，可以先尝试设置一些大家比较认同的初始值，可以运作一段时间后再进行优化。

13.1.3 现金流管理与融资决策

相对于集团CFO而言，公司财务总监在现金流管理上的主要精力会更多集中在营运资本管控上，因为营运资本是在公司营运业务层面影响企业现金流水平变动的最主要因素。

营运资本的核心组成包括：存货、应收账款和应付账款。这些数字背后反映的指标都与公司的供应商管理、客户管理和物流管理水平紧密相关。供应链管控力度大的企业，往往在不同层面具有较强的话语权。比如占据市场份额较大的企业往往对供应商的控制力度很高；比如对供应链效率要求高的企业，往往对库存水平管理很严格且采用JIT标准，确保自身的零库存同时要求供应商及时供货；比如一些掌握核心技术的芯片企业，往往对供应链下游的客户要求很高，需要一定比例的预付款才进行生产或发货。这些不同的营运策略会导致不同的营运资本水平，所以这里的现金流管理是财务总监工作的重中之重。

同时，财务总监还要配合集团，维护好与融资渠道的关系。在融资方面，财务总监的角色是配合CFO，在集团融资战略框架内，进行自身公司层面的融资匹配。

13.1.4　建立优秀的财务团队

财务组织与团队的建设，是财务总监重要的管理职能之一。在各个岗位上招聘、挖掘和培养合适的人才，提供足够的空间和指导促进人才的成长。人才培养看似简单，但建立一个稳定、优秀的团队对财务总监而言，仍是一件极难的任务。主要的原因如下所述。

1. 受限于财务总监本身经验、视野的局限

很多财务总监本身水平有限，使得他们在选择人才、培养人才上缺乏经验和正确的意识，往往没有能力甄别优秀的人才或者即便找到了优秀的人才也很难将其培养成真正对企业堪重用的中流砥柱。

2. 人本身是充满变数的

培养人才和做事不同，一个项目、一个问题的实施和解决，它的对象是一个确定的客观问题。但培养人才、建设团队的客体是一个充满变数的人。很常见的一个事实是，在招聘初期可能积极向上的一个人，往往没过两年或因为个人问题或因为家庭原因，变得丧失了进取心。这些变数就使得对人的判断变得十分困难。

3. 人才培养是需要企业空间的

很多时候财务总监也会面临这样的无奈：优秀的财务人才有着上升空间的诉求，但苦于企业规模和发展速度，财务总监无法满足这种诉求，就只能眼睁睁地看着人才流失。

有无奈也有方法，作为财务总监需要具备一些策略来发现和培养人才。

1. 差异化选才

差异化选材进行团队建设就是要让团队成员的经验、性格不能单一化。多样化背景组成的团队有着很多优势，如下所述。

（1）背景和经验多样

在人才经验和背景上，我们要选择好组合与搭配。比如应届生、事务所审计背景、优秀企业财务背景进行搭配，维持一个合理的比例。不同的背景经验代表了大家有着不同的擅长领域，这会让团队的战斗力在互相组合之中得到提升。

（2）性格多样

有的财务岗位需要非常细心和耐心的计算，同时要有较强的技术，比如成本会计这样的岗位就适合"技术控"型的专业人才，这样的技术人才可以在成本核算方面精益求精。而预算和财务分析则适用于爱沟通、爱交流的人才，因为这类职能需要与不同部门进行反复沟通，如果没有一个乐于沟通的开放性格，很难做好类似的工作。

（3）职业发展的态度多样

在财务部门中，有的职位需要很稳定的人才，有的职位需要进取型的人才，所以需要财务总监对人才进行筛选甄别，不同岗位安排不同的人。比如税务核算、税务申报等岗位，需要与税务局政府人员密切打交道，很多经验和关系是很难传承的，所以这类工作人员需要保持稳定。诸如应收账款、应付账款岗位，就可以作为未来财务经理培养的一个阶梯过渡岗位，不断进行轮岗。

2. 职业路径设计

不同的人才要经历不同的职业发展路径，总结起来大致可分为下面几类。

（1）管理型接班人路径

培养为管理型人才，就是朝着财务综合管理类的方向进行努力，有潜质、有能力的人才就更要朝着接班人的方向进行培养，就更要优先考虑给予最好的资源。

管理型人才，需要的是综合经验，因此需要这类人才尽可能多地轮转各个财务岗位和角色，体验不同岗位中的工作流程与重点。在轮转上也要注意衔接性和递进性，比如基础性岗位选择一两个，主管类岗位选择一两个，然后就可以进入接班人储备的阶段了。

（2）技术型人才的培养路径

相对于综合型的管理人才，技术型人才要求的是专业的精深，这类人才的工作领域相对就要聚焦，这样更容易朝精深的方向去努力。这类岗位包括：税务会计、成本会计、财务计划与分析等，对于这类岗位就要降低轮岗的频率，尽量让员工在岗位上固定下来。

（3）稳定型人才培养策略

在职场中也有很多"不求上进"的人才，他们往往由于家庭条件的缘故，在工作上会追求稳定，不愿投入过多的精力追求职业上的升迁。对于这类人员，财务总监就要安排其在相应稳定的岗位。因为这类人员也是财务团队中不可或缺的重要组成部分。试想一下，如果你的团队里100%都是非常上进、对职业目标期待很高、每天工作都很拼命的人，这样的团队也是极不稳定的。一旦没有了升迁的空间，这个团队就会在顷刻间分崩离析。所以，适当搭配一些追求职业稳定的人员，对于整体团队的战斗力反而能起到提升促进作用。

13.1.5　会计管理及财务报表批准

按照集团的会计框架，在公司层面实施会计管理和报表审核工作，是财务总监最基本的职责，这确保了基层财务数据的准确。

首先，财务总监应确保对会计准则进行正确实施和运用。一般而言，工厂和公司层面对财务准则的实施和财务制度的运用，都需严格按照集团的标准执行。这也是集团便于统一、规范化管理的需要。比如很多集团不是仅要求一套会计准则的报告，而是多套会计准则并行，可能包括当地准则、国际准则、中国准则等。

其次，财务总监要对最终的财务报告的准确性负责，对于提交给集团的全部财务数据负责。这就要求财务总监具备扎实的会计功底，比如是CPA，或者具有多年总账报表工作经验等，能够对报表和数据有很高的敏感度。具体财务报表审核的主要策略，请参考12.1节中介绍的总账主管对于会计管理和报表编制上的主要策略。

13.1.6 公司内部控制管理、税务管理及项目实施等工作

在内控管理方面，财务总监的责任体现在遵循集团战略流程，在公司层面进行内部控制体系建设。内部控制体系，是企业经营系统得以正常运转的基础，是避免企业经营失败的重要防线。

内部控制体系建立的初衷，就是保护企业并确保相关经营单元的资产免于被滥用或者遭受损失。健全的内部控制有助于确保对各项交易进行适当授权，支撑IT系统的良好运行，并确保财务报表信息的可靠性。内部控制可以说是一个企业及其分支机构试图将与会计相关的错误、违规舞弊以及违法行为发生的可能性降到最低的一个过程。所以，公司财务总监就肩负着维护内部控制体系运行、监督与修正的重要使命。

财务总监还肩负着财务项目的实施任务。比如实施新的ERP系统、实施合并报表系统、推进新的成本核算系统等工作。在集团的统一指导下，财务总监应具备一定的项目管理能力和协调能力，能够监督、负责项目的顺利推进和上线。

基层公司的税务管理也是财务总监的工作重点。要确保公司税务核算的合规、合理，并维护好与地方税务局良好的关系，利用一切政策和条件为公司节约税负，等等。作为财务总监，要特别重视与当地税务局的关系维护工作。因为在税务的执行层，各地对政策以及税务规则的理解都有一定的出入，作为财务总监应该保持与税务局的密切沟通，以便对企业日常涉税业务有比较深刻的认识。哪些业务可以享受哪些优惠、哪些业务可能涉及哪些税务违规风险等都要与税务局达成一致意见。一旦出现政策的变化或更改，比如在某个时期税务局将要对哪些业务进行重点稽查，要能够做到第一时间可以应对。

谈到这里，基层财务总监的主要工作重点就都涵盖了。财务总监在完成了

基层营运层面的管理工作后，下一步就是为集团CFO角色做好充分的准备了。

13.1.7 职业发展方向与建议

公司财务总监未来的主流职业发展方向，就是集团的CFO。在朝着目标努力的过程中，还需要完善非常重要的一项能力，那就是项目投融资能力。

财务总监的优势是熟悉基层财务工作、了解企业供应链各个环节的要点、懂得基础财务管理和各个模块的分工，下一步财务总监需要在项目投资与融资上迅速积累经验和维护关系网络，以便为下一步朝CFO职位迈进积累实力。这包括：项目的甄别和投资判断、交易结构设计与融资安排、投资后的整合与管理能力等。我们将在下一节"投资并购项目总监"职能中展开讲述。

13.2 投资并购项目总监

随着资本市场的市场化程度不断加深，中国投资并购的案例和交易量逐年攀升。可以预见的是，在未来很长一段时间内，投资和并购将成为中国企业整合资源、洗牌重组、实现结构调整和产业转型的重要策略。

可以说，如果婚姻美好的最大秘诀在于缺点相容，那并购成功的真谛则在于优势互补。婚姻的本质是情感，而并购的底牌是利益。通过并购，买方和卖方都可以创造很大的价值，双方都能从并购交易中获益，这正是并购交易的美妙之处。在巨大的利益驱动下，并购交易日益火爆，甚至已经成为资本市场永恒不变的热炒话题。

即便火爆如此，也无法掩盖现实中频频爆发的并购失败的案例。很多原因都可以造成并购的最终失败。诸如，缺乏明确的并购战略；风险意识薄弱；过度盲目自信；缺乏管理能力和管理流程；对目标企业分析不深入；对新行业领域缺乏经验；并购交易结构设计和融资方式有缺陷；不做整合或整合失败，等等。

由于对并购交易缺乏充分的事前准备或者缺乏相关并购专业知识，要么是买方支付了太高的价格，要么是买方冒着巨大的风险买到了错误的企业。种种不利因素都最终导致了一个结果：买方承担的风险和其获得的收益不成正比。

因此，拥有一个强大的投资并购团队，往往是并购项目成功的关键。

13.2.1 投资与并购的特点

在并购战场上，"世界500强"是标准的"高富帅"。天生的"富二代"气质使得他们拥有得天独厚的优越地位，从而面临非常宽广的选择面：他们不仅追得起"白富美"，还能轻松地穿梭于各种类型的标的中间，原因不仅在于它们不差钱，更在于它们自身体系的强大整合能力。

并购始于利益，终于利益，两个利益之间的通道便是整合。

始于利益的关键在于对标的公司的选择、分析、尽职调查、谈判、交割。最终以相对便宜的"低价"买到心仪的正确的标的，这个相对"低价"是并购方的第一笔看得到的收益。

作为通道连接的资源整合与协同管理，其中关键的核心在于如何将这个正确的标的纳入自身的原有体系，并最大程度发挥协同效应，提升并购双方的收益水平。这个"提升"是并购方的第二笔潜在收益，也是并购方在并购及整合管理领域最关键的核心竞争力。

鉴于"世界500强"有成熟的流程和体系、完善的管理制度、对技术专利的高度控制力度、对业内市场份额的统治、对市场与客户的熟悉、对渠道的完善和成熟等诸多优势，使得他们在并购市场上一直处于非常活跃的地位。同时这些优势也决定了这些"巨无霸"在并购后的整合方面，也鲜有失手的案例。

在这种成熟体系下寻找并购标的，"世界500强"企业更多的是看重标的在某个细分市场上对自身的补充，或者是在产业链条的某个环节上对自身效率的提高。比如卡特彼勒在重工机械发动机方面具备全球领先优势，在国内并购了一家船用发动机制造商，完成了细分市场的补充。它在机械设备领域是整机制造全球最大的生产商，便控股合资了一家履带制造商，完善了自身的履带供应链环节。

当然，这是以在稳定、成熟的行业中的巨头企业为例。这种行业的特点是高速发展阶段已经度过，技术稳定成熟，市场容量稳定。所以发展战略以"补充，增效"为主导。相对应的新兴行业的并购则以新市场、新技术为主导，追求高速扩张为目标。比如Google、Facebook每年都要进行大量的并购，被并购的标的大都是在IT技术领域具备一技之长，在细分领域内拥有统治力的优秀企业。这些优秀的基因被纳入上述"巨无霸"的体系内后，不仅带来了前沿的技术和视野，还大大拓展了"巨无霸"所涉及的市场领域，保证了他们在未来能够保持行业地位的同时，持续高速扩张。

与"高富帅"在选择标的时候的居高临下不同，受限于自身规模、技术、管理、人才、市场等种种限制，民营企业在面对并购标的时，选择面就窄了很多。不能随心所欲地在各类标的中尽情挑选，往往只能根据自身的特点，选择与自己匹配度最高的那部分标的。

中国的经济正处于转型时期，而且这个转型的大背景是在全球经济产业一体化下发生的。中国在这种全球分工体系下，已经成为全球最大的制造中心。这是我们几代人经过努力探索出的一条增长之路、强国之路，这在欧美经济、产业的发展史上是找不到类似经验和案例可以遵循的。

这个时期，我们认为中国企业的转型应该仅仅抓住这个大背景大趋势，从中找准自己的定位，才能发现潜在的增长与扩张机遇。这几个重要的特点如下所述。

- 中国不仅是全球中低端制造业的中心，而且其大规模制造的产业链集群非常完整，这是中国动力、中国优势。
- 当中国制造业成为全球经济产业中非常关键的一环时，中国人民币全球地位的不断提升也成为不可逆转的大趋势，虽然这个趋势伴随着波动和往复，这是我们未来的全球人民币平台。
- 中国互联网产业的高速发展与迅速成熟，使得传统制造产业有了新的平台和视野，两个平台如果有很好的结合，将在一些领域爆发很大的能量，甚至改变很多传统行业的商业模式和格局，实现弯道超车的可能，这是我们的互联网平台机遇。
- 政府管理效率与水平、金融开放与深化程度、全球化视野的高级人才储备、中高端技术知识产权的积累与沉淀，这四大方面仍然制约了中国制造进一步上升的空间，是未来重点的突破瓶颈。

基于这种背景，我们在深入分析行业趋势和自身优劣势的同时，找到一条可能突破的行业上升通道，借助中国供应链的制造动力和人民币全球化平台的延伸，嫁接全球市场的需求机遇，通过与互联网平台的深入结合，寻求传统产业的"第二次革命"，最终实现弯道超车的战略构想。

13.2.2　投资与并购的决策考虑因素

并购是企业的一项重要战略决策，在某种程度上它的成败甚至影响了企业的命运和走向，所以需要慎之又慎。我们在讨论如何进行并购决策前，先讲清楚并购的本质与其他几种发展模式各自的特点与异同。

企业并购发展模式，与企业自我积累发展模式相辅相成，是企业发展的两大基本模式。企业自我积累式的发展，除了看得到的资本、人才、技术、管理的投入外，另外一个最重要的投入资源就是时间。时间在企业的发展过程中扮演了一种非常重要的资源角色。在自我积累发展模式中，除了时间，其他各种资源都可能迅速获得，无论是人才、资金还是产品，只要付出足够高的溢价都能在市场上找到对应的供给。但唯独时间资源，是自我积累发展模式中无法逾越的屏障。

自我积累模式的优势非常明显：以时间换空间。时间的潜移默化能够让企业在这种逐步积累发展的模式中解决企业各个发展阶段出现的各种问题，相当于将企业经营风险在整个时间的跨度内分散摊销，这不仅有利于企业积累行业基础经验、培养人才建立梯队，更能让企业成为行业内的熟手而自信地应对各种环境的变化或技术变革。

自我积累模式发展的特点包括如下几项。

- 属于渐进式变革，以时间换空间。
  自我积累发展模式用渐进的时间区间来换取解决成长问题的空间，以较长的发展区间来消化渐进式变革中的矛盾与问题。
- 资源的逐渐积累，风险的逐步消化。
  在自我积累发展模式中，包括资产、销售渠道、客户资源、供应商资源等在内，都是一个自我完善、逐步积累的过程。
- 组织架构与人力资源的逐步完善。
  伴随着资源的扩张，组织架构的不断完善和人才资源的逐步积累也是企业发展最重要的无形资产。企业的扩张和管理最终都要通过人才来操作和实施，可以说人才的积累是企业最重要的工作核心。

然而，当企业认为自我积累需要的时间太过漫长，而想在市场上购买"时间"资源的时候，那也是企业放弃自我积累而切换为并购模式的时候。

企业并购的实质是以收购溢价作为对自我积累发展模式所付出的时间资源的对价（参见图13.2），在短时间内获取一块全新的业务资源。相比自我积累型的发展，并购扩张更加激进和冒险，这也成为并购风险的来源。

并购价格 ＝ 自我积累投入价格 ＋ 自我积累的时间成本 ＋ 并购溢价

图13.2　并购价格与组成部分关系图

并购模式的特点与挑战主要有以下几点。

- 属于突进式变革，以溢价换时间。
  并购模式摒弃了自我积累的漫长时间区间，利用并购溢价作为对该部分时间机会成本的对价，在近乎零时间成本的条件下迅速获得崭新的业务资源，实现突进式扩张的战略目的。
- 各种资源一步到位。
  并购模式中产生的各种资源，仿佛天上掉下的馅饼，一步到位推送到你的面前。
- 管理能力和人力资源面临考验。
  由于自始至终都没有参与过标的公司的管理，甚至对其所处的细分行业也非常陌生，所以企业在并购后将面临管理标的公司的巨大压力，能够成功整合实现其战略目标将成为运营的关键。

比较以上两种不同模式的特点后，我们可以看出：因为自我积累式的发展属于渐变式发展，资源的生成过程中所产生的矛盾也同时在这个过程中被化解。但并购则完全不同，因为它是以突变式发展的方式将一块完全陌生的资源硬生生地塞进来，存在很大的风险，无法消化突如其来的资源所带来的共生矛盾。

所以，相比较自我积累式的资源形成，并购的主要风险就非常突出了：

- 并购资源的实际情况与公司战略不匹配的风险。
- 对价不合理的风险。
- 并购资源整合不成功的风险。

以上三种风险也对应了并购的三个阶段和三种应对方案。

- 并购准备阶段：解决并购资源与公司战略的匹配风险。
- 并购进行阶段：解决对价不合理的风险，准确判断并购溢价与自我积累时间成本之间的关系。
- 并购整合阶段：解决并购资源消化吸收的风险。

因此，投资并购总监的主要核心工作也将围绕着并购的三大主要风险，通过并购三个阶段的主要目标来进行筹划。

13.2.3 其他发展模式的借鉴

自我积累发展模式和并购模式是企业发展的两种极端模式，除此之外，还包括以下处于这两种模式之间的方式：

- 出让股权，引入股权投资→扩大股东基础。
- 参股股权，进行合资合作→成立合资公司。

首先，出让股权最常见也是受益最大的方式就是IPO了。在资本掌握话语权的时代，很多公司依靠自身积累发展模式会受困于资金的积累速度。很多行业由于商业模式或行业环境的原因，资金的充裕与否在很大程度上决定了企业扩张速度的快慢。能否迅速积累资本成为企业最重要的杀手锏。在这种行业内，得资本者得天下，先融资者先做大，这样才能在业内迅速做大确立竞争优势。这种情况下，适时地进行IPO或引入股权投资发展模式便是一种很明智的选择。

当企业面对大好发展机遇，却困于资金瓶颈的束缚时，IPO或引入股权投资就成了极好的战略。实质上，这种出让股权换取资金的模式并非一种真正意义上的企业发展战略。本质而言，这是一种融资模式。在这里单独提出来是因为资本的力量在某种程度上太强大了，强大到尽早获得资本的支持已经成为企业战略的一种模式。

仅举典型一例，说明资本的力量与残忍：土豆和优酷的上市赛跑与并购。2010年11月，土豆网酝酿多年准备赴美上市之际，但其创始人王微的前妻杨蕾突然要求分割土豆网38%的股权，土豆网的上市进程因此中止。此时，其最大的竞争对手优酷网却于2010年12月成功在纽约证券交易所正式挂牌上市，率先融资。8个月后当王微处理完前妻事情之后，土豆网于2011年8月在美国纳斯达克上市，但市场认可度不高，其当日收盘后市值仅为优酷的1/4。

由于融资方面的差距，造成了两家直接竞争的视频网站公司不同的行业走向，优酷网因此占据了先手。在土豆网连年亏损，资金难以为继之时，优酷网抛出了非常丰厚的并购价格并最终促成了并购的完成。

实践证明，龟兔赛跑式的胜利在当今时代将越来越成为童话故事，而难以再度上演。在很多行业内，大鱼吃小鱼的传统竞争模式已经演变为快鱼吃慢鱼。能否及时引入资本助力企业的扩张，将成为很多行业成功的关键。

第二，当企业既想快速引入其所缺乏的关键资源，又想投入时间参与其成长的时候，与合作伙伴共同成立合资公司便不失为一种明智的选择。双方共同出资成立合资公司，规定彼此的权利和义务，各自投入自身的优势资源，可以与合作伙伴一起发挥彼此的优势、取长补短，相当于互相借用了彼此的核心资源，形成一种契约式、共同管理、共担风险、共享收益的合作经营模式。

这种方法可以在某种程度上弥补自身的短板：可以迅速涉足某个新兴行业，并同时积累宝贵的经验。但缺点也同样十分突出：如果谁都没有绝对控制权的话，双方会在合资公司的各个方面互相钳制，各自安排本方的资源和岗位，在决策上较为烦琐、复杂。一旦双方的利益点不能长期契合甚至出现较大分歧，那么合资公司的运营很可能陷入危险境地。双方为了争夺控制权和各自利益，可能会置合资公司的前途而不顾。

这种合资公司模式适用于有着长期、稳定的共同利益取向的企业之间使用。比如丰田汽车的零配件配套企业，很大部分都有丰田参股控股的合资背景，通过合资将丰田的体系与理念植入零配件合资公司，不仅便于管控，同时将自身利益与合作方利益长期绑定，同进同退。

但如果双方的利益难以长期稳定地保持一致，则会面临非常尴尬的局面。例如：卡特彼勒与徐州重工的合资公司就是不欢而散的典型。

1994年10月，卡特彼勒与徐州重工在徐州成立合资公司，共同投资生产大中型挖掘机，双方股权比例为6:4，卡特彼勒成为合资公司的大股东。当时徐工的梦想是以市场换技术，以放弃挖掘机市场的形式来吸收卡特彼勒生产大中型挖掘机的先进技术，但实际情况却没有想象中那么美好。原因如下。

- 合资公司只是一个装配和生产构件的工厂，技术含量非常低。在合资公司设立之初，双方为了避免同业竞争，在成立时有约定，即徐工集团不能生产同类型的液压挖掘机。这部分挖掘机是机械产品中市场份额最大的一块，利润也非常可观。挖掘机属于工程机械18类产品中产品线最长、市场规模最大、利润很高的一块。这样的局面最终导致徐工丢了市场，技术也没拿到。
- 合资公司一直在亏损。公司亏损的主要原因是卡特彼勒利用合资公司高价从自己在国外的关联公司采购核心设备，同时低价将设备卖给卡特彼勒的国内关联销售公司。
- 资金枯竭却一直在扩张增资。由于合资公司的生产规模不断扩张，使得公司必须增资扩股。但连年亏损让徐工无法承受增资的压力，这使得其在合资公司的股权比例从40%逐步稀释成15.87%，形成了卡特彼勒一股独大的局面。

终于，徐工与卡特彼勒在2010年不欢而散。徐工全部退出合资公司，组建自己的挖掘机制造公司，开始独立生产制造挖掘机业务。合资公司模式，宣告失败。

可见，合资公司模式成功的关键在于合资双方都能找到一致的利益驱动力，推动双方一起走下去。不能因为眼前短暂的利益而"闪婚"，这会给未来埋下非常大的不确定性。

就像硬币总有两面，任何问题都没有完美的答案，在研究过以上种种发展模式后，企业需要根据自身的情况进行决策和判断，根据自身的风险承受能力与管理水平，选择最有利于自身的那一种方案。

- 自我积累：耗时最长，失败风险小。
- 合资公司：耗时较长，失败风险较高。
- 并购策略：耗时最少，失败风险最高。

所以，发展模式的选择必然伴随着对企业能力的判断，这也是投资并购总监开展工作所必须了解的前提。

13.2.4 投资并购总监的工作重点：三好

作为弯道超车的利器，并购虽然会给企业的扩张带来巨大的价值提升，但其在各个阶段都蕴含着较大的风险和管理挑战，我们主要总结为三好：买好、管好、用好。

第一，买好，这个阶段基本上代表了整个并购交易的全部环节。

- 制订并购战略
  并购战略确定了并购交易的目标和方向，是交易的灯塔和期望达成的结果。它是全部并购交易流程和环节的基础和根本，不仅决定了整个项目的走向甚至决定了买方企业未来战略的成败。
- 拟定并购计划
  并购计划就是项目进展的蓝图，包括时间进度、标的范围、团队组成、融资安排、后续整合计划等一系列主要问题。
- 筛选确定并购标的
  在企业战略目标的指导下筛选并购标的，使其不仅符合企业战略方向，同时满足企业资源配置的要求。
- 尽职调查
  尽职调查是保证标的公司符合企业预期的重要环节，不仅可以深入看清标的企业的方方面面，更能够在最终交割前理清风险和机会，让买方更好地进行最终决策。
- 估值与谈判
  根据尽职调查的结果和买方企业自身的判断，对标的公司进行恰当的估值并以此为基准作为谈判的依据。
- 交割与审批
  在交易各方预期一致的基础上，符合各种政策法规的审批要求，完成项目的资金筹措和后续准备后，即可实现最终真正的交割。

上述并购交易的各个环节互相钳制，每个环节的结果都对下一个环节造成重要的影响，因为每个环节的判断和决策都要以上一个环节的结果作为依据。企业的战略决定了最终的并购标的公司和并购计划，并购计划决定了尽职调查的整体安排，尽职调查的结果又决定了估值与谈判的依据，谈判最终的结果决定了交割与审批的顺利程度。

第二，管好，意味着收购后的标的公司在买家的管理控制下能够继续保持正常的运行，这代表了买方的管理与整合水平。

- 人：董事会与高管层的管理、授权与激励。
- 财：财务体系与内控流程的嵌入与整合。
- 职能整合：强势文化同化弱势文化，优势职能整合弱势职能。

管理是博弈，是你强它就弱，你弱就要低调的博弈。以弱胜强的管理只能是"有所为有所不为"。要"为"的，是战略。不"为"的，是战术。战略上与管理层紧紧抱团，做到"你中有我，我中有你，水乳交融，不分彼此"，战术上要做到"你就是你，我就是我，并行不悖，取长补短"。

第三，用好，意味着真正吸收和消化，意味着协同效应的实现，意味着并购双方经过真正的整合融为一体，意味着师夷长技以制夷。

以上"三好"，便是作为公司投资总监的全部价值和责任所在。

13.3　首席财务官

企业要"运筹帷幄，决胜千里"，越来越离不开能够提供专业、全面财务信息以支持决策的首席财务官（CFO）。CFO作为企业经营运作中最核心的岗位之一，作为CEO最重要的管理合作伙伴，他承担着投资者利益代表、企业战略决策者、经营管理监督与管理者等越来越多的重要职能。CFO在集团的财务体系内拥有着举足轻重的地位。

财务职能越高、负责面越广，其日常的工作就越抽象和充满不确定性。CFO是集团内部财务领域工作上最抽象、面对不确定性最高的一个职位。

CFO的首要使命，就是根据集团的未来战略愿景，制订相匹配的财务战略体系。这个财务体系庞大而复杂，需要CFO倾注很大的心血逐步推进、慢慢完善。

13.3.1 会计战略体系建设

会计战略体系建设是一个集团首要的核心问题，因为它关系到全部财务数据的准确程度、详细程度和及时程度，关系到对外披露的合规性，也关系到外部审计和内部审计的各种要求。

会计战略体系建设包括三个层面。

第一个层面：ERP系统层面

根据功能的不同，ERP系统在集团内部分为三个层面：营运层面的ERP系统、财务报表合并与披露层面的ERP系统以及预算与分析层面的ERP系统。

运营层面的ERP系统，是在事业部（子公司）层面使用的系统，不仅记录运营数据，还记录相应的财务数据和出具事业部（子公司）层面的财务报告。比如SAP、QAD、Oracle这样的系统。

财务报表合并层面的ERP系统，是从集团角度出发，进行财务合并时使用的ERP系统，也可以使用Excel软件进行手工合并。

预算与分析层面的ERP系统，这是集团统一进行财务预算编制、差异对比分析时使用的系统。

由于很多企业是通过并购与投资发展起来的，这就会导致在运营层面很难实现ERP系统的统一，所以就需要在各个公司之上再搭建一套财务合并与预算分析系统，这样就会导致三套系统在使用上不仅存在差异，而且存在物理上的数据分割。

财务总监的使命，就是要做出判断与决策，选择最适合集团发展需要的ERP系统，搭建不同的层级体系，以满足各种管理的需要。

第二个层面：会计准则层次

会计战略的第二个重要层面，就是确定集团使用的会计准则体系，这对于跨国企业尤其关键。由于各个公司身处不同的国家，适应不同的税务条例和会计准则，因此从集团层面规定好一个准则体系就显得十分重要。这个准则体系的建立包括如下几个关键问题。

第一，对外披露的准则

需要对外披露的准则往往是硬性的要求和规定，需要首先定义清楚。比如在国内上市的企业需要选择中国会计准则，在香港上市的企业需要选择国际会计准则，在美国上市的企业则可能需要选择美国会计准则。

第二，内部管理的准则

在集团内部管理上，也应该确定统一的会计准则口径，便于数字的加总和纵向、横向比较。这个内部管理的会计准则，可以与对外披露准则相同，也可以不同，这取决于管理要求的深度和数据的详细程度。

比如，如果集团对外披露的准则要求是中国准则，由于中国准则缺乏大量的英文参考文献，这使得对于海外公司在转换为中国准则财务报表时存在一定的难度，导致中国准则下的财务数据深入和详细程度都有限，可能无法满足内部管理的要求。所以往往在内部管理的时候，大都采用国际准则进行统一。

第三，各地合规要求的准则

全球各地的子公司首先要满足的是当地的税务法律、会计准则以及银行融资方面的报表披露要求，所以满足当地的法律法规及会计准则也是一个很重要的准则层次。

第三个层面：会计职能分配层面

除了ERP系统和会计准则外，第三个非常重要的层面就是会计职能的分配，即确定好集团会计职能、事业部会计职能和公司（工厂）的会计职能分配的关键问题。一个好的会计职能分配体系，既可以保证集团会计管理的集权性和统一性，又可以保证在事业部层面、公司（工厂）层面的灵活性。

第一，集团层面须履行的职能包括：确定与维护财务报告的格式与模板、财务分析报告的格式、成本核算的方法和统一流程、结账的流程与时间节点、全球统一的会计科目表的制订与维护、月度各个币种折算汇率的维护更新等工作。这些职能工作从全球层面统一了会计核算的一些最基本的参数要求，确保了全球各地财务数据都能按照最基本的统一标准进行编制汇总。

第二，事业部层面需要履行的会计职能包括：成本核算中标准成本与费率的统一制订和更新、项目与产品的报价计算、产品系的划分与报告编制等。事业部层面是对相同类别公司或产品进行管理的重要层级，在这个层级需要规范好各个下属子公司在成本核算上、产品系划分上的规则。比如，由事业部层面统一负责标准产品成本费率的制订，就很好地控制了全部产品的成本基础，防止公司层面随意变动基准而影响了预算的可比性。同时，这种集权也降低了对公司层面会计人员的专业程度要求，可以节约在公司层面的管理成本。

第三，公司（工厂）层面需要履行的会计职能包括：基础会计核算与会计报表的合规性与准确性。到了这个底层的执行层面，履行的会计职能基本上都是与营运相关的执行层面的会计核算问题，也是决策量最小的会计层面，这大大降低了集团会计管理的不可控性和差异性。

13.3.2　全面预算管理体系建设

全面预算管理是企业内部管理控制的一种主要方法，它从最初的计划、协调，发展到兼具控制、激励、评价等诸多功能的一种综合贯彻企业经营战略的管理工具，使得全面预算体系在委托代理制下现代公司治理结构中的核心作用不言而喻。

13.3.2.1　全面预算体系的建立

作为集团的CFO，在推行和建设这套成熟的全面预算管理体系的时候，他所面对的复杂程度和难度都要远远高于公司（工厂）层面的财务总监。CFO不仅要注意要根据集团发展的战略和愿景在资源的分配上协调集团总体、事业部、公司至少三个层级的利益和资源分配关系，而且还要关注全面预算体系的指标不能滞后于企业动态的运营业务变化，如何更好地适应运营、管理运营，是CFO在建设预算体系时必须注意的问题。我们认为CFO主要的工作重点应该从下面5个方面入手。

1. 目标持续改进：设定旨在持续改进的目标，而不是固定的、静态的年度目标。

2. 业绩与报酬挂钩：报酬建立在衡量企业成功的相应业绩的基础上，而不是建立在满足固定的目标值的基础上。

3. 持续计划滚动：使计划成为一个持续的综合过程，而不是一个年度事件。

4. 战略趋势控制：以相关的关键业绩指标和业绩趋势为基础进行控制，而不是以与计划的差异为基础。

5.资源按需配置：资源在符合战略需要时要可获得，而不是通过预算来配置和限制。

曾经的通用电气CEO杰克·韦尔奇是这样评价传统预算的："预算是美国公司发展的一大障碍，应该彻底地放弃预算，预算根本不应该存在。制订预算就等于追求低绩效。你永远只能得到员工最低水平的贡献，因为每个人都在讨价还价，争取制订最低指标。"

CFO需要通过上述的工作重点来避免出现杰克·韦尔奇所说的局面。这些工作重点的共同突出特点就是不要被预算所束缚。它确保了公司要以绩效最大化为目标，而不是以预算与实际的数字保持一致为目标。在此基础上，赋予了一线业务营运部门更大的执行弹性，确保他们不被预算束缚手脚，从而影响公司业绩。

13.3.2.2 战略成本管理体系

同样，在这个更加主动的全面预算体系基础上的成本差异分析与管理体系建设，也成为CFO工作的重中之重。从1911年美国会计师卡特·哈励逊第一次设计出一套完整的标准成本系统到1998年英国教授罗宾·库珀提出了以作业成本制度为核心的战略成本管理模式，在这将近一个世纪的演变中，成本管理与分析都一直着眼于从企业内部挖潜为主要目标。这种传统的、局限在成本核算框架内的分析视角往往决定了公司成本改良的空间是十分有限的，这种成本管理给公司带来的竞争优势也并非是战略性的。

比如，小米手机依靠互联网的创新商业模式把手机的制造成本几乎透明化，从芯片到屏幕，各个主要组成部件一一摊开，让消费者第一次直观感受到手机供应链和成本组成的重要性。在这个成本几乎透明化的前提下，如果单纯地把视角局限在手机的各个组成配件本身来做成本分析以追求利润提升，几乎是很难找到大的提升空间的。

因此对于这种领先型企业的CFO所要思考的是，如何建立起在战略层面上远远优于竞争对手的成本结构体系。这种体系的建设，是很难在渐进式改良的成本管理模式中实现的，需要CFO拥有战略视角，更需要企业提供这样的平台和土壤。

我们以在很多城市都有的综合商业体万达广场为例，万达商业在港交所的招股说明书中披露，其在2011—2013年土地平均成本保持着持续下降的趋势，分别是：1821元/平方米、1171元/平方米和1096元/平方米，这种价格在当时土地价格节节攀升的背景下，土地成本仍然可以保持逐年压低，在行业内是非常独特的一股清流。这三年万达的土地成本仅占其平均销售价格的9.18%，而2013年的龙湖地产这一数字比例在18.2%，万科则接近25%。这样不合行业常规的成本比重，我们是很难从成本分析的框架内找到答案的，因为它与万达的整体商业模式和企业战略紧密挂钩。万达强悍的开发及后续管理运营能力是决定其拿地成本的关键因素，不少地方政府为了吸引万达项目的进驻，纷纷在土地价格上给予了很大优惠，进而期望在税收和经济增长上取得满意的效果，可谓失之东隅，收之桑榆。

另外一个例子，就是大家都很熟悉的日本服装快消巨头优衣库。这家服装巨头2016年上半年的财务报告显示，其销售收入较2015年同期上升了6.5%，但净利润却暴跌了55%。在收入增长的情况下净利润却大幅降低，这一定是在成本管控上出现了问题。

1. 由于原材料成本上涨，优衣库曾在2014年和2015两年连续调价，平均升幅约10%左右。涨价策略把很多客户关在了门外，最终从业绩上反映出这一定价策略是失败的。

2. 销售管理费用较2015年同期增加了2%，管理层认为店铺运营效率有进一步改进的空间。

3. 供应商价格管理在短期内没有下降空间，且出现较多违反政策法规的问题。成本永远都是品牌选择供应商的一大标准，但如何调和中国日益增长的劳动力成本，与服装品牌需要的更低采购价格之间的矛盾，也是供应商们的一大难题。目前中国服装供应商的一个工人的月薪大约是600至700美元，越南是120至200美元，孟加拉国则更低，只有100美元左右。

2015年1月，一家香港的NGO组织发布了一篇调查报告，显示位于广东的两家优衣库供应商存在严重的劳动超时问题，违反了《中国劳动法》中关于"工人每月加班不得超过36小时"的规定。这些政策问题，也成为优衣库头疼的焦点。

为了提高盈利能力，优衣库在随后采取了改进措施。

1. 价格回归到曾经的低价策略，吸引客户扩大销售额。

2. 加快向更低成本国家转移加工制造的进程，进一步减少中国制造的比重。2013年，优衣库在中国制造的比例已从2008年的90%下降到70%，未来在中国以外的国家制造的比例还将加速提高，比如印度工厂已经从2015年年初开始为优衣库代工。

3. 推进供应链的电子管理系统，重塑一个在供应链各环节可以立即顺应客户需求、可随时调整的系统，这样优衣库就不用到销售的最后一环才能听到客户的反馈。为此目标，优衣库与埃森哲进行了合作，设计全新的供应链管理系统，全面颠覆素材调配、企划、设计、生产、销售这一系列供应链，以顾客为中心，提供他们真正想要的商品。

4. 用大数据分析顾客需求，然后迅速纳入可以商品化的供应链。通过分析顾客购买行为，预测他们的需求数据，然后立刻形成、修正销售计划。比如在东南亚市场，优衣库分析出了穆斯林服饰更符合当地文化，于是迅速推出并受到了热捧。

优衣库采取的上述这些措施果断、有效，结果显示2017财年上半年，营业收入较2016年同期微涨0.6%，但净利润却大幅上涨接近80%，毛利率水平也上涨了1.5%。在销售乏力的情况下，控制成本以提升利润率，是非常明智的决定。

因此，CFO需要跳出传统的成本管理视角，用战略的管理视角看待成本分析问题，才能获得企业战略管理的灵感。为了实现这一目标，成功推进战略成本管理，需要CFO在集团层面定下战略和方向，接着需要财务团队从上到下的垂直努力。这需要基层的财务总监与成本管理人员以战略的眼光从成本的源头来识别成本驱动因素，对价值链进行成本管理，即运用成本数据信息，为战略管理的每一个关键决策提供战略性成本数据信息，最终有利于企业竞争优势的形成和核心竞争力的创造。

战略管理的核心是寻求企业持之以恒的竞争力，而战略成本管理是以成本为主体进行的战略管理，所以战略成本管理实质上就是以成本为基点，创造优于竞争对手的竞争优势。

在战略成本管理中要把握一个中心和三个方法维度。

一个中心是指战略成本管理要以获取并保持企业的长期竞争优势为中心，这是企业生存发展的命脉。

三个方法维度具体指的是价值链分析、战略定位分析、成本动因分析。该三个方法维度的实质是企业战略成本管理的三个工具，首先企业要从战略的角度分析企业成本产生于哪些方面，了解企业的成本构成，主要包括内部价值链成本分析和外部价值链成本分析。然后根据市场和行业环境进行定位，确定企业采取的成本主导战略，从而确定成本管理的方向；竞争战略确定后，企业进行成本动因分析，寻求成本发生的根源，进而寻求降低成本的战略途径，来辅助形成企业长期竞争优势。

13.3.3　税务体系建设

在全球化的背景下，除了满足符合各地税务合规性的基本要求外，财务总监需要在集团范围内搭建好另外两大税务框架：关联方内部转移定价框架和内部税务筹划框架。

首先，内部转移定价框架是为集团内部各个事业部、子公司之间的关联交易所制订的一套完整的价格与利润安排体系，这套体系囊括了集团内部的全部交易类型，包括：关联方产品交易定价原则、关联方研发服务定价原则、总部管理费用分摊原则、关联方销售服务定价原则、关联方供应链服务定价原则等。

其次，内部税务筹划框架着眼于企业利润最大化原则，在满足合规性的前提下，筹划和安排集团在全球范围内的业务模式，使其实现税收成本最小化的目标。在这里CFO会面对多个互相纠结的问题，包括：名义税率过高、税务法律法规条例体系混乱且税种繁多，以及地方税收征管弹性过大等问题。这些主要矛盾集中的地方，就是CFO需要拿出相当的精力乃至要组建专门团队来应对的税收筹划的重点。

从操作上看，一方面是空间上的税收筹划，即在多种纳税方案中选择税负低的方案；另一方面是时间上的税收筹划，也就是纳税期的递延。递延纳税相当于企业在递延期间内得到一笔与税款相等的政府无息贷款，这对企业而言也是一笔不小的福利。

综合来看，税务体系的建设不仅需要CFO从集团角度全盘筹划，如有必要甚至还需借助外部税务咨询公司的力量为集团搭建整体框架，同时还需借助各个事业部、子公司财务总监的力量，把税务筹划体系铺设到每一家工厂层面、每一个国家地区层面，最大限度地调动团队的力量，实现企业的税务战略目标。

13.3.4 内控体系建设

内部控制与业务流程体系是现代企业管理的核心内容，在很多集团中，内控部门会设置在财务部门架构之下，由CFO统一领导。这两个职能之间的双向联系和影响也就变得极为密切：企业内部控制能够得以实现，需要各个部门提供准确又及时的信息，特别是需要财务部门提供各种财务数据，并使用多种财务手段和技术进行分析管理。内部控制制度与体系的完善程度都极大地影响了企业的经营管理水平，对企业财务管理的作用力也非常明显。

毫不夸张地说，如果全面预算管理体系是CFO深入业务取得控制力和话语权的一把尖刀，那么内部控制与业务流程体系就是CFO管理业务流程，防范企业风险的一张有力的盾牌。

企业集团的内部控制体系主要包括5个方面的内容：控制环境、控制活动与措施、风险识别和评估、信息沟通与反馈、监督和评价，如图13.3所示。

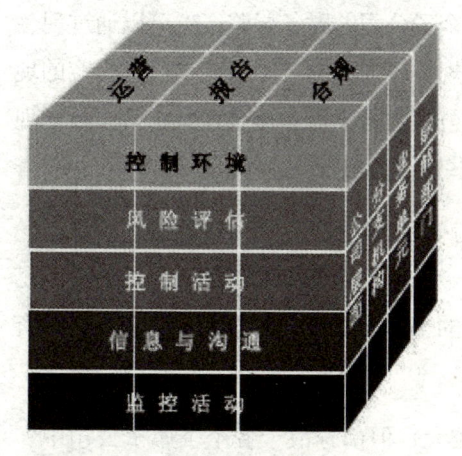

图13.3 内控体系关系图

上述内控管理与流程控制的内容，其根本目标是保护企业经营活动按照集团的政策和规定实施，防止经营风险与道德风险的发生，保护集团公司的资产，提高公司数据信息的可靠性、完整性和及时性，增强公司的核心竞争力。企业只有重视财务管理和内部控制的双向协调，从制度建设、人员安排、体制完善、监督机制等方面入手，才能从根本上保证企业经济活动的有效进行，及时遏制企业内部舞弊等不良现象的发生，提高企业会计质量。

改善内控体系与业务流程是财务能真正深入业务环节、体现价值的关键所在。财务是唯一一个能够将生产、销售和市场等环节全部打通的部门，所以这个工作必须由CFO领导，负责内控体系建设与业务流程的改善，真正成为业务的合作伙伴。

13.3.5 动态的资金管理体系

资金管理永远是CFO一天都不可放松的核心工作。现金流对于企业的生存、发展而言就相当于是人体的血液一样重要，离开了现金流的正常运转，企业一天都生存不下去。

作为集团的CFO，在现金流管理上应该主导以下三方面的内容。

第一，流动性管理

在流动性这个层面上，CFO应着眼于盈余现金管理、营运收支现金管理和短期投资现金管理。

盈余现金管理的权力可以下放给各个子公司的财务总监，也可以通过现金池的方法收回到总部集中管理。当企业规模不太大时，可以通过设置一定的现金管理制度的方式，将权力下放，由子公司财务总监对盈余现金、营运收支现金按照总部要求进行管理，甚至进行一些短期的投资产品管理。

当集团发展到一定规模以后，CFO就必须考虑资金集中管理的必要性了。如果企业数量众多，会造成母子公司资金分散，往往出现某个子公司资金不足而向当地银行贷款，而在另外一个地区的子公司资金却处于大量盈余，这种资金资源处于缺乏有效管理与整合的状态。

从集团整体来看，虽然资金总量较大，但都分散于各个下属子公司中。由于各成员公司分属于不同地区、不同行业，面临的发展阶段不同，企业发展不平衡，因此有闲置资金的企业因为管理分散而无法加以利用，同时资金短缺的企业又缺乏低成本的资金融资渠道，整体上就会造成集团融资成本上升。同时，由于各成员企业都是独立开立银行账户，又进一步造成银行账户数量庞大，母公司对成员企业的资金难以做到有效监管和控制，母公司难以掌握各个子公司资金的实时情况，更无从做到合理调度、调剂余缺的管理目标。

在这种情况下，就可以考虑设置资金的集中管理体系，即现金池管理体系。由于国内目前还不允许资金的自由进出，所以集团的现金池管理可以分为境内、境外，设置两个现金池管理系统。设置国内、国外两大现金池中心，由集团总部的资金管理团队分别集中对国内、国外全部子公司的银行余额进行收支管理。各个子公司根据现金需求和预测数量，每天将只保留当天资金使用需求量的金额，其余金额将全部上缴总部现金池进行统一调配管理。总部根据各地子公司的需求量，将资金在盈余与缺欠公司之间进行内部调配，由银行系统自动计算内部利息金额，完成内部资金的融通。全集团合计的现金盈余，由总部统一进行短期投资，赚取投资收益。

这样一来，从对子公司资金的内部管理上和全集团资金的使用效率上，都大大得到了提升。

第二，资产负债表管理

在这一层面，CFO应主要针对营运资本、资本市场、资本结构和金融机构等内容进行管理。实际上就是为了避免企业出现资金断裂而进行的资产负债和权益资本的综合匹配。

自由现金流是观察公司持续运营质量和增长潜力的一个绝佳窗口，用简洁的数学表达方式就是扣除营运资本投资与长期资本投资之后的经营活动所带来的现金流量。从驱动因素角度出发，持续创造利润并将其转化为现金是根本的开源之道。从节流的角度出发，降低应收账款、存货等流动资产对资金的占用，或提高应付账款等流动负债的比例，从而使营运资本占用现金流减少，也会增加企业的自由现金流。

通过第7章中关于营运资本的介绍，我们已经了解到了营运资金管理对企业资本结构的重要性。从长远来看，公司营运绩效的根本，还是应该把资金管理的重心放到营运活动现金流的本位上来，不断优化企业的负债结构。

第三，风险管理

在这一层面，CFO主要针对汇率风险和利率市场风险的管理，目的是避免意外的市场波动对公司造成不利影响。

这就需要CFO确定每年度公司各种外币余额的敞口，根据币种汇率变化幅度与敞口大小，来决定是否有进行套期保值的必要，然后再选择金融工具来进行风险对冲。同时在融资币种的选择上也应更加主动，优先选择一些有贬值预期、利率下降趋势的货币。同时根据未来利率预期，选择长期或短期的融资工具进行匹配或置换。

13.3.6 财务共享中心的思考

当企业集团发展到一定规模的时候，CFO就需要考虑对财务核算进行集中管理的必要性了。

在大型的企业集团中，财务职能一般包括三个层次：第一层是数据结算中心，即企业财务数据的共享结算服务中心，我们称之为财务共享中心。第二层是业务中心，即负责将散布在全球各地的业务信息转化为财务数据信息，集中汇报，我们称之为当地业务财务职能。第三层是集团总部的战略财务部门，即帮助企业进行决策、提供数据支持，负责全球财务共享中心和各地业务财务职能管理的中枢部门。

建立财务共享服务中心的目的，是财务要实现转型，真正把自己从基础业务当中解放出来，以有更多的时间和精力帮助公司去做管理以及公司执行战略决策，所以尽可能地将可以标准化执行的核算工作下放到结算中心去，总部层面留下的财务职能在使用结算中心提供的数据结果基础上，负责决策支持与决策分析，可大大提高财务职能的含金量。

建立财务共享中心，CFO需要确定以下三个方面的重点。

第一，共享中心的战略定位。是建立区域性的还是全国性的结算中心？是将它定义为利润中心还是成本中心？

第二，定义组织结构。共享服务中心和集团总部财务是什么关系？汇报路线和组织结构是怎样的？

第三，各个财务核算系统与流程标准化的有效设定。

13.3.7 投资与融资的战略体系

集团投资与融资的战略决策，是CFO的另一项重要使命。在投资方面，CFO需要根据集团战略方向，配合CEO进行投资方向的确定、投资标的的筛选等多项重要决策。同时，在确定了投资标的后，CFO还需要决定与收益和风险相匹配的融资工具。投资与融资本质上就是一个硬币的两个面，是无法进行割裂的一个整体，在进行投资分析与决策的同时，就要考虑配套的融资跟进。如果一个投资项目无法找到与之匹配的融资方案，那么这个项目就是不值得投资的，因为缺乏融资支持就说明该项目的风险与收益不匹配。

关于投资的详细介绍，参考上一节投资并购项目总监的讲解。在这里，我们主要谈一下CFO的融资角色。

CFO应该从集团层面把投资与融资作为一个整体来考察，把集团融资按照项目和实际需求进行分层，一一对应去分析，实现融资与投资收益最大化的目标。而不能把所有的融资都放到一个篮子里，囫囵吞枣、不清不楚。

传统的与银行合作，低成本取得银行贷款只是CFO最基础的工作，在财务报表的各项负债指标合理、现金流稳健、资金利用效率高的前提下，还要努力开拓多渠道的融资途径，综合利用应收账款融资、上游供应商融资、公司债券发行、股权投资合作、基金合作、开发贷款、银行同业资金融资等手段，扩大企业融资的可能渠道。

13.3.8　说"不"的勇气与魄力

一个真正优秀的CFO，不能简单地配合公司的业务发展，也不能仅仅去配合总裁、董事会的工作。相反，优秀的CFO要制订公司的战略、优化公司业务，与董事会、总裁共同组成最高决策集团，共同决策和引领公司的未来。

在企业的最高决策集团里，CFO扮演了非常关键的角色，从财务角度发挥着重要的价值。除了上述各节所讲述的财务专业管理能力以外，为了确保企业始终处于正确的方向和健康的状态，CFO还必须在关键决策事项、重大问题上发出独立的声音。

CFO作为战略决策层高管人员，已经完全脱离了执行层面的日常工作，但这不意味着CFO要脱离业务、脱离基层。相反，为了更深刻地理解公司业务、公司产品，CFO反而要更专注于企业的各项财务数据指标，并结合行业宏观的发展情况、主要竞争对手的绩效情况，对企业的各项绩效水平做到全方位的综合认知。清醒地了解行业的发展状态，熟悉公司在市场行业内的竞争地位、战略定位与产品策略，精通公司各产品的毛利水平、研发与准备周期、市场占有率、关键客户情况等信息。这些工作的最终目的就是能够保证CFO不仅充分理解公司业务与产品，还能够对行业的理解、洞察更加深刻。

比如，根据我们在第10章中进行的案例解析，如果格力电器的CFO能够对公司的财务情况沿着4条主线的思路进行认真分析，提前预警公司的单一产品战略所带来的风险，通过市场数据分析，着手布局相关协同产品领域，利用空调产品创造的现金流优势，增加新的产品系，那么格力可能就不会出现2015年销售额大幅下滑的窘境，也更不会出现当前新产品系"难产"的局面。

凭借着企业内部各项数据指标的优势，一名优秀的CFO应该成为企业内部**最懂业务、产品和市场的人**。

这样的要求是不是太离谱了？

下面我以一个虚拟的商业场景做案例，来说明一下CFO为何必须具备这样的素质。

案例场景：公司战略的制订决策

回到世纪之交的1999年，当时DAKOK公司是传统相机胶卷的大型制造商，公司内部数码相机事业部研发出了新型的数码照相机原型产品，未来有望取代传统胶片相机。在年度董事会上，在审批数码相机事业部的预算报告时，各位高管出现了意见分歧。分歧的焦点在于，数码相机事业部计划投入大额的研发和生产投资支出，布局未来的数码设备市场，其投资预算金额之大甚至接近了传统的胶卷事业部。

公司的董事会和高管团队对这份预算报告争执不休。

数码相机事业部总裁David表示：新型数码产品相比传统相机有多重优势，随着家用电脑产品的不断普及、打印技术的提升，数码相机取代传统相机只是时间问题。虽然技术上还有很多缺陷，比如清晰程度欠佳、色彩丰富程度较低等问题，但公司有信心通过研发突破这些问题。行业内目前潜在竞争对手非常多，很多高新科技企业都在集中精力做数码相机的开发，市场认可度和增长潜力非常大。

传统胶片事业部总裁Nick表示：全球范围内，传统胶卷业务在过去的10年中一直保持高速增长，年复合增长率超过了10%。特别是中国、印度、巴西等新兴国家兴起后，必将带来新一轮增长热潮。相比传统相机，数码相机既没有价格优势，在照片成像上又没有任何优势，注定是一款实验室产品，不可能成功。公司应该继续加大在胶片事业部的投资力度，加速在中国、印度建设工厂的步伐，适时甚至并购当地的主要胶片制造商，完成对新兴国家市场的围剿，扩张市场份额，这应成为公司战略的重心所在。

DAKOK公司亚太区总裁Jason表示： 去年胶片业务在亚太区的增长是全球最高的23%，特别是中国，5年前平均每人每年消耗0.2卷胶卷。到了去年，这个数字增长到了1.7。预计未来1~2年内，中国将成为全球最大的胶卷消费市场。如此强劲的上涨势头和庞大市场的未来潜力，我看不出有什么理由不大力发展亚太业务、不全力布局胶卷业务。

之后，销售副总裁、营运副总裁等几位高管也都表达了自己的观点，最终董事会投票否决了数码相机事业部的预算报告。

没想到，2000年之后，全球数码市场连续高速增长，市场份额在两年内翻了两番。而全球彩色胶卷的需求开始以每年10%的速度下滑。10年后，DAKOK公司在经历了数次重组与剥离后，宣布破产。

预算，是公司进行资源分配的主要方式，也是决定公司战略走向的一个重要决策机制。资源重点倾向的领域，一定是公司战略集中导向的领域。

作为企业资源管理者的CFO，掌握着全部财务数据信息，如果在预算决定时不能独立发表自己的看法，任由业务部门从自身利益出发，将使公司陷入非常被动的境地：由于业务部门都是从自身事业部利益最大化角度出发，因此没有哪一方能够真正客观地拿出真实、完整的数据来印证自己的论点和决策，来判断对公司整体利益是否一定是最优的选择。

如果这时CFO能够对行业有清晰的认知，对业内竞争对手的动态数据有详细的掌握，那么他也许就能提出下述观点，从而改变历史。

DAKOK集团全球副总裁、兼CFO首席财务官Kevin表示： 胶卷行业在过去10年中确实处于高速增长的状态，但在近三年里，这种增长的速度明显慢了下来。特别是考虑到新兴世界国家购买力逐渐增强后这种增速的下降就更值得我们警惕和反思。业内的主要几家竞争对手，早在3~5年以前就在进行新产品的研发储备，从近几年的财务数据来看，他们在新产品开发上的投入持续增加，每年都要占到销售收入的3%~4%左右。同时从产品结构上看，主要竞争对手的新兴产品占销售收入的比重一直处于快速上升的势头，这说明他们对于新产品开发的重视程度非常之高。

我也从大量投资机构了解到，近两年来，新型数码产品以颠覆者的形象入侵了这个行业，大量的风险投资基金和私募基金都涌入这个领域，激发了很多创业创新公司开始进行这类产品的开发。虽然这些公司体量不大、市场认可程度还不是很高，但是他们的成长速度相当惊人，产品迭代速度也非常快。

我相信这些投资机构不会白白浪费这些钞票，他们一定是不想错过这个颠覆性技术所带来的巨大市场机遇。我建议董事会慎重研究数码事业部的预算方案，我愿意牵头负责对方案进行详尽的可行性分析，最终提交给董事会一份分析报告，届时我们可以再下结论。

商业问题的复杂性之高，很难用三言两语讲得清楚。市场瞬息万变，也鲜有人能够预测精准。但是，局面越是复杂，就越需要CFO保持清醒的头脑，依靠海量的数据和对行业的精准判断，帮助企业在迷雾中找到正确的方向。因此，在关键时刻，CFO一定要发出不一样的专业声音，甚至不惜说"不"，来扭转不利的局面。

13.3.9 其他职能：关于政策与环境、市值管理

作为财务总监，还要时刻关注外部环境的变化，比如行业的政策变化、国家利率与汇率政策趋势对企业战略的影响、上市公司监管政策的改变等，对这些外部信息的充分理解能够帮助企业提前预警系统性的行业风险或者抓住政策机遇。特别是海外投资项目较多的企业，CFO更要关注外汇管理局的外汇管理政策，关注国家对海内外投资的审批流程变化、证监会对上市公司并购重组的政策导向等。

最后，就是市值管理这种上市公司中很常见的职能。对于CFO而言，对市值管理的态度应该是：**在追求理想的同时，顺便把钱赚了。**

作为财务职能的总负责人，CFO参与企业战略的引导和业务的预判具有天然的优势。需要持续和组织的各个部门进行沟通、调查和合作，对每个部门的

业务需求与经营状况都了然于胸，从而制订预算、进行财务管控、管理公司资产。因此，与其他领导者相比，CFO的经营视野往往更加开阔。这是CFO的独特优势，也是在企业战略和市值管理中的核心竞争力所在。

因此，市值管理不应该作为一个CFO核心的管理目标，因为上市公司不能为了市值而去做市值，而应该将其作为企业战略的一个附属品，在实现战略的基础上，顺便实现企业市值的目标。

在职业规划上，CFO是财务职能的顶端，再下一步的职业路径，就是向CEO转型。

一名优秀的CFO往往是CEO最有力的候选人之一。放眼全球，CFO接任CEO的案例非常多，比如百事可乐的CEO英德拉·卢英德、西门子公司的CEO乔伊·凯瑟、新浪董事长曹国伟等都是从企业内部的CFO起家，最终坐到了CEO的位子。

所以通过走财务这条职业路径，从业人员很有希望得到职业经理人的金字塔顶端的职位，从而实现自身的价值与职业理想。

> 💡 **职业意见**
>
> 财务职业发展到这个阶段，已经接近或到达了金字塔的塔尖，职业上的意见也从单纯的财务范畴扩展到综合范畴。
>
> 这个阶段，特别要注重与企业内部营运部门负责人的沟通，销售、采购、生产、营销等都掌握着企业各种重要资源，都是企业命运的重要决定者。与这些营运职能保持良好的关系和良性的沟通渠道，有利于财务职能各项工作的展开，最终对企业和个人而言是双赢。
>
> 在职业发展上，如果没有进一步上升到CEO的规划，那就要积极维系好与各方外部人员的关系，搭建好自身的资源关系网，无论是诸如审计、资产评估、律师事务所、投资银行、财务顾问等外部服务机构，还是四大银行、外资银行、股份银行，或者是政府机构的关键职能，都能够对自身的职业安全和稳定起到至关重要的作用。

第4篇
你还需要的财务职场能力

本篇将涉及公司最看重的、员工应具备的四种软技能，包括：快速学习能力、沟通表达能力、解决问题的能力和管理协作的能力。财务人员在通过人事部门的简历初选，进入面试阶段后，企业通过各种问题和面试环节的设计，来判断大家是否具备这四种基本的职场工作能力。

知己知彼才能百战百胜，公司非常看重员工在这四个方面的能力，是有其利益驱动在背后的。

首先，公司看重快速学习能力。因为公司不希望为新招来的员工花费太长的时间进行培训，培训成本对公司来说都是沉没成本。如果员工学习能力很强，能够迅速上手工作，就可以马上为公司创造价值。所以，学习能力强、考试成绩好的学生会受到公司的偏爱。

其次，沟通（语言）表达能力。职场工作的基本能力就是准确有效地传递信息。这是我们每天工作的基本功，能用简洁的语言和清晰的逻辑有效地传递信息对于公司整体工作效率的提升是有极大帮助的，因此也是公司筛选员工的一个基本指标。

第三，解决问题的能力。公司招人不是招来制造麻烦的，而是解决问题的。上级也不希望下属把一堆问题留给自己解决，上级都喜欢能把问题解决得一干二净，不给自己添麻烦的下属。因为领导的时间比下属的时间要宝贵，你占了他宝贵的时间解决你的初级问题，对于企业而言就是一种资源浪费。所以，公司会喜欢解决问题能力强的员工。

第四，管理协作的能力。对基层员工来说，能够很好地服从上级的指示，并同时与团队成员进行良好的合作，是公司非常看重的基层员工的素质。大家知道，公司越大，越希望员工各司其职，这样公司的收益是最大化的，为什么？你想想看，假如一名员工十年如一日地只做一件事情，就把这份工作做到极致了，效率也最大化了，公司自然成为最大的获益者。所以，公司越大，越希望员工稳定，安安稳稳地做一颗螺丝钉。这些合作与服从能力，就是优秀"螺丝钉"所应具备的，也是企业非常看重的优秀品质。

而对管理层员工而言，公司则看重他们的管理与协调能力，能够有效地凝聚和管理团队，让团队成员稳定、凝聚力强、不要挑起内部斗争，也不要跳槽，更不要每天想着换岗等。所以管理岗位就要协调各方矛盾、解决问题、步调一致地完成目标。而且，企业内部培养的人才能够胜任管理层的职位，这样的成本代价也是最低的。

所以综合来看对这四种能力的要求，是公司对于人力成本付出最小化的同时实现收益最大化的一种价值观体现，如果一个员工能够做到以下几点，那么这种员工就会成为企业的最爱。

- 在入职阶段：快速学习基本工作技能，尽快为公司创造价值。
- 在工作阶段：能清晰地表达和传递信息，自己能够独立解决问题，不给领导添麻烦，提高整体的运营效率。
- 在管理阶段：把团队管控好，让大家各司其职、稳定安心高效率地完成公司的目标。

了解了公司对员工这些要求背后的目的，下一步就要针对公司的需求，提升这几方面的能力。

本篇首先介绍公司提高这四方面能力的技巧，使财务人员在面试时能有更好的发挥，同时也给未来的工作打下良好的基础。

其次，本章会探讨公司所看重的几种硬实力，会从日常的专业知识学习、英语能力、实习经历、简历准备、转行等几个方面分享一些实用的经验。

第14章
职场软实力提升策略

14.1 快速学习能力两要素：好的基础+好的方法

快速学习是知识"厚积薄发"的一种表现形式，是你脑中的知识体系化、系统化的输出结果。我认为快速学习能力的培养源于好的基础和好的方法。

14.1.1 快速学习的基础

快速学习的良好基础是，已经构建了较为完整的知识体系。

所谓知识体系，就是在知识之间建立了关联，使知识点之间成为一种网状存在，紧密联系在一起。有了知识体系，知识就不再是离散的点，而是成为一条条交织在一起、互相联系的完整知识网。

比如，有的人读了很多书，但是后来很快就忘记了，原因是什么？就是没有建立知识之间的关联，没有形成知识体系。没有关联的知识点就像散沙一样，时间一久就被冲刷没了。所以，你掌握了多少知识，并不取决于你记忆了多少知识，而是取决于你能利用自己的知识体系来运用多少知识。

在学习新知识的时候，我们需要时刻与自己原有的知识体系进行比较，帮助新知识在原来的知识网里面对号入座，依靠知识间的关系或逻辑，找到它的新位置。这既是学习新知识的过程，也是知识体系不断扩张完善的过程。只有这样的学习方法，才能让你快速学习并记住新学的知识。

关于知识体系的构建，我的经验如下所述。

第一步，通过学校专业的知识学习和考试，构建一个专业知识的基本框架，可以用脑图的形式把这个框架表达出来。

第二步，通过阅读大量的专业书籍，建立自身的阅读笔记体系，充实和丰满通过知识学习和考试形成的知识框架。读完一本书，最好能把书中的框架用一页脑图的形式展现出来，能把重点说清楚，就算真的读透了一本书。

第三，结合前面两步，把考试和阅读形成的知识框架合并成最终的知识框架体系。

- 针对不同的主题、学科，建立对应的笔记和脑图，提炼重点。
- 定期整理和汇总，不断调整脑图的知识结构以充实框架。知识结构不是一劳永逸的，要根据你的认知、理解和阅读的深入，不断修改、丰满和调整。
- 定期写一些主题归纳文章，把所关注的问题和知识点，用自己的话清晰地表达出来。

14.1.2 快速学习的方法：聚焦与发散的结合

快速学习的好方法是，学习的时候要聚焦，应用的时候要发散。

什么是学习聚焦？

聚焦的第一个方法：抓住主线、抓住主要逻辑、抓住主要论点论据。

学完一个学科、看完一本书，问问自己，这本书的中心思想是什么？作者从哪几个角度论证了这个思想，主要的论据是什么？为了充分说明论据的有力，作者是用哪些资料来支持的？支持的资料是数据还是事实？是逻辑推理还是归纳演绎？

如果看完一本书，这几个问题你自己回答不上来，我保证1~2周之后你会发现这本书你好像白读了，很多东西都回忆不起来。

聚焦的第二个方法：二八法则，排除掉次要影响和噪声，减少精力的分散。

任何知识和问题都有主次，我们的精力和时间都是有限的。在每段时间内，我们都应该聚焦目标，锁定主要的问题和知识，集中解决主要部分，不要被分支问题干扰。这样可以有效减少精力的分散，排除无关的噪声。

这在工作中尤其重要。特别是开会的时候，非常常见的现象就是开会跑题。我刚到民营企业的时候，参加过一个会议，主题是讨论产品毛利润偏低的原因，最后扯来扯去，大家都在讨论晚上下班后怎样让员工能够自觉地关空调这种支线、细碎的问题。不仅严重偏离了讨论的主题，而且白白浪费时间，没有任何效率。不仅工作如此，我认为大家在学习和生活上也是一样，做事的时候不要一开始就把摊子铺得很大，学东西的时候也要由浅入深，从一点突破，弄懂弄透。

比如我现在读金融、财务、管理类的专业书时，就不会按照书的顺序去看。只聚焦于自己的问题，找到很多相关的书或论文，针对问题从这些资料中寻找解答。学习不同的书和论文针对同一个问题的分析思路和逻辑。这样就是通过聚焦学习知识、解决问题。

什么是应用发散？

就是多思考，多联想，多举一反三。自己可以就某个问题写一篇专题文章，加快理论向实践的转化速度。也可以增加实践的频率，尽量利用课余时间增加实习的机会和经验，参与各种类型的企业、行业的实习工作。

学而时习之，不亦说乎。学而不习之，等于白学。

很多人都说大学中学的知识无用，毕业后就都还给老师了。我不排除有些学校的教学水平有问题，但我相信更多的还是主观方面出了问题。没有建立好知识体系、没有好的知识沉淀的方法、没有主动地进行知识实践应用，这几个原因都会造成你毕业的时候感觉自己什么也没学到、工作的时候知识都忘光的结果。

14.2 沟通表达能力：先结论后论据

先给大家举一个工作中的案例，体会一下语言表达的重要性。

TEA公司的CFO让一名刚刚入职一个月的新员工帮助安排一个全球各个工厂的CFO来中国参加预算会议的日程表。经过一番联系沟通后，她是这样跟CFO汇报问题的：

王总，我这一周问下来，各个财务总监的时间都不统一。

- 葡萄牙财务总监说他10月10日那周至少前3天要负责客户审核，不能离开，后面2天能否离开要视结果而定，暂时无法确定。
- 德国财务总监说他太太生病了，希望时间定在10月15日出院以后。
- 墨西哥财务总监说10月24日到10月27日那一周他要休四天假，最好能错开这几天开会。
- 美国财务总监说10月的第2周他正好在日本开会，希望能在第1周或第3周过来，这样他就不用再飞一趟亚洲了。

……

听完之后你是不是一头雾水？听了半天你还是不知道他究竟要说明什么问题，对不对？或者她要求你提供什么帮助、做出什么决定，你都不知道。

大家想想，我们自己是不是在日常学习、工作的时候也犯过类似的错误：我们太想把一件事讲清楚，以至于认为把所有的信息如实地、原原本本地讲出来就能够让听者最明确地接受，而实际上，往往事与愿违。

正确的表达方法：先说结论，然后引出主要论据。比如，如果她这样说，效果可能就不一样了：

王总，我经过统计，目前可以确定会议定在10月的第3周比较合适，因为：

- 葡萄牙和德国的财务总监10月的第2周都没有空。
- 墨西哥财务总监第4周要休假。
- 美国财务总监第3周赶过来比较方便。

您看这个时间安排可否？

这样汇报问题就清楚多了，因为听者在听到论点后会自然而然地在脑子里出现一个问题：为什么要定在10月的第3周？而汇报的人下面马上用3个主要论据跟进，顺势回答听者脑中的疑问，证明了自己最开始提出的结论。既简洁又符合正常沟通的思考习惯。

如果有时间，我就会再深问她一步为什么葡萄牙和德国财务总监第2周没空，这时她再回复我进一步的细节信息：葡萄牙财务总监要负责客户审核，德国财务总监太太生病了不能离开。

这就是用更深入的二级论据支持一级的主论据，让论点的支持更有力度。

如果听者没时间，就不会追问第二级，因为这些次要信息即便听者不知道也不影响问题的解决。

这样这个问题就轻松地被下属解决了，不需要耗费领导的时间和精力再帮她梳理。大家想一想，公司是不是都想要这种：讲起话来条理清楚、逻辑分明的员工呢？

14.3 解决问题的能力：核心三步骤

前面讲到，能独立解决问题的员工是企业最喜欢的，也是最被看重的素质。但解决问题本身是一个系统性问题，麦肯锡的专家专门写了一本30万字的书来专门教大家：如何更高效率地解决问题，这就是很有名的《金字塔原理》。我今天要讲的内容也是以这本书的核心理论为基础，加上自己在工作中的理解和运用。

解决问题体系本身包含三个重要的步骤：

- 清楚地界定问题
- 拆解并分析问题
- 最终提出解决方案

一般而言，每个人在解决问题时，都会遵循两种路径依赖的方式：经验和系统。如果有过类似问题的解决经验，那么就会依赖自己的经验来解决问题。经验告诉我们，一件事重复去做的流程是什么，该如何应对。但是当我们遇到未知的问题，没有历史经验可以依赖的时候，我们就需要靠自己解决问题的分析系统去面对。这将成为我们进入职场初期时每天都要遇到的情况。

新员工遇到从没接触过的新问题，会出现茫然的状态，这是很正常的。公司面试时有意出一些让大家意想不到的问题，就是要看大家在这种茫然的状态下是如何去应对的，这也是压力测试的一种形式。不同的是，有的人茫然以后就死机了。有的人茫然以后会缓过来，逐渐找到状态和感觉。造成这种差距的原因，就是你解决问题的能力系统有没有搭建好。

14.3.1 清楚地界定问题

我们先看第一个步骤，清楚地界定问题。这听起来是不是很简单呢？先看一个案例。

Road集团的汽车工厂有3家，分别位于墨西哥、美国和中国苏州，另外在中国上海还有一家外包的第三方公司帮助加工。3家工厂都生产汽车安全带，预算的理论产能总量是每年可以供应10万套。但是，实际上3家工厂和1家外包公司的合计产能总量每年只能供应9万套。如果客户需求明年增长15%的话，那么明年的产能将不够使用，最终很可能无法按时为客户供货。

解决问题的第一步，清楚地界定问题，这是非常重要的基本素质。

针对上述案例，可不可以把问题界定为：我们明年将不能按时为客户供货怎么办？

我们来看界定问题的几个关键要素。

问题（在职场实践中）是指你已有的（现状结果）与你想要的（目标期望）之间存在的差距，而且这种差距是在一定背景、因果条件下产生的。因此，了解问题产生的背景和因果条件是确定差距的性质和把握问题本质的基本过程。

清楚界定问题的几个基本要素分别如下所述。

- **问题背景**：问题发生的原始场景（现在有3家工厂+1家外包第三方工厂，预算可以每年生产10万套，但实际现在只能生产9万套）。
- **困扰**：是指现在发生、即将发生或未来将发生的事件，它对问题背景中介绍的相对稳定的情况构成威胁/干扰，并因此引发了非期望的结果。（客户需求明年将上升15%。）
- **现状**：就是设法解决的问题，它带来了非期望的结果。（明年产能将不够用。）
- **目标**：这是我们希望产生的结果，需要对目标进行尽可能具体和定量的描述，才能判别你取得的结果是否是期望结果。如果没有对期望结果进行全面准确的描述，你就很难在思考过程中选择各种解决方案。（有足够的产能应付客户需求的提升。）

- **问题本质**：目标和现实之间的差距，就是问题所在，即：如何提升产能，使公司有足够的产能应对客户需求的上升。

所以大家对比一下最开始的问题：明年开始我们不能按时为客户供货怎么办？是不是有很大的差别？清楚地界定、表述问题不仅在未来工作中非常有用，而且在面试的时候，小组讨论环节能够清晰地指出和表述问题也是能力的体现。

14.3.2 结构化拆解并分析问题

问题的各要素之间靠逻辑关系关联在一起。找到这些因素之间的逻辑关联并把它们拆解，是解决问题的基本能力。其实这种由繁到简的拆解思维训练，我们从小学一年级的数学课上就开始了。每一道难题，之所以难，就是很多个简单步骤依靠逻辑联系在一起，需要我们拆解后逐个击破。

在职场中这种思路更有效，我们之前也提到了，因为企业的组织结构就是按照职能模块进行划分的，大家把问题分解后各司其职，解决各自部分的问题。总经理就是分解、摊派问题的"老大"，各个部门经理就是支线问题的负责人，各个部门的主管人员就是执行层面的负责人。

如何遵循问题内部的逻辑联系拆解出真正的解决方案呢？步骤如下：

- 提出各种假设、猜想和可能的方案。
- 设计诊断框架，验证、排除假设。不能排除的就沿着走下去。
- 通过分析，最终选定明确结论和措施。

注意，提出各种假设方案的基本原则：相互独立，完全穷尽，即MECE原则（MECE，Mutually Exclusive and Collectively Exhaustive），即各个方案之间彼此相互独立、不重叠，但是合在一起完全穷尽、不遗漏。

这时大家脑子里面一定会有这个问题：为什么要这样呢？我们的论据是：

完全穷尽，就是不遗漏，不遗漏才能不误事，才能把解决方法找全。

相互独立，就是不重叠，只有不重叠才能不做无用功。

下面针对案例，我们也按照这个原则首先将所有的可能方法、假设措施都罗列出来，如图14.1所示。

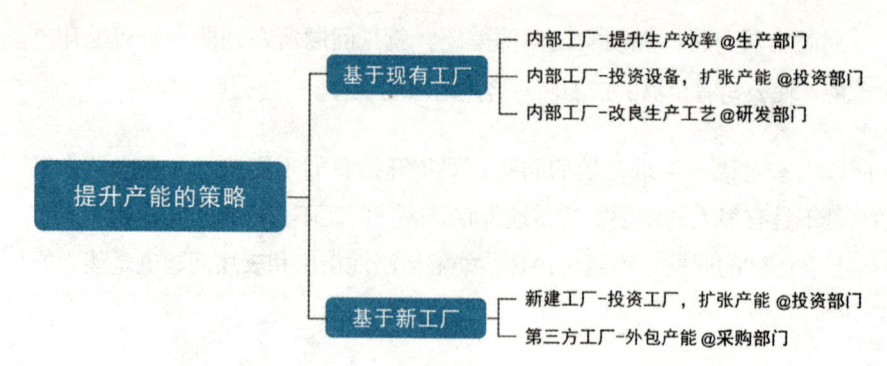

```
                           ┌── 内部工厂-提升生产效率 @生产部门
              ┌─基于现有工厂─┼── 内部工厂-投资设备，扩张产能 @投资部门
              │            └── 内部工厂-改良生产工艺 @研发部门
  提升产能的策略─┤
              │            ┌── 新建工厂-投资工厂，扩张产能 @投资部门
              └─基于新工厂──┴── 第三方工厂-外包产能 @采购部门
```

图14.1　提升产能策略的方法路径图

然后，针对上面提出的各种假设、可能，我们设计诊断框架，排除、验证这些可能。

- 生产部门研究提升生产效率的可行性。
- 研发部门研究改良生产工艺的可行性。
- 采购部门研究外包产能增加的额外成本。
- 投资部门研究投资设备扩张产能和投资工厂扩张产能的投资回报率分别是多少，并分别研究两种方式对最终净利润的影响。

经过这个步骤，在大概拆解了问题，锁定了几种可能的提升方案后，就进入第三步了。

第三步：各个方案经过分析评估后，最终选定解决方案。

- 生产部门研究后，可将年产能提升到9~9.5万套。
- 研发部门研究改良生产工艺不可行：技术已经成熟，没有改进空间。
- 采购部门研究外包产能会降低净利润率0.1%。
- 投资部门研究，投资设备、扩张现存工厂产能的投资回报率为16%，对最终净利润率影响为提高1.5%；投资新工厂的投资回报率为12%，对最终净利润率的影响为提高0.5%。

经过这些报告的汇总分析，公司决定提高生产效率的同时，采用投资设备扩张现存工厂产能的方式实现产能缺口的弥补。同时保留着第三方工厂的产能，时刻应对可能存在的新的产能需求。最终，汇报的结果以金字塔结构呈现出来：提高当前工厂产能水平，应充分利用现有工厂的产能提升途径，避免投资新的工厂，主要包括：

- 投资新设备给3家工厂，提升各自产能。
- 3家工厂都要提高生产效率，提升各自产能。
- 继续有选择性地保持与第三方外包工厂的关系。

14.4 管理协作的能力：不是艺术而是科学

很多人都说企业管理是一门艺术，但有趣的是，中国的艺术类学校都没有开设管理学这个门学科。从某种程度上看，这个观点是不正确的。在企业实践中，本质上说，管理是一种分派任务、协调矛盾、调配资源的能力集合。

企业都是以职能部门模式来进行组织架构的，没有哪个企业遇到的问题是只由一个部门独立去完成的。反之，公司会把任务分解，并分派到各个职能部门，由每个部门负责完成自己的那部分任务后再汇总结果，最终解决企业整体的问题。企业的组织结构决定了他们解决问题的形式一定是：分解问题→分派任务→完成任务→汇总结果。

比如销售部门只负责客户端的销售工作、生产部门只负责制造端的产品生产工作、采购部门负责向供应商采购、物流部门负责货物的运转和安排。这样每个部门各司其职，最终使得企业得以良性的发展和生存。所以，分解任务并分派给各个职能部门负责完成，是企业领导者的首要任务。

其次，很多时候在问题划分和解决以后，会出现部门内外的诸多矛盾，这些矛盾都需要管理者能够有效地协调解决。

- 任务划分阶段：有些问题并非可以清晰地划分部门间的归属，怎么办？
- 任务解决阶段：有些问题超越了部门的能力范围，怎么办？
- 结果汇总阶段：激励制度如何最好地匹配各个部门对问题的贡献程度？

解决以上问题，就是管理能力中协调矛盾能力和调配资源能力的体现。

- 如何在部门间发生扯皮矛盾的时候将问题划分清楚。
- 如何在问题解决过程中将团队的目标协调一致，确保大家的努力方向和公司整体方向一致。

- 如何在问题最终解决、论功行赏的时候做到公平公正，这都体现了协调能力和资源分配能力。

协调和分配的管理本质是：在企业有限资源的分配过程中，在保证企业利益最大化的基础上，实现最大限度公平和各方利益的平衡与妥协的结果。

我相信长期在学校中的学生，锻炼管理协作能力的机会不多。主要的锻炼和应用是在实习和以后工作阶段。因为应届生的水平都差不多，所以在面试的时候，管理能力方面的内容并不会被公司特别看重。同学们可能会遇到一些分组讨论、解决问题的面试场景，考官会在旁边考察小组中每个人的发挥。如果认为自己无法表现出管理协调者的特质，那么做一个很好的执行者也是完全没有问题的。在这个阶段，角色方面的差异并没有本质的区别。

结构化拆解问题的原则是一个适用于职场的方法论体系，需要你不断地在实践中运用，加强自己解决问题的熟练程度。除了解决问题以外，还有两个很好的作用。

作用之一：任务分派，管理团队。

如果你是领导，有经验，有团队，对于某个问题，你根据经验提出假设，迅速列出若干个支持论据，分别交给不同的下属去做。两周后，下属提交分析报告，你汇总分析，剔除掉证伪的假设，留下真正有效的措施。有了这个原则，管理起来最有效率。

作用之二：沟通表达，汇报工作。

问题已经解决，金字塔已经建成。需要交流的时候，你从上到下，从金字塔尖开始向领导汇报。遇到领导，给你30秒，你只汇报中心论点和一级支持论据，领导明白了，事情就办成了。如果领导给你讲话的时间，他有兴趣，你就汇报到最后一级论据。有了这个原则，交流起来最有效。

第15章
职场硬实力提升策略

15.1　工作实习

实习的基本目的就是不断地试错，并在熟悉社会规则、行业规则的同时，找到自己未来的职业兴趣点。如果你对某个行业感兴趣，最好的办法就是去里面看看，实习也好，找前辈聊天也罢，都是实践。现在网络这么发达，你们一定比我们那个时代更容易找到更多的机会。

关于工作实习，我的个人经验是：

- 读万卷书，不如行万里路。
- 行万里路，不如阅人无数。
- 阅人无数，不如先人指路。

这几句话是什么意思呢？

读书很有用，但实践更有意义，通过实践，让你自己真正运用和理解知识，融会贯通，让自己变强大。在实践的基础上再与各种各样的人打交道，让你懂得管理与协作，懂得建立团队并带领团队实现共同的目标，不仅自己强大了，这时你的团队也强大了。最后有了团队的大力支持，加上行业前辈的提点和支持，未来你也会成为业内的精英。

我在实习期间先后做过民营企业的出纳助理、国有企业的税务助理、在外资企业订会计凭证，都是非常基础的工作。当时我的想法也很简单，体验一下不同类型企业的工作环境，找到适合自己的环境。

最终我得出结论，我个人在职业初期适合在外资企业工作，原因是：

- 民营企业粗放，体系不够严谨，而财务是一门靠流程和体系维持的专业，我怕职业生涯初期自己无法驾驭粗放的环境。
- 国企太压抑了，员工老龄化程度很高，思维较为保守和传统，缺乏开拓创新的精神。而且工作内容重复、枯燥，上升空间有限。
- 外资企业体制健全，员工福利待遇好，岗位多、职能多，上升空间和轮岗机会多。环境比国有企业、民营企业要相对公平，有能力的人容易得到认可和赏识。

最后，我选择企业不选择事务所的原因是：我想从一开始就培养自己的企业财务思维视角，考虑问题都从甲方出发。

虽然我是做财务工作的，知道体系和制度的重要性。但我认为，规章制度设计的目的有两个：第一，能够让资质平常的人做事不出错，这样公司的基本运转就有了基础保障。第二，等待出色的人才打破、重建制度，以期更适应未来的发展。乙方是完全在条框内做事，以规避风险和遵守准则为行动准绳，所以在职业初期我没有考虑事务所。最终，我选择在一家"世界500强"的外资企业在中国的结算中心工作，其实起点并不是很高。

从实习时间上看，暑假是绝对不能浪费的，一定要尽可能地多在几家不同类型的企业实习，形成自己的亲身体验。别人的经验都是二手的，都是别人的主观判断。你自己的感觉和判断最直接也最重要。

通过上面介绍的实习经验，大家如果仔细分析，其实里面也包含金字塔原理的成分，分析如下。

- 最后的结论：我经过实习亲身体验，最终选择了外资企业的结算中心作为第一份工作的开始。
- 主要的论点是：1.民企、2.国企、3.事务所如何。
- 论点的求证过程是：通过实习实践，亲身经历得出的。

每个人的性格、能力、爱好、所处的环境都不同，所以大家要参考我最终做这个决策的过程是怎样的，而非简单地复制结论。过程，对大家而言才是最有价值的方法。包括你去跟前辈聊天也一样，他的个人经历其实不重要，重要的是每个转换节点它是如何应对转变，如何进行决策的。这才是大家要重点学习的地方。

15.2 专业知识的学习

我认为专业知识的学习，要以构建自己的知识体系为目的，下面我分享两点经验。

第一，考试只是学习的附属品，不能为了考试去学习。

分数高是你学习能力强的一种体现方式，但有一些高分的人在工作中往往并不出色，原因就在于没有完整地构建知识体系。本书在前面的章节中讲过，没有体系的知识就是分散的点，不仅忘得快，也不能有效指导你的实践工作。任何学科的知识都是以逻辑关系相互联系在一起的，必须善于利用这种关系来构筑自己的体系。如果你发现通过学校的指定教材无法建立完整的知识体系，那就去图书馆多看几本参考书。比如学经济学，曼昆写过，萨缪尔森写过，梁晓民、高鸿业都写过。每个人的思路和视角都有区别，为了形成自己的体系，你都可以去读去看。

第二，没有"没用"的知识，不能主观去屏蔽知识的摄入。

乔布斯靠美术字启发了自己的事业，你怎么知道哪块知识最终对你有用？在专业知识的学习上，我的建议是：广泛涉猎。因为你不知道未来你会遇到什么样的机遇，你也无法判断哪些东西对你有用，哪些对你没用。所以，不要刻意屏蔽知识，要善于使用学校里的资源，拓展你的学习领域。

15.3 英语能力

英语能力是短期内见不到效果的，但是是未来收益巨大的工具。

互联网给我们学习带来的一个问题就是信息碎片化程度越来越深、各种工具的用户体验越来越好，这使得人们越来越缺乏耐心。一方面友好的用户体验让我们必须时刻看到进展，比如快递送到哪里了，比如我今天走了多少步。总之，没有及时的反馈和看到效果就会让我们非常难受。另一方面，微博、微信、公众号这些移动互联网的兴起，进一步取代了人类传统的阅读和获取信息的方式。在移动互联网时代，我们喜欢的是微博的140字短阅读和微信朋友圈里的图片阅读，信息碎片化和图片化程度进一步加深。这使得我们对于传统知识获取过程中的长周期、慢效果更加缺乏耐性，这就是越来越多的人都在寻求一种速成英语的方法，而很少有人耐下心来去用心读书的原因。

英语作为语言学习的一种，无法在短期内有巨大的效果和进步。因为语言学习是一个终身的学习过程，它依靠的是循序渐进、不断积累的学习方法。

我周围很多人真的是一上来就听VOA标准语速版，每天插着耳机让自己沉浸在语言环境里面，听了一周觉得一点进展都没有，一段话听懂两个词，其他听不懂的还是不懂，于是放弃了。这有意义吗？相当于让小学一年级学生做微积分的题目，你会吗？相当于你刚开始玩游戏，就让你面对最终的大Boss，你怎么可能没有挫败感？靠激情做事，对于这种需要持续努力、慢慢见效的英语学习，基本是没用的。所以你要定一个目标，若干年后达到什么水平，然后每年定一个小目标。剩下的事情就很简单了，耐下心来，每天去学它。

下面分享我个人的英语提高方法，仅供大家参考。

2001年，电脑网络还没那么普及，网络资源也不十分丰富，我们学英语还停留在随身听和mp3的时代。那时英语资源也匮乏，我大二暑假时准备考IELTS，当时没有什么培训机构和培训资料。为了提高英语水平，我选了《中级英语听力》这套教材，用的也是最笨的方法：听写。听一句，写一句。写不出来的地方，返回去听第二遍，硬着头皮接着写。还不懂，再听第三遍：再写不出来，翻书看答案，找听不出来的原因：1）要么是生词；2）要么就是熟词，因为连读、弱读没听出来。总之，都拿小本子记下来，然后再继续接着听。

就这样这套教材我整整在图书馆听了3个月。

开始做了几天后发现太痛苦了，进度又超级慢，每天一大堆生词听不懂，很失望，效率开始降低。但没办法，IELTS考试费已经交了，于是我就先给自己订了一个小目标，每积累500个生词就给自己放一天假。

一个月过去了，觉得自己对英语的感觉好像变了一点点。听写速度好像快一点了，生词也少一些了，基本常用的连读弱读也都容易听出来了。这样我第二个月就有了一些信心，积累生词反而成了一件有成就感的事情。到了第三个月，听写基本上三遍听下来就八九不离十了。

三个月下来，听力、词汇水平已经到了新的境界。只听了一本听力教材，而且用的是最笨最慢的听写的方法，但效果却最好。同时我发现听写过程中积累了很多口语、写作的表达语句，认识了大量的生词，我的阅读能力也随之提高了，写作能力也变得好了起来。

大三大四时，我就用平时时间学《新概念》第3册和第4册，然后看一下英文的财务专业书，以后就再没有集中精力和时间去专门学英语了。

毕业后网络资源逐渐丰富，阅读国外原版杂志就很容易了。按照兴趣来选：《商业周刊》（*Bloomberg Businessweek*）、《哈佛商业评论》（*Harvard Business Review*）、《经济学人》是我常看的杂志。《商业周刊》时效性强，商业化味道浓重，国内的《第一财经周刊》模仿的就是它。《哈佛商业评论》理论性强，每篇文章都是一篇小论文，逻辑性非常好。《经济学人》是英国的招牌杂志，时政经济的评论文章非常地道。网站我会看FT中文网，上面有中英文对照的文章。上面提到的资源里面好的文章我都会打印装订起来，仔细学习其中的措辞和翻译，还有论述问题的方式。口语听力方面平时用App看一些自己感兴趣的Ted讲座或者用Coursera这款App听一些感兴趣的英文课程。而且平时工作中需要和国外同事频繁接触，没有间断过，所以口语和听力水平一直保持得还不错。

我的英语学习经验就是：终身学习，循序渐进。可以集中精力一段时间突破瓶颈（词汇、听力），但要记住，突破之后再慢慢、不间断地稳固提升，否则就会前功尽弃。

所以我们最后总结来看，专业知识的学习、英语学习、工作实习这三项活动的时间分配其实并不矛盾。暑假阶段，应以实习为主。如果你处于大一至大三阶段，在平时的时间分配上，除了日常生活、娱乐以外，在剩余可分配时间中，我的经验是按专业知识60%、英语25%、实习活动15%这样来分配，每周一天进行实习。如果是大四的话，就要倒过来，按实习活动60%、英语25%、专业知识15%这样来分配，每周四天进行实习。

15.4 读研与学位

准备考研的同学一定要明确一个观点：读研只是一个途径，不是目的，是为了你的目标服务的一种手段、途径。如果把考研、读研当成目的，为了读研而读研，那么读完以后还是会迷茫，不会有什么大的改变。

首先，要明确读研的目标是什么？

理论提升：提升知识和学校背景

提升理论基础知识，可以作为我们读研的目标之一，比如：

- 由于本科学校不好，为了提高学校知名度，所以计划在一个更有名的学校读研究生，提升自己的学校背景和价值，增加自己在未来工作职场中的竞争力。
- 计划未来从事研究或教学岗位，需要提升理论深度。

实践准备：提升工作竞争力

期望通过学历来有效提升自己的职业竞争力。比如你的目标是要在未来成为CFO，你本科是财务专业，但经过研究发现，中国上市公司70%的CFO都是硕士学历，所以你也要读个硕士学位。这样目的性就很明确。注意这里是有效提升，若你本科读的是财务专业，然后读了一个人力资源专业的硕士，那就不一定能够有效提升竞争力。

关于读研好还是直接工作好，不仅因人而异，还因专业而异。最好的方式就是看看这些行业前辈、你身边的领导、你想进入行业的员工，他们的学历是什么样的，你以他们为榜样就好了。

转行准备：提高转行竞争力

以转行为目的，也可以作为读研的目标。

比如，你的目标是CFO，但你本科读的是工商管理专业，觉得自己转行没有竞争力，同时会计基础知识薄弱，于是你想去读会计专业的研究生，这样的目的性也很明确。

其次，如果有意出国读研的话，除了要考量自己能否适应海外的生活与学习环境之外，还需要明确自己未来的发展方向。海外经历的优势在于：语言能力的提高、未来更适应在国外工作、在跨国企业与外国同事合作会更顺畅。特别是有过海外工作经历的人，国内的跨国企业比较青睐这种人才。如果自己的未来发展方向与这些海外读研的优势匹配度高的话，那么就可以选择出国深造。

最后，关于读研我给大家两点建议。

第一，对于管理类、财务类这种以实践为主的专业来讲，如果已经有能力拿到好的offer，就不要考研。考研会花费很多宝贵的在校时间。未来入职之后有大把时间，可以读MBA来充实提高。

第二，如果不是为了转行，不推荐读管理类、财务类的研究生。因为管理本身是实践科学，各种经验需要未来在职场的体验中逐步获取。本科毕业直接读管理类的研究生，没有实践基础，只是纸上谈兵，没有太多意义。

15.5　简历的准备策略

在应聘简历的准备上，我主要有两个建议。

第一个建议：要注重简历的结构与表达。

简历的表达原则其实与语言表达原则非常一致，包括下面三个步骤。

第一步，先说论点，再提供论据。

在简历最开始、最醒目的地方，针对你应聘的职位，用简洁的语言概括性地表达出你各个方面的核心优势、最有竞争力的能力。这就相当于你在电梯中碰到领导，只有30秒的时间，如何快速有效地回答一个问题？就是直接说论点。

第二步，在论点下面展开最相关的一级论据。

学习方面：毕业的学校、考试成绩排名、奖学金情况、各种考试证书。

实践经验方面：实习的各个公司、主要工作岗位和经历。

社会活动方面：社团经历、公益活动等。

第三步，继续展开二级论据。

在各个一级论据后面，可以换一种字体进行二级论据的深层展开，比如学习方面，你学了哪些专业课程，自己写过什么主题论文，发表过什么文章，知乎粉丝数量多少，等等。再比如实习方面，详细讲一下具体公司、项目、你的角色、最后给公司带来什么成果。或者社会活动方面，参加过哪些社团、担任过哪些角色、带来了哪些改变等。

简历在结构上按照这种表达方式的原因是：HR最多只有30秒的时间扫一眼你的简历，如果你不能在这30秒之内表达出你最核心的优势，那就没意义了。通过了30秒的第一眼扫描，你就有了1分钟左右的时间，让他来看你的论据，这就是第一层和第二层论据的作用。

第二个建议：准备多套简历。

因为你可能会应聘不同行业、不同岗位，侧重点不一样。所以你的论点论据也要随之变化，因此，你必须准备不同版本的简历，仔细研究对应职位的要求与介绍，应对不同岗位的要求进行重点准备。

除此以外，简历准备还有一些细节问题。比如字体、格式统一，不要有错误。照片要拍得职业、精干等，这里就不再展开介绍了。

15.6 择业、转行与跳槽

很多人都对自己本专业没兴趣，想转行，想做自己喜欢的事情。在做决定之前，希望大家首先明白喜欢和热爱的区别。

喜欢是你要从对方那里得到快乐回报，热爱是你甘愿为对方无私付出，他让你感到快乐。

比如，你喜欢旅游，喜欢新鲜和陌生的挑战，这跟你热爱旅游事业是两件事。我觉得除非有性格问题，极少会有人抵触"游山玩水"这种娱乐活动，这就是喜欢。爱则更深一层，愿意为事业付出，比如致力于推动旅游事业发展，促进旅游产业的规范化运作，等等。比如女排教练郎平，她就是真爱排球。原本至少可以做体委副主任的她一直处在一线做教练，这就和李开复现在还在一线管理程序员一样不可思议。这才叫爱，这才叫从事自己热爱的事业并为之无私付出。

所以很多人都说，我喜欢金融，就想往金融行业转，但是我不知道怎么转，不知道转过去能做什么。其实这里说的喜欢金融，就和喜欢旅游、喜欢玩游戏没什么区别。很可能因为看了几部有关金融的电影，发现那些银行家每天的生活太爽了，打几个电话就是亿万富翁了，所以认为也能够从这件东西上得到想要的金钱、地位和虚荣的回报，这是喜欢，不是热爱。

当你真正热爱一件事情的时候，你会有巨大的动力让自己想方设法了解并进入这个领域。就像你追求一个女孩，如果你真爱她，你会每天去问别人这些问题吗：我该怎么追她啊？她都喜欢什么啊？当然不会。你一定会绞尽脑汁收集她的信息，然后努力制造各种偶遇的机会，最终付诸行动。所以，那些说喜欢某某行业，想转行的同学们仔细想一想，你们有这么大的动力去付诸行动吗？

就像我在第4章中跟大家分享我兼职做英语老师时候的那个案例，那个真实的案例促使我坚定了要继续走财务职业道路的决定。为什么呢？因为我想通了，做事遇到困难不可怕，可怕的是，找不到解决困难的方法和途径。比如，如果我做会计工作，遇到一笔会计分录不会做，我能知道去翻会计准则手册，找对应的科目准则，查找案例。但是讲英文历史、语法词源，我就完全不知从何入手。所以我和他们的差距不仅仅是十几本书的距离，而是一个知识体系的重构。这个重构，人家用了4年本科加3年研究生的时间，我花得起这个时间吗？花得起这个精力吗？如果不能建立这个知识体系，我在英语培训行业拿什么跟别人竞争？我未来的核心竞争力在哪里？我一定是走不远、做不长久的。

所以我的经验是：如果要建立持久的竞争力，就不要抛弃自己已经建立起来的知识体系，要努力去丰满、去完善这个体系，去打造自己的知识金字塔。因此从那时起，我就坚定了要走财务专业的路线。

最后总结几点是否需要跳槽的判断条件：

1. 自认为有能力升职但却没有机会和空间，晋升受阻。

2. 学不到新的东西，成长受阻。

3. 与领导配合度不顺畅。

4. 行业情况和自身的职业目标设定有矛盾,想换行业。

5. 薪水太低。

6. 已经明确了下一步将去往何方,同时已经做好了迎接新工作角色的准备。

7. 公司业务规模江河日下。

如果你目前的职位已经出现了上述若干迹象,那么就该考虑跳槽了。做职业选择的时候,基本的判断原则是:职业的路最好要越走越宽,这样未来留给自己的选择余地会越大。不要越走越窄,到最后没得选,会很被动,容易遭遇中年危机。

第5篇
财务考试观：考试要追求最小代价

财务职业区别于其他职业的一个主要特点，就是它有众多职业资格考试可供选择。不同的资格考试，有不同的侧重和适用领域范围、针对不同类型的细分工作岗位，这既是财务人员的福利，也让很多人痛苦不堪。

福利，意味着财务工作者可以借助考试建立自己的财务知识体系，向着自己未知的领域探索，获取很难在工作中积累的理论知识。痛苦，是因为没有哪类考试是轻松的，动辄五六门科目，长达四五年的备考周期，这都意味着我们必须在考试的道路上付出极大的毅力，咬着牙顽强地走下去才能到达胜利的彼岸。

在本篇中，我们将以中国注册会计师（CPA）考试的备考为例，讲解财务考试的备考策略和应对技巧，帮助大家以最小的代价，顺利通过考试。

第16章
制订备考计划前必须搞清楚的几件事

同学们一定有这样一个疑问：为什么我们在全书最后要专门讲一下CPA考试呢？

因为不仅在财务会计领域，甚至在某些金融领域内，注册会计师证书的含金量在国内都是最高的，是无可取代的。

16.1　各种财务类考试的分析比较

中国CPA：中国注册会计师考试，该考试分为两个阶段：专业考试阶段和综合考试阶段。在专业考试阶段，包括会计、审计、财务成本管理、公司战略与风险管理、经济法、税法六门考试。

考生须在五年的时间内通过全部六门考试，然后进入下一考试阶段：综合考试阶段。综合考试阶段只有一门综合考试，这门考试综合了上述六门专业阶段的学科知识，在专业的基础上更加强调实践方面的灵活运用。

如果是在中国本土做财务会计，无论你是在外企还是本土企业，想做到管理层，这门考试都是首选，可以有效提升你的竞争力。关于CPA的介绍，我们稍后会详细展开。

ACCA：英国特许公认会计师考试，它的考试体系分为四大模块，分别是：知识课程模块、技能课程模块、核心课程模块以及选修课程模块，共计14门考试。其知识结构与中国CPA考试非常接近，包括财务会计、管理会计、税务处理、经济法规、审计等方面的专业知识。由于它的考试体系是以国际会计准则为准，所以ACCA基本上可以看作国际会计准则下的中国CPA考试，但是考试的深度要略小于中国CPA。

财务人员可以通过这门考试深入了解国际会计准则，所以对于在跨国企业工作，对IFRS有要求的人而言，可以考ACCA，会对大家在外资企业、国外的工作带来较大的帮助。

CMA：美国管理会计师考试，它的考试分为两大部分：第一部分是财务规划、绩效和控制，第二部分是财务决策。

第一部分主要包括财务预算、绩效管理、成本管理、内部控制这几块内容。第二部分则偏重于财务报表分析、公司金融、决策分析与风险管理、投资决策等与决策相关的内容。CMA是目前管理会计领域最权威的考试体系，而且它还针对中国考生特别推出了中文考试，扩大了它在中国地区的受众面。

管理会计在本书第6章也详细介绍过，它是从企业内部管理视角出发，以提升企业效率和业绩为目的的一门知识学科，所以这门考试适合从事预算管理、财务分析、成本管理岗位的人员学习，与财务会计领域的CPA、ACCA有较大的区别。

CFA：特许注册金融分析师考试，是金融投资分析领域中一门含金量很高的考试。不同于前面几门会计领域的考试，CFA把考试分为三个等级，每个级别涉及的知识结构相似，但是考察的重点和深度有很大不同。考试涉及的知识模块包括：数量方法、经济学、财务报表分析、公司金融、投资组合管理、权益类投资分析、固定收益类证券分析、衍生工具分析与应用及其他类投资分析。

CFA考试对于要做投资分析、行业分析的人员是很有价值的。它可以从基础概念开始帮你建立一个完整的金融知识体系，考过CFA就堪比具有金融类专业硕士的水平。

中国会计专业资格考试：除了CPA之外，中国财务部还组织了会计专业资格类的考试，包括会计初级资格考试和会计中级资格考试，帮助会计从业人员提高会计理论知识，获取相应证书。

会计初级资格考试包含两个科目：经济法基础和初级会计实务。

会计中级资格考试包含三个科目：财务管理、经济法和中级会计实务。

从考试科目的数量和难度上来看，会计资格考试要大大低于注册会计师的考试。同时，这类考试仅面向会计从业人员，通过后不能取得注册会计师的执业资格，这是它与CPA的主要差异，也是会计资格考试含金量较低的重要原因。

16.2　CPA证书对职业生涯的影响

很多人在考CPA之前都会关心，在未来具体工作当中CPA证书到底能发挥什么作用？考完CPA后能在哪些岗位上有直接的竞争力提升？在现实中，这是一个没有唯一解的问题。

对一些人来说，CPA可成为他们职业生涯的成功阶梯；对另一些人而言，有了CPA证书之后，好像对他们的职业发展也没有什么太大的影响，就比如我自己。每个人情况不同、机遇不同，无论我怎么回答，一定都会有反例出现。所以我还是建议大家去问市场，市场是最公平公允的地方，我们看看有哪些机构对CPA的需求量最大，就知道自己考下CPA证书的未来大致方向可能在哪里了。

1. 会计师事务所

对于事务所中审计类的岗位，CPA证书的重要性不言而喻，没有这个证书基本上就没有可能升到审计经理职位。审计又是属于职业升迁非常清晰的职业范畴，也是对CPA需求量最高、最直接匹配的一种职业类型。

2. 企业内部审计、内部控制类岗位

企业内审、内控类的岗位最欢迎有CPA资质的人才，同时最好有事务所工作背景，这样的话有实际经验、有理论基础，在企业做内审竞争力也会很强。

3. 金融机构类岗位

财务会计专业类的人员如果想进入金融类企业，下面的两种方式可能是相对比较容易的。

1）PE等基金投资公司的尽职调查类岗位

投资项目的尽职调查基本上是财务分析知识模块与审计知识模块的叠加。

财务分析的前提是精通准则、各种会计调整和财务报告编制，而有审计内控流程的经验又会对财务尽职调查的思路有很强的实践指导作用。所以这种投资公司、基金公司会很偏爱有事务所工作背景和CPA资质的人才。

2）券商或其他资产管理公司中的资管部门的财务岗位

在这类资管部门中，会有集合资产管理和ABS（资产证券化）的业务需要，这些岗位需要一些了解企业财务的人才，他们可以读懂和分析企业财务报表，判断企业的价值和风险。所以这些岗位也会要求具有CPA的资质。

4. 企业内部财务类岗位

很多中高级的企业财务岗位更是喜欢CPA资格，包括以下几种情况。

1）Pre-IPO（准上市）公司的财务经理、财务总监

这类企业为了筹备上市，需要优化自身的财务合规结构，所以非常需要具备CPA资质和上市公司从业经验的人员来帮助他们提升财务管理水平，符合交易所和证监会对上市企业的财务合规性要求。这类公司的CFO年薪往往会很高，同时也可能会带期权。

2）成熟企业的财务总监、财务经理

成熟且具有一定规模的企业，对于规范化和更有效率的财务管理有更高的需求，这也是CPA资质人才的主要需求方。比如大型企业、上市公司、外资企业等，这些企业中的财务经理、财务总监的CPA资质几乎成为标配。

3）企业财务分析岗位

因为财务分析的前提是做好会计分析，所以很多公司对财务分析岗位也要求具有CPA资质。

通过以上几类职位对CPA资质的要求可以看出，很多企业在招聘的时候，CPA确实是一个主要的能力参考指标。这本证书可以让应聘者在经验有所欠缺的情况下应聘某些岗位时也有了成功的可能。在同样没有丰富经验的情况下，企业一定是优选具备CPA资格的人。

因此，大家要相信，拥有CPA证书是一定可以提高我们在职场上的竞争力的。但这种竞争力的提升可能不适用于所有情况、所有人，我们来看下一节的

讲述，就知道为什么会是这样了。

16.3　要不要考CPA

考CPA是一个持久战，耗时耗力，太多数人半途而废无法坚持到最后。所以与其半途而废，不如在一开始就想好，干脆就不要开始。而且从某种程度上而言，CPA也并不适合于所有财务人员。

比如，如果做管理会计，CMA可能是更好的选择；比如，如果是在外资企业中，ACCA可能是更优的选择。再比如，自身基础很差，职业目标也比较保守，那么中级会计考试可能是更优选择。所以，在决定之前，必须要审慎判断自己是否一定要考CPA，免得出现考过了一两门之后半途而废的情况。下面几个决策步骤，可以帮助大家进行判断和决策。

第一步，给自己定位。一定要认清自己目前的状况。定位就是大家要花点时间思考清楚，在目前情况下你自己的位置、你的优势和劣势、你的职业机会和威胁都是什么。

第二步，明确自己的目标，锁定自己在未来某个时点的位置。

第三步，确定CPA对你自己的职业价值。

明确了定位和未来的目标，也就明确了起点和终点，下一步就是分析CPA是不是这两点之间重要的桥梁。问一下自己，CPA对你的帮助是什么？可成为你的哪个优势？能弥补你的哪些劣势？会为你创造哪些机会？会帮你避免哪些威胁？

比如，CPA会帮你完善全部会计必需的基础框架知识，成为你的一个知识和资质优势，同时弥补了你在财务报告方面经验欠缺的劣势。它会帮助你战胜潜在的竞争对手，提高你的竞争门槛，同时会提高你在争取总账会计或相关岗位时候的竞争力。这样分析下来，CPA就可能成为你的必选项，一定要拿下来。

再比如，如果你现在在外资企业工作，未来打算移民美国，你的目标是在美国某个"500强公司"做财务经理，那么连接你的现状和未来目标的桥梁就是美国CPA，而不是中国CPA。

所以，明确了自己的目前定位和未来目标后，一定要想清楚，CPA是不是连接现在和未来目标的一个很有价值、必备的桥梁。如果确定是的话，那就要坚定地一直走下去。

第四步，考试的目的是60分万岁还是构建自己的知识体系。

在做决策的同时，还要分清两种通过CPA考试的方式，一种是以60分万岁的心态去参加CPA考试，另一种是以建立自己的知识体系为目的参加CPA考试。两种不同的目的就有两种不同的备考方式。

考试，本质上是通过测试，而不是构建自己的知识体系。但在某种程度上也可以把它当作构建知识体系的一种辅助途径。

对于以通过考试为目的的，备考方法就要侧重考点和重点来准备。而对于以建立知识体系为目的的，备考方法上就要顾及整体学科的框架、知识结构和层次，以及它们之间的逻辑关系，寻求的是一种全面掌握知识的策略。但这是不是意味着把CPA考到80~90分，意味着财务知识体系就建立得很好了？

我们在第4章时曾深入分析过，符合会计这门学科知识特点的学习方法，一定是要先打好基础，从理论入手，先纵向深入学习，再横向扩展、举一反三，最终不断应用得以指导实践。

大家翻看CPA的参考书时会发现，CPA的知识体系更趋于实践的指导性，它按照会计要素的结构顺序安排知识的讲解，所以我们在最前面几章就会遇到非常复杂的金融资产、长期股权投资这种高级财务会计中才会出现的知识和章节。

而且这些知识是按照CPA考试难度要求进行知识点讲解的，对于一般考生来说，挑战是非常大的。这样学习的弊端在于，如果没有系统地、循序渐进地学习过会计学，仅仅是通过考CPA转行进入财务行业的同学，考完CPA一段时间后如果不是日常工作在使用，会很容易忘记这些会计知识。一两年不用的话，会计学里面讲的什么基本上也就全忘光了，CPA考完也真的只是一张证书了。

我曾经面试过一个持有美国CPA和CFA证书的候选人，他在国内读的本科，然后去美国读硕士后在那边找不到很正式的工作，于是花了3年时间全职考下了这些证书，顺便做着奶爸。考完后发现在国外还是找不到工作，于是就回国了。在回国的两年里，自己定位太高，找不到自己喜欢的工作。我面试他的时候，问他一些财务、金融专业类问题，他回答得支支吾吾，完全没有一点CPA、CFA的思路和逻辑，后来他承认，5年多没做过一点实际工作，考过的东西也基本上忘光了。这就是一个自废武功的典型。

所以我建议，财务、会计类的学习方法，还是要循序渐进地从会计学原理、中级会计、高级会计这样一步一步认真学下来。这样不管怎样，至少你还会记得一个完整的会计学框架，这个框架就是你自己的会计知识体系，未来忘了什么翻翻书、翻翻准则看一下，就能把知识对号入座地放回去。没有这个框架，你的知识在脑子里就是无序、混乱且没有逻辑体系的。没有逻辑体系的知识，不仅松散、容易忘记，而且在实践应用的时候也很难达到举一反三的效果，更无法在你的职业成长道路上发挥它最大的作用。

因此，学习知识的要旨就在于建立框架、明晰知识间的逻辑与联系，这才是最重要的，也是你真正能吸收、消化留下的。在此基础上进行实际应用，你才能找到举一反三、融会贯通的感觉。而CPA的参考书是无法帮我们建立一个完整的框架和逻辑联系的感觉的，因为它是按照即学即用的准则思路编排的，是可以放在你办公室桌上随时翻阅查询的工具书类型。

所以我们建议大家以60分万岁的心态来参加CPA考试，不要消耗太多的时间和精力在考试上，这是以通过考试为目的备考策略。

16.4 盘点自己的考试资源

在决定考CPA之后，首先要做的不是马上制订复习计划，而是先盘点自己的资源。在机会成本和有限资源的双重约束下，制订自己的CPA复习计划。

第一个资源基础，是自己的专业知识水平。大家要评估一下自己的专业背景实力怎么样？财务基础知识掌握得好不好？自己擅长哪几科、不擅长哪几科？做判断的最简单方法就是找一份真题看看，做一遍题目感受一下，模拟估计一下能得多少分？这个判断会决定你的复习计划是保守还是激进。基础好的学生，通过考试所需的备考时间相对少一些。

第二个资源基础，就是你的时间和金钱。评估一下自己每周愿意投入多少时间准备CPA？每年又能拿出几个月来准备CPA？能投入多少金钱在CPA上？时间和金钱的约束条件会极大地影响复习策略的选择。

比如，如果是上班族，假设周一至周五每天晚上平均能拿出2~3个小时，周末每天平均拿出9~10个小时，这样平均每周你花在CPA上的时间就是30~35个小时左右。如果是全职备考，假设每天平均拿出9~10个小时，每周就是60~70个小时左右。

CPA考试对上班族来说难度较大的根本原因在于：由于每天能够付出的时间很少，会导致考生只能拉长备考时间。全职考生1个月可以做完的事情，在职考生就需要2个月。时间一拉长，就要克服一个很大的困难——遗忘。常见的现象是，花了一个月看完一门之后，又花了一个月看第二门。然后第三个月回头再去看第一门的时候，发现很多知识都忘记了，好像根本就没看过一样，还要从头再来第二遍。这对于时间紧迫的在职考生而言，会产生很强的挫败感。所以如何有效地备考以克服这种遗忘，对于上班族是非常重要的。

16.5 确定基本备考策略

根据上面的备考资源限制，来评估以下备考的基本策略。

- 准备几年考下CPA？
- 每年考哪几科？
- 每周拿出多少时间？提前几个月开始备考？
- 要不要上辅导班？还是自己突击？

这些问题大家都要根据自己的实际情况来决定。在这里，我想先分享自己考CPA的经历。我个人是工作5年之后才开始考CPA的，算是起步很晚的。我之所以起步这么晚，主要有以下几个原因。

最初的5年工作都是在美资"500强"公司的体系内，我凭借工作能力得到认可。没有CPA的资格也在工作的第3年就做到了总账主管，负责中国区十几家工厂的财务报表合并和会计管理工作。所以那时我信奉工作能力第一，而对CPA证书抱着无所谓的态度。

工作3年之后，我通过CMA考试，就转型去做财务计划与分析经理，依旧在美资体系内，负责财务分析、财务预算和控制工作，对CPA的需求就更低了。

在美资做了5年多以后，我转到了一家民营企业。个人的工作经验和能力也很快得到了认可，负责公司的海外并购和财务整合工作，那时我仍旧没有考CPA的打算。

后来，在一次聊天的时候，民营企业的老板提醒我最好考一下CPA，他的观点是：这张证书不只是你自己的证明，也是给公司一个证明。我当时没有理解，追问老板这是为什么？老板说：作为一家上市公司，我们未来的CFO如果不是CPA，信服力总是差那么一点。这样，在工作了5年多以后，我便正式踏上了CPA的备考征程。

准备考试的第一年，我报了"财务成本管理"（后简称为"财管"）与"公司战略与风险管理"（后简称为"战略"）这两科。同时在工作上，我也全力投入到公司的第一单海外并购和公司上市的筹备中，工作非常忙碌。所以我只在考前一两个月的时候断断续续地复习了"财管"，并在考前7天突击复习了"战略"，第一年通过了这两门考试，"战略"的分数是69，"财管"的分数是70。之所以比较容易通过这两门课程，是因为"财管"是自己的本专业，同时"战略"的内容比较少。

第二年考试，我报了"经济法"和"税法"。工作还是很忙，公司完成海外并购后开始了内部整合工作，我被派到并购后的企业担任财务总监，负责并购后的财务整合与管理，同年也完成了公司的增发。这一年我考前复习了约3个月，顺利通过了两门考试，分数分别是67和64。

第三年考试，公司的整合工作进展顺利，各项目标都如期实现。同时公司又做了一单小的海外并购，我在工作上以开会、决策、内部管理和海外出差为主。复习的节奏经常被出差打乱，还要调整时差，但相对前两年已经好了很多。这一年我准备了3个月的时间，通过了"会计"和"审计"考试，分数分别是62.5和60.25。

第四年我要考"综合"。工作上我从原被并购公司调回到上市公司，负责上市公司的财务管理和项目并购工作，一年内顺利地做完了一单大型海外并购的尽调、交割和增发工作。这一年的综合考试我也准备了2个多月，最终顺利通过了考试，分数是66.75。

从我的个人考试和工作经历出发，备考策略要根据自己的实际情况来确定。

1. 工作很忙、公司又发展很好的，要优先把工作安排好，然后再考虑抽时间备考。处于这种情况的同学可以参考我的经验，把考试时间拉长到4~5年，把压力用更多时间来平均摊销。不能因为考试上牵扯精力而浪费了工作上的大好机会。

2. 大四或者研究生的学生，时间相对充裕，但对应届生而言社会经验是欠缺的短板，应该更多地参与实习工作，实习之余安排时间准备考试，这样就基本上等同于在职考试了。企业在面试应届生的时候，因为大家都是刚刚从学校出来，理论知识都不差，所以我们会更加看重大家的实践能力、实习经历。

3. 第三类就是全职考生，也包括在校不参加实习的学生，这类考生时间充裕，目标自然是越多越好。稳妥来考，每年3门，两年就可以通过专业阶段。一年通过6门考试不太现实，反正专业阶段都要两年，不如每年3科均匀分开，这样通过的概率反而大。

从招聘者的视角出发，我强烈不建议在职的同学为了考试而辞职。没有几个人可以在1年内通过全部6科专业考试。所以最快也要2年专业+1年综合，3年才能通过全部CPA考试。为了一张CPA证书而全职三年或者在备考期间辞职，这样会打乱自己的职业轨迹，是成本收益比极低的一项决策。在招聘时，企业也更看重职业生涯的连续性和职业经验的稳定性，招聘与空缺职位"职业经验"匹配度最高的候选人，任何招聘企业都不会放弃职业经验的匹配度而选择只有一张CPA证书的候选人。

4. 第四类就是工作不忙的在职考生，这类学生可能因为公司发展缓慢、工作不忙，对前途比较迷茫，所以想依靠CPA改变自己目前的状态和竞争力。这类考生相比第一类考生有更多的时间和精力，也可以尝试每年3门，两年通过专业阶段的方法。

最后，我们来谈一下是否报辅导班的问题。

我在备考的几年里，没报过辅导班，因为真的没有时间听，而且我自己的学习效率更高。我认为辅导班适合那些：非财务会计专业，基础比较差，学习效率低，自我约束力差，而且时间充裕的人。

辅导班在基础阶段会对每个知识点做详尽的讲解，因为老师要确保没有任何基础的人能够听懂，这对于有一些经验和基础的人而言，过于细致了。所以非财务专业的零基础考生可以去上辅导班，否则一下子接触CPA会觉得难度跨度太大，挫败感太强了。如果大家上辅导班的话，每科的备考时间要再增加100~150个小时。

自己备考则适合于有一定基础，自制力较强，时间比较紧张的人。自己备考的好处在于，可以按照自己的节奏来复习，掌握得较好的知识点可以少花时间，掌握得差一些的地方可以安排较多时间。同时在复习时如果能够抓住主要考点和重点来复习，则针对性更强。课件和教材的针对性不强，考生在各个知识点上总是有强有弱，平均分配精力和时间，全面进行复习，不能实现边际收益最大化。这样的话，自己备考的考生，可以选择报那种网络课程班，自己复习时遇到不懂的问题，只听某个章节即可，没有必要全部都听。

第17章
CPA复习与备考的基本策略

将考试视为一种通过性测试，就必然有特定的方法与技巧。考试方法和技巧，就像各门派的武功一样，都是自成一体、各有特色的，大家应该以兼容并包的心态来取长补短，最终形成适合自己的方法。对于考试技巧，虽然可以让你效率更高，但是即便是这种最小代价的备考方法，也一样需要你全心全力地投入，一样需要承受很大的考试心理压力，所以大家不能抱着不劳而获的思想。

17.1 选择考试科目与组合

选择考试科目的时候，要结合每个学科的特点和你个人的优势。考试的每种组合都可能存在及其充分的理由，我推荐由浅入深有很多理由，也有很多人推荐一开始就把最难的硬骨头啃下来，后面就相对轻松了，这都没问题。科目组合这件事情只要大原则不错都没问题，同学们不要过多地在起点浪费时间纠结是A+B还是B+C，只有迈步向前走出去才是王道。

我建议的报考科目组合与选择策略如下所示。

1. 由浅入深，柿子先拣软的捏

这样可以迅速建立信心和坚持到底的决心。因为我有不少同学，也见过很多下属，刚开始考CPA没有特别明确的目的性，但是过了一门简单的科目以后为了不浪费，后面也就持续坚持下去，最终全部通过。

2. 文理结合，做题和记忆搭配

文科："战略""经济法""审计"。这三科需要记忆的东西相对要多一些，冲刺阶段需要花较多的时间来记忆重要考点的答题套路。所以对于记忆力不好的人而言，最好是把它们拆开来考。

理科："财管""会计""税法"。这三科需要计算的东西相对多一些，需要对典型题目进行一定程度的练习后才能熟练掌握对应的解题套路。如果时间不是特别充裕、不能投入时间进行大量习题练习的话，最好还是把它们尽量分开安排。

3. 聚焦重点，合理分配复习时间

各章节不能平均分配时间，要有重点。假设我们的讲义只覆盖了90%的考点，我们对讲义的掌握程度只有80%，考场上我们只发挥了90%的水平，尽管如此，还可以得到90%×80%×90%=64%的分数，我们还是可以通过的。所以考试复习时必须切记：不能有求全求满的心态。求全、求满，不是这种通过性考试的复习策略。对于这种通过即可拿证的考试，本质上考90分和60分没有什么区别。

17.2　确定考试科目的难易特点

下面先来分析一下每个考试科目的特点，在本章最后会给大家串讲各科的框架和知识点间的逻辑关系。

公司战略与风险管理：主要内容就是围绕两大主题，1.公司的战略，2.公司的风险与内部控制。

所以我把它评价为：难度最低、知识点非常集中、逻辑主线清晰。

财务成本管理：它包括企业财务管理的三条主线：财务管理（财务管理基础、财务估值、投融资管理）、成本会计和管理会计。由于逻辑主线突出，各个模块相互独立，考生在备考的时候不太容易造成混乱。而且这科考试中没有一个题目能横跨几个模块，所以它虽然表面上知识难度较高，但考生很容易抓到主线和出题的重点，配合有针对性的复习就不会有大问题。

所以我评价它为：难度较高、逻辑主线清晰、知识点比较集中。

会计：会计学科在CPA考试中主要分为三大块：会计要素、特殊交易事

项、合并处理与财务报表。这三大块内容中很多考点的综合性非常强，不同考点之间有内容的交叉，对考生的挑战非常大。

所以我评价它为：难度最大、知识点非常分散、逻辑主线相对清晰。

审计：审计学科包括四大块内容：审计原理、审计测试流程和四大类交易审计、特殊事项、出具审计报告。在CPA考试中会结合会计科目的一些内容，对记忆要求较高，但是难度并没有那么大，只是它的文字表述比较抽象，让大家理解起来比较困难。建议最好安排在会计考试之后或者同时进行。

所以我评价它为：难度尚可、知识点比较分散、逻辑主线比较清晰。

经济法：涉及民法、商法、经济法三类中的11种法律，需要大量记忆，但是难度并不大。

所以我评价它为：难度较低、知识点比较分散、没有什么逻辑主线可言。

税法：涉及商品与劳务税法、资产财产行为税法、所得税法以及税务管理与税务程序四大块内容，需要精确的记忆和大量的计算。

所以我评价为：难度较高、知识点比较分散、没有什么逻辑主线可言。

17.3 科目组合举例：3+1=4或4+1=5

按照三年通过专业阶段的思路，我推荐大家使用由浅入深型的考试组合与顺序。

第一年：公司战略与风险管理和财务成本管理

首要原因是这两个科目原本就是一科拆分出来、有一定关联的。其次，这两个科目每年变化都是最小的。它们都不随准则、税务政策、经济法规的变化而变，最早考出后其变动不大，这样对最后综合的备考和通过都不会产生太大影响。第三，"战略"的难度最低，柿子要先挑软的捏。第四，战略是文科，财管是理科，搭配着考。

最后一年：就是第三年考会计和审计

原因是，第一，这两科最难，我个人愿意把最难的留在最后。第二，这两科联系紧密，备考审计需要较强的会计知识做基础，一起复习备考效果最好。

第三，在前两年通过其他各科之后，最后考这两科，信心最强，会产生背水一战的信念支撑你走下去。第四，文科理科搭配复习。第五，也是最重要的一点，我认为最后一年考这两门使得再下一年考综合时复习会显得非常轻松，压力不大。综合里面的会计和审计知识所占的比重很大，所以我放在最后也是为了综合复习时候能偷懒。

倒推下来，第二年：考经济法和税法

这两门考试，一个以计算为主，一个以背诵为主，搭配复习，也是合情合理的。

这样就能够保证3+1＝4年考完全部CPA的专业和综合科目。如果大家认为会计和审计放在第三年一起考压力太大，那就第三年考会计、第四年考审计，就是4+1＝5年考完全部CPA科目。

如果时间充裕，可以采用2+1模式，也就是每年考三科。第一年建议考：税法+经济法+财务成本管理，第二年建议考：会计+审计+公司战略与风险管理。因为会计审计是相对花时间最多的两科，搭配花时间最少的公司战略与风险管理一起考，会比较均衡。

我本人就是4年考完全部科目的，这个节奏很好地为我繁忙的工作做了让步，把全部考试压力放在4年进行分摊，让考试几乎没有耽误我的生活和工作。

第18章
最小代价通过CPA考试的核心备考方法

谈完了科目组合策略，确定了要考的科目后，下面谈谈如何进行高效的复习备考，这种方法适用于：

- 工作非常忙，没有太多时间备考的上班族。每天晚上拿出2~3个小时，每个周末（周六+周日）可以拿出8~9个小时时间复习，合计每周30个小时左右。
- 有一些财务会计基础知识储备，或者财务会计的实际工作经验。
- 仅以通过考试为目的，不是以学习知识和建立知识体系为目的。

该方法的本质是：在考前较短的时间里用高强度、有针对性的备考策略，利用二八法则对重要核心考点进行突击，以达到用最少时间和精力付出通过考试的目的。

因为要有针对性，所以我们的基本策略是：不看教材、不听课件、只看辅导书《轻松过关1》[1]（或其他同类参考书）。

在此基础上，运用两科交叉的三轮复习法进行复习备考。这里我们主要讲解基本的两科三轮复习法，每年考三科的考生可以在此基础上扩展和增加科目。

使用这种复习策略的时间要求大致如下。

- 每年考两科，一文+一理。
- 假设在职考生每周可以拿出30个小时来学习。
- 根据难度、个人效率、个人基础不同，"会计""审计""财务成本管

---

[1] 《轻松过关1》这本书的全称为《注册会计师全国统一考试辅导用书 - 注册会计师考试应试指导及全真模拟测试 – 轻松过关1》。

理"需要200~250个小时左右;"经济法""税法"需要150~200小时左右;"公司战略与风险管理"需要100-150个小时左右。

- 如果按照我们之前的推荐组合,大家参考图18.1所示的时间安排计划图,会计+审计大致需要15周,这个时间周期也是备考里面最长的;"财管"+"战略"大致需要11周;税法+经济法也需要11周。

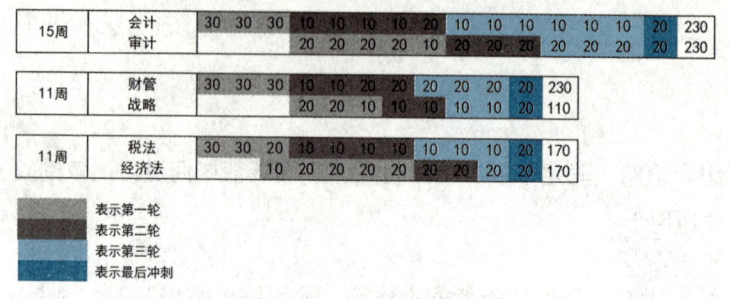

15周	会计 审计	30	30	30	10 20	10 20	10 20	10 20	10 20	10 20	10 20	20 20	230 230
11周	财管 战略	30	30	30	10 20	10 20	20 20	20 20	20 20	230 110			
11周	税法 经济法	30	30	20	10 10	10 20	10 20	10 20	20 20	20 20	170 170		

■ 表示第一轮
■ 表示第二轮
■ 表示第三轮
■ 表示最后冲刺

图18.1 备考复习时间安排表

18.1 第一轮复习策略

第一轮的备考,需要按照知识点的逻辑顺序进行。具体按照怎样的逻辑顺序,我们后面介绍各科的框架结构时大家会看到。

- 复习每一章节都先从《轻松过关1》的知识点精讲开始仔细阅读。《轻松过关1》的知识点精讲是教材内容的浓缩,是针对历年的考点和重点筛选之后的精华,仔细阅读这部分内容可以让考生迅速掌握和聚焦于考试的重点。
- 考试分值高的章节、难度大的章节,比如金融资产、长期股权投资,都要重点花时间去看。
- 阅读完基础知识讲解后,把后面的选择题全部做完,计算题和论述题空着不做。
- 如果是比较熟悉的知识点,比如固定资产、无形资产可以看得非常迅速,甚至不看知识点精讲,直接去做选择题,通过做题直接熟悉考点,有不会的再回去查阅讲解。
- 做完选择题后,对照答案把错题的知识点和题目讲解仔细看一遍。并及时在《轻松过关1》上进行标记或做笔记,标记考点时可以用自己习惯的符号。
- 《轻松过关1》中如有看不懂的地方，可回去查阅教材具体知识点的讲解或在网上进行搜索寻找解答。自己查阅的《轻松过关1》以外的内容要注意做好笔记注释。
- 有充裕时间的同学，可以额外拿一个本子记下复习时遇到的重点和考点，以及翻阅其他资料时的补充笔记。如果没有时间，就直接在《轻松过关1》上做笔记。我自己因为没有时间，没做过额外的笔记。
- 第一遍复习的目的是迅速掌握所有知识点，了解选择题的考点和规律。针对知识点，要做到适可而止，不要在考试的非重点环节用力过猛。
- 第一遍复习的总时间控制在3周左右，所花时间在90小时左右。力求短期、快速强化自己对知识的了解、消化。
- 这样第一遍迅速看过之后，考生能对全部考试内容做到心中有数。各个知识点之间的逻辑框架自己也能掌握一二，一本书很快就翻看了一遍，这种成就感会很强，对考试的自信也就相应地建立起来了。这种心态的培养非常重要，因为下一步第二轮的复习会更加艰苦，因为要面对难度更大、需要更大耐心的计算题和论述题的考验。

18.2　第二轮复习策略

第一轮将《轻松过关1》中每个章节的知识精讲都阅读完、做完全部选择题后，我们就可以开始第二轮的复习了。第二轮复习，顺序和第一轮一样，按照章节的逻辑顺序。这一遍我们只做第一遍剩下没做的大题（计算题和论述题）。

- 每一章节都从做计算题和论述题开始，一定要逼自己实际去写、去做，解题过程一步一步清楚地写下来，千万不要一开始就全部看答案。遇到哪个步骤不会，就去看哪个步骤的答案提示，看完之后继续自己往下做。没有自己思考、自己动笔的这个痛苦过程，就不会在脑子里留下深刻印象，复习效果会大打折扣。
- 第二轮做大题时，要有意留心各章大题中的考点，错的地方都一定要返回看《轻松过关1》中的知识点讲解。这些考点大都比较固定。经典的题目及时重点标记，标记考点时可以用自己习惯的标志，比如（计、论)、错、真，以备第三遍的时候可以迅速查阅翻看，了解典型题目的解题思路。
- 第二轮复习的目的是：巩固所有知识点，形成针对各种题型的答题思路及考点应对的固定思维套路。
- 第二轮复习的总时间控制在50~60小时左右。

18.3　第三轮复习策略

第二轮大题做完，《轻松过关1》中各个章节的题目就已经全部做完了，这时心中不仅对考点有所了解，对答题思路技巧也有了了解，这样第三轮复习的目的就是针对具体考点进行强化记忆，针对固定的计算题套路进行解题技巧的培养。

第三轮复习开始，先做近5年的历年考试真题，从最早的一份开始做。每做完一份，都仔细核对答案，研究考点和解题技巧。针对错题进行分析，并返回《轻松过关1》，再次复习相关考点讲解。依照此法，将5年考题做完，记下所有错题相关考点，复习巩固所有掌握不牢固的知识点。

　很多人说考试大纲每年都变，历年考题没什么参考意义，这是大错特错的。从模拟的角度去看，做历年考题是没意义的，因为这个做出来的分数由于考点不一致，确实没有借鉴意义。但是，从揣摩考点和出题思路的角度出发，历年真题在复习备考中的地位是第一重要的，是任何参考资料都无法取代的。所以至今，注册会计师协会官方没有出版过任何有关专业课阶段的真题解析的材料。只有到了综合阶段，才有一本官方出的真题解析，这本解析在综合备考时超级有用。专业课阶段的真题大家要选择一份有详细答案解释的、最好还要根据考点的变化有修改的那种，大家可以参考网络上总结推荐的版本。

还有很多人认为，《轻松过关1》每章后面都有真题，再做一遍不是重复吗，有没有意义？我认为是很有意义的。你只有自己从头到尾做一遍真题，才能体会出题人的思路，对于考试真题的整体感觉才能被激发出来。只有做完全套真题之后，你才能体会考试真的是只抓重点。偏的、怪的考点每年肯定会有，但一定是少数。大多数考点一定是常规的、重点基础考点。也只有做完真题之后，才能敏锐地判断出哪些模拟题的套路是根本不可能在真题中出现的，做它们简直是在浪费生命。

所以大家一定要把历年真题好好研究一下。仔细揣摩近5年的真题规律，总结高频和重要考点，再次强化复习这些真题核心考点。自己不熟悉的、错误较多的考点，要找《轻松过关1》中对应章节的练习题目再次复习。

做完5年真题之后，再做《轻松过关1》后面的跨章节模拟题，然后对照答案进行修改、查阅相关知识点，进行相关知识的再次复习巩固。

接着，按照标准考试时间，做《轻松过关1》后面附带的三套模拟题，然后对照答案进行修改、查阅相关知识点，进行相关知识的再次复习巩固。

最后，选《最后六套题》[1]中的2~3套，按照模拟考试环境去做，看看自己能得多少分。然后对照答案进行修改、查阅相关知识点，进行相关知识的最后复习巩固。有时间的话可以6套都做完，没有时间的话2~3套足够了。

18.4　第二门考试的备考策略

我们上面介绍的是第一门考试的三轮复习法的安排，下面讲一下第二门的穿插备考策略。回到图18.1所示的时间安排表。

基本上，在第一门已经完成第一轮复习的时候，我们就可以开始启动第二门的第一轮复习。

第二门三轮复习方法的思路与第一门完全相同，复习周期可以根据科目难度进行调整。大家可以参考图18.1所示的时间安排示意图，同时要根据自己的实际情况自制一张图。

考虑到与第一门的第二轮复习同步开展，我建议大家把第一门的第二轮复习的主要时间安排在周末，因为第一门第二轮已经进入计算题和论述题阶段，需要较为完整的时间和思路，安排在周末拿出一天时间比较有连贯性。然后第二门的第一轮复习可以安排在平时晚上+周末的另一天，差不多每周20个小时。

通过合理科学的时间计划，我们能够把这两门的三轮复习截止时间安排在

---

[1] 《最后六套题》是《东奥2017注册会计师教材辅导注会最后六套题试卷 轻松过关4》的简称。

同一周，并且第一门科目从始至终都没有间断过复习，这样可以有效地避免对第一门知识的遗忘。

由于两门科目的复习在后面是重叠在一起的，所以建议文理搭配会比较好。这样一科着重计算和演练，另一科着重记忆和背诵，互相搭配不会太枯燥。

18.5　最后一周的冲刺策略

三轮复习完以后，距离考试也只有一周时间了，最后就是冲刺阶段的策略。这里我要提醒大家：冲刺的目的不是看自己不知道的东西、不是看自己没看过的材料，冲刺的目的是使自己保持一种"时刻准备着"的感觉，也就是所谓的子弹要保持上膛的状态，时刻准备着最后一击。这种状态的保持重点，在于你不能脱离要考试科目的意识，同时建立强大的自信心。

所以最后一周的冲刺策略建议如下。

- 需要记忆的重点地方、分值较高的章节，重点再回去翻看一下《轻松过关1》，再次记忆一遍。
- 重点、分值高的典型题目，不再做新的题目了，而是回顾做过的题目，重点在提炼解题思路和技巧上。
- 把笔记、《轻松过关1》中的重点标记再看一遍，一边看一边揣摩出题人可能的出题套路，用预测考点的观点来看这些知识点。
- 切忌不要再做新的题目，不要再看新的"押题"材料。
- 像回忆电影一样，把每个科目的各个章节的知识点自己串一遍。

18.6　考前最后提示

1. 如果基础较差或者零基础的同学，以通过考试为目的考CPA的话，建议选择辅导班。不要迷信那些小的、临时拼凑的山寨班子或者突然冒出来的"押题班"之类的地方。

听这种辅导班，一定要选讲课老师是专职、专业、长期从事辅导工作的，这样讲出来的知识才有价值，才能更容易理解。

2. 在资料选择上大家也要求精不求多。主流的两大复习机构的资料经历了时间和无数前人的检验，我认为是值得信赖的。大家会关心这些复习资料涉及的考点不全面的问题，我认为这种想法大家是被应试教育的思路影响了。CPA是通过型的考试，60分即可，所以我们的考试复习策略和考研、中高考这种排名淘汰制的方式完全不一样，没有必要求全求满。

考试，本身就要抓住大概率事件、放弃小概率事件。这和大家的日常工作策略是一样的：抓住重点，忽视细枝末节。

3. 备考心态要好。我也是工作5年多以后才开始考CPA的，3年考专业，1年考综合，一共考了4年。比起你们中的很多人，我在考试上起步算是晚的。所以你们一定可以踩着我们的肩膀，顺利地通过考试。

4. 最后再提醒大家一点，中国学生受应试教育理念影响比较严重，觉得书中一定是有颜如玉、有黄金屋的。大家一定要破除这种心态，考试不能解决一切问题。生活中有很多更多值得我们去花时间追求的事情，一定要高效率地专注学习，降低在考试上对时间和精力的消耗和浪费，这样我们才有更多精力去努力工作、享受生活。

附录A
财务类好书推荐

第1部分 财务会计模块

在财务会计这个知识模块中,我推荐3本经典好书。

首先推荐怀尔德的《会计学原理》这本书,这是一本体系严谨、理论性强的入门教材。在整个会计体系的基础理论讲解的基础上,本书对最基本的会计要素以及基本会计理念和记账规则的阐述,都是点到即止,不深入拆解、不讨论细节的会计分录处理。

有了会计学原理的基础,我们就可以深入研究各个会计要素了,这就是中级财务会计的任务。这里我推荐基索等人编写的《中级会计学》,本书理论和框架讲解都要比《会计学原理》更加深入和透彻。在面和网的理论和准则体系上更加丰满、在点的会计要素讲解上更加深入,是可以作为会计入门后提高财务会计理论知识水平的一本很好的教科书,里面充满了大量的实践性案例,可加深对概念的理解。

另外,威廉姆斯的《会计学:企业决策的基础》这本书我在这里作为选读教材推荐。本书将财务会计和管理会计结合起来,把财务会计定义为企业决策的基础,把管理会计定义为企业业务的伙伴来讲解。

第2部分 管理会计模块

在管理会计学领域,我推荐4本参考书。

首先推荐一本成本核算系统设计的参考书——卡普兰的《成本管理系统设计:理论与案例》。这本书通过各个公司不同的真实案例,展示了不同行业、不同产品、不同规模的企业是如何尽力做出更精确的成本核算系统,以及这种精确的成本核算系统是怎样与企业的业绩管理结合在一起的。

其次，推荐一本管理会计理论的基础教科书，亨格瑞的《成本与管理会计（第15版）》，这是管理会计领域非常经典的教科书。

第三本书是安东尼的《管理控制系统（第12版）》。本书把视角放到企业宏观层面，从整体上考量企业是否真正地执行和推进了既定的战略计划？企业如何保证自己的战略能够得到有效推行？企业如何监控推行的效率和效果？本书的特点是利用大量真实公司的真实案例讲解每一个管控环节的操作成功或失败的经验教训。

第3部分　财务管理模块

在财务管理模块中，我推荐4本参考书。

哈瓦维尼的《经理人财务管理——如何创造价值》是一本浅显易懂、逻辑清楚的入门级财务管理读物。它从评价企业当前的财务状况出发，讲述公司的投资和融资决策知识。

布洛克的《财务管理基础》是一本中规中矩的经典教材，前面9章做了大量且深入的基础知识介绍后，集中于融资模块知识进行讲解。

罗斯的《公司理财》是一本老牌的经典教材，也是难度较大的一本财务管理教科书。它从价值和风险讲起，让大家明确价值和风险相伴相生的基本理念，然后非常深入地讲解了资本结构、长期融资和短期融资的相关知识。

第4部分　财务分析模块

在财务分析模块，我推荐5本实用经典图书。

丁远的《财务报告与分析：一种国际化视角》，这本书可以带领大家完成会计分析阶段的学习，全书对主要会计要素进行了详细分析，从会计视角为我们提供了财务分析的新思路。

苏布拉马尼亚姆的《财务报表分析》，这本书介绍了全部财务分析所需的基本理念和框架，架构与逻辑都非常完整，是一本标准的经典读物。

赫尔弗特的《财务分析技术：价值创造指南》，它以企业价值创造为主线，介绍财务分析如何与财务管理的投融资活动相结合，来为企业创造价值。

斯蒂克尼的《财务呈报、报表分析与公司估值：战略的观点》，这本书介绍了以估值为目的的财务分析的流程和重点，还有简单的估值方法介绍。

亚德里安的《发现利润区》是一本介绍企业盈利模式的参考书，大家可以用来参考阅读，拓展自己的商业分析视角。

第5部分　财务估值模块

在企业估值模块中，我推荐5本经典好书。

首推麦肯锡的《价值评估：公司价值的衡量与管理》，这本书是企业分析与估值领域的圣经，它全面地对企业估值各个方面的知识进行了讲解，无可挑剔。此书建议读英文原版，原版已更新到第6版与中文版第4版差异较大。

其次是博迪的《投资学》，也是我在本科时期阅读的经典金融类的投资教科书。

第三本是《估值：难点、解决方案及相关案例》，它的特点是把各种不同阶段的企业估值特殊性做了专题讲解。

第四本是《估值的艺术：110个解读案例》，其实它英文版直译出来的全名应该是《企业估值与财务报表分析的艺术》（The Art of Company Valuation and Financial Statement Analysis），很奇怪为什么财务报表分析没有翻译出来，而财务报表的分析恰恰是这本书的一个亮点。

最后是给有兴趣做并购的同学推荐一本经典的工具教科书——《收购、兼并和重组：过程、工具、案例与解决方案（原书第7版）》。